FIM DOS TEMPOS

Profecias Egípcias e Destinos Humanos

Zecharia Sitchin

FIM DOS TEMPOS

Profecias Egípcias e Destinos Humanos

Tradução:
Teodoro Lorent

MADRAS®

Publicado originalmente em inglês sob o título *The End of Days – Armageddon and Prophecies of the Return* por Zecharia Sitchin.

Editor:
Wagner Veneziani Costa

Produção e Capa:
Equipe Técnica Madras

Tradução:
Teodoro Lorent

Revisão da Tradução:
Ana Spinelli

Revisão:
Sérgio Scuoto
Ana Cristina Teixeira
Flávia Ramalhete

Dados Internacionais de Catalogação na Publicação (CIP)
(Câmara Brasileira do Livro, SP, Brasil)

Sitchin, Zecharia
Fim dos tempos: profecias egípcias e destinos humanos/Zecharia Sitchin; tradução Teodoro Lorent. – São Paulo: Madras, 2014.
Título original: The end of days: Armageddon and prophecies of the return.

ISBN 978-85-370-0552-1

1. Armagedom 2. Civilização antiga - Influências extraterrestres
3. Fim do mundo 4. Profecias I. Título.

09-11785 CDD-930

Índices para catálogo sistemático:
1. Fim do mundo: Profecias: História 930

MADRAS EDITORA LTDA.
Rua Paulo Gonçalves, 88 – Santana
CEP: 02403-020 – São Paulo/SP
Caixa Postal: 12183 — CEP: 02013-970
Tel.: (11) 2281-5555– Fax: (11) 2959-3090
www.madras.com.br

Dedicado ao meu irmão, dr. Amnon Sitchin,
cuja experiência aeroespacial sempre foi de valor inestimável.

ÍNDICE

Prefácio

O Passado, O Futuro

"Quando eles retornarão?"

Fui indagado inúmeras vezes com essa pergunta por pessoas que leram meus livros; "eles" eram os anunnakis – os extraterrestres que estiveram na Terra, vindos do planeta Nibiru, e que foram reverenciados na Antiguidade como deuses. Quando será que Nibiru, com sua órbita alongada, retornará às nossas cercanias e, então, o que acontecerá? Haverá trevas ao meio-dia e a Terra será destruída? Haverá paz na Terra ou Armagedom? Um milênio de enigmas e inquietações, ou um Segundo Advento messiânico? Ocorrerá em 2012, após, ou jamais vai acontecer?

São questões sérias que tocam na mais profunda das esperanças e inquietações dos povos, com suas expectativas e crenças religiosas; questões compostas por eventos atuais: guerras nas terras onde se iniciaram os desenlaces entre deuses e homens; ameaças de holocaustos nucleares; alarmante ferocidade dos desastres naturais. São perguntas que não me atrevia responder todos esses anos, mas agora são questões a respostas que não podem – e não devem – ser adiadas.

Questões sobre o Retorno, e deve-se levar em conta que não são novidade alguma, estão inexoravelmente ligadas ao passado – como ao presente – na expectativa e na apreensão da Era do Senhor, o Fim dos Tempos, Armagedom. Quatro milênios atrás, o Oriente Médio testemunhou um deus e seu filho prometendo o Reino do Céu na Terra. Mais de três milênios atrás, o rei e o povo do Egito ansiavam por uma era messiânica. Dois milênios atrás, o povo da Judeia desejava saber se o Messias tinha aparecido, e ainda somos dominados pelos mistérios acerca desses eventos. Estariam as profecias se realizando?

Devemos lidar com as surpreendentes respostas que nos foram dadas para resolver os enigmas da Antiguidade e decifrar a origem e o significado dos símbolos: a Cruz, os Peixes, o Cálice. Devemos descrever o papel que representam os locais onde eventos históricos ocorreram, e mostrar porque o Passado, o Presente e o Futuro convergem em Jerusalém, o lugar da "União Céu-Terra". E devemos ponderar porque o nosso atual século XXI d.C. é tão similar ao século XXI a.C.. A história está se repetindo; estaria ela destinada a se repetir? Estaria tudo sendo controlado por um Relógio Messiânico? E o tempo, está em nossas mãos?

Mais de dois milênios atrás, Daniel, do Antigo Testamento, perguntou repetidas vezes aos anjos: *Quando*? Quando será o Final dos Tempos, o Fim da Era? Há mais de três séculos, o famoso *sir* Isaac Newton, que elucidou os segredos dos movimentos celestes, compôs tratados sobre o Livro de Daniel, do Antigo Testamento, e sobre o Gênesis, do Novo Testamento; seus recém-descobertos cálculos escritos à mão sobre o Fim dos Tempos serão analisados junto a outras novas previsões sobre o Final.

Tanto a Bíblia Hebraica como o Novo Testamento afirmam que os segredos do Futuro estão entalhados no Passado, que o destino da Terra está ligado aos Céus, que as questões e o destino da humanidade estão ligados a Deus e aos deuses. Em se tratando do que está por vir, cruzamos da história para a profecia; uma não pode ser compreendida sem a outra, e devemos relatar ambas. Com essa orientação, vamos olhar para aquilo que está por vir através da lente daquilo que já foi. As respostas certamente serão surpreendentes.

Zecharia Sitchin

1

O Relógio Messiânico

À medida que gira, a humanidade sempre se vê dominada por temores apocalípticos, fervores messiânicos e inquietações quanto ao Final dos Tempos.

O fanatismo religioso se manifesta nas guerras, nas rebeliões e nos massacres de "infiéis". Exércitos reunidos pelos Reis do Ocidente guerreiam contra exércitos dos Reis do Oriente. O choque das civilizações abala as estruturas dos modos tradicionais de vida. A carnificina inunda povoados e cidades; os superiores e poderosos se refugiam entre paredes protegidas. Calamidades naturais e catástrofes cada vez mais intensas fazem com que as pessoas se perguntem: a humanidade pecou e está testemunhando a Ira Divina? Está prestes a enfrentar outro Dilúvio avassalador? Isto é o Apocalipse? Há, ou haverá, salvação? Os tempos messiânicos entraram em ação?

A época crucial é agora – no século XXI d.C. – ou já foi no século XXI a.C.?

A resposta correta é Sim e Sim, ambas, tanto no nosso tempo como naqueles tempos remotos. Está na condição da época presente, bem como no período de mais de quatro milênios atrás, sendo que uma incrível similaridade remonta aos eventos que ocorreram na metade do período entre essas épocas: aquele associado ao fervor messiânico no tempo de Jesus.

Esses três períodos cataclísmicos para a humanidade e seu planeta – dois deles gravados no passado (cerca de 2100 a.C. e quando o a.C. mudou para d.C.) e o outro em um futuro próximo – estão interligados; um levou ao outro, um pode ser compreendido apenas ao se compreender o outro. O Presente brota do Passado, e o Passado é o Futuro. Essencial para todos eles é a **Expectativa Messiânica**; e ligando todos os três, está a **Profecia**.

Para entender como terminará o período atual de preocupações e inquietações (o que o Futuro anuncia), é preciso que entremos na esfera da profecia. Nossa previsão não será uma mescla de previsões modernas, cujo magnetismo principal é o medo da maldição e do Fim, e sim uma crença nos registros antigos e únicos que documentaram o Passado, previram o Futuro e registraram as previsões messiânicas anteriores. Esses registros profetizaram o futuro ainda na Antiguidade, e, acredita-se, o próprio Futuro que está por vir.

Em todos os três momentos apocalípticos – os dois que ocorreram e aquele que está por vir – o relacionamento físico e espiritual entre o Céu e a Terra era e permanece essencial para os eventos. Os aspectos físicos foram expressos pela existência na Terra de locais concretos ligando-a aos céus – locais considerados cruciais, e que foram os focos dos eventos; os aspectos espirituais foram expressos naquilo que chamamos de Religião. Em todos esses três momentos, era natural que houvesse uma alteração no relacionamento entre Homem e Deus, exceto quando, ao redor de 2100 a.C., a humanidade teve de enfrentar a primeira dessas três insurreições de época – nesse momento, o relacionamento era entre homens e *deuses*, no plural. Se esse relacionamento sofreu realmente uma modificação, é algo que o leitor irá logo descobrir.

A história dos deuses, os **anunnakis** ("Aqueles que do céu vieram à Terra"), como os sumérios os chamavam, começa com suas vindas de **Nibiru** à Terra em busca de ouro. A história do seu planeta foi contada na Antiguidade no Épico da Criação, um longo texto em sete blocos; é frequentemente considerado um mito alegórico, um produto de mentes primitivas que falava sobre planetas como se fossem deuses vivos combatendo uns aos outros. No entanto, como mostrei no meu livro, *O Décimo Segundo Planeta*, o texto antigo é, de fato, uma cosmogonia sofisticada contando como um planeta errante, passando pelo nosso sistema solar, colidiu com um planeta chamado Tiamat; a colisão resultou na criação da Terra e de sua Lua, no cinturão de asteroides e cometas e na captura do próprio invasor em uma grande órbita elíptica, que leva cerca de 3.600 anos-Terra para completar o ciclo (Figura 1).

Dizem os textos sumérios que se passaram 120 de tais órbitas – 432 mil anos-Terra – antes do Dilúvio (o "Grande Dilúvio") até que os anunnakis viessem à Terra. Como e quando eles vieram, suas primeiras cidades em E.DIN (o Éden bíblico), como criaram Adão e os motivos que os levaram a isso, além dos eventos do Dilúvio

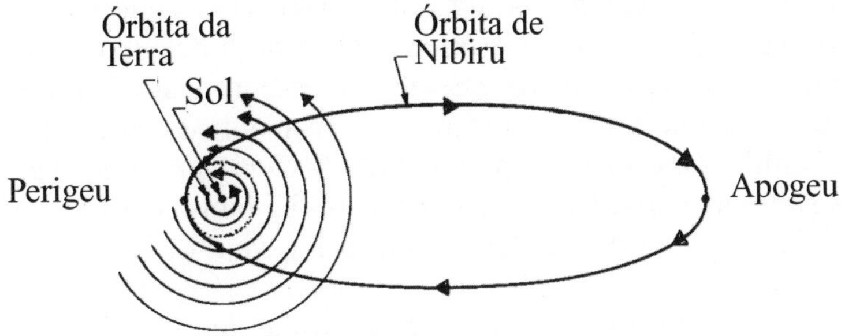

Figura 1

catastrófico – tudo isso foi contado na minha série de livros *As Crônicas da Terra*, e não repetirei aqui. Entretanto, antes de viajarmos no tempo ao século-chave de XXI a.C., alguns eventos pré-diluvianos e pós-diluvianos precisam ser relembrados.

O conto bíblico do Dilúvio, começando no capítulo 6 do Gênesis, relaciona seus aspectos conflitantes a uma única divindade, Yahweh, que inicialmente estava decidida a varrer a humanidade da face da Terra, mas que, em seguida, busca salvá-la por intermédio de Noé e a Arca. As primeiras fontes sumérias sobre o conto descrevem o desafeto da humanidade ao deus **Enlil**, e o esforço contrário do deus **Enki** em salvar a humanidade. O que a Bíblia encobriu para o bem do monoteísmo não foi apenas a diferença entre Enlil e Enki, mas a rivalidade e o conflito entre os dois clãs de anunnakis que dominaram o curso dos eventos subsequentes na Terra.

Esse conflito entre os dois e suas descendências, junto às regiões da Terra a eles determinadas após o Dilúvio, precisam ser mantidos em mente para que, assim, possamos compreender tudo o que aconteceu depois.

Os dois eram meio-irmãos, filhos de **Anu**, governante de Nibiru; seu conflito na Terra tinha raiz em Nibiru, planeta de origem deles. Enki – que era chamado de **E.A.** ("Aquele cuja casa é água") – era o primogênito de Anu, mas não pela esposa oficial, **Antu**. Quando Enlil nasceu de Antu para Anu – uma meia-irmã de Anu – Enlil se tornou o herdeiro legítimo ao trono de Nibiru, apesar de não ser o primogênito. Um ressentimento inevitável, por parte de Enki e de sua família maternal, foi exacerbado pelo fato de que a ascensão ao trono de Anu já era algo problemático desde o início: derrotado em uma série de lutas por um rival chamado Alalu, Anu posteriormente usurpou o trono com um golpe de Estado, forçando Alalu a fugir de Nibiru para salvar sua vida. Aquilo não apenas estendeu o ressentimento de Ea/Enki aos dias de seus ancestrais, como também gerou outros desafios à liderança de Enlil, como foi contado no épico *O Conto de Anzu*. (Para saber mais sobre as conturbadas relações entre as famílias reais de Nibiru e os ancestrais de Anu e Antu, Enlil e Ea, veja *O Livro Perdido de Enki*.)

A chave para desvendar o mistério das leis de sucessão (e de matrimônio) dos deuses foi a minha percepção de que essas leis eram também aplicadas às pessoas escolhidas por eles para servirem à humanidade como mandatários. Foi o conto bíblico do patriarca Abraão que explicou (Gênesis 20:12) que ele não mentiu quando apresentou sua esposa Sara como sendo sua irmã: "Realmente, ela é minha irmã, filha de meu pai, mas não filha de minha mãe, e assim ela se tornou minha esposa". Não só era permitido casar-se com uma meia-irmã de mãe diferente, como também um filho gerado por ela – neste caso, Isaac – poderia se tornar o herdeiro legítimo e o sucessor dinástico, em vez do primogênito Ismael, filho da criada Agar (a forma como tais leis de sucessão geraram a amarga contenda entre os descendentes divinos de Rá no Egito, os meio-irmãos Osíris e Set, que se casaram com as meias-irmãs Isis e Néftis, é explicada em *As Guerras de Deuses e Homens*).

Apesar de essas leis de sucessão parecerem complexas, elas eram baseadas em algo que se escreve sobre realezas e dinastias, chamado de "árvore genealógica" – o que hoje reconhecemos como sofisticadas genealogias de DNA, que também se distinguem entre o DNA geral herdado dos pais e o DNA mitocondrial (mtDNA), herdado somente de mãe para filha. A lei básica, apesar de complexa, era esta: as linhagens dinásticas continuam por intermédio da linhagem masculina; o filho primogênito é o próximo na linha de sucessão; uma meia-irmã poderia ser recebida como esposa *se tivesse uma mãe diferente*; e, se um filho gerado pela meia-irmã viesse a nascer, esse filho – apesar de não ser o primogênito – torna-se-ia o herdeiro legítimo e o sucessor dinástico.

A rivalidade entre os dois meio-irmãos, Ea/Enki e Enlil, em termos de trono, tornou-se mais complicada ainda por causa da rivalidade pessoal por motivos do coração. Ambos cobiçavam sua meia-irmã,

Ninmah, cuja mãe era outra concubina de Anu. Ela era o verdadeiro amor de Ea, mas não foi permitido que ele se casasse com ela. Enlil, por sua vez, assumiu o comando e teve um filho com ela – Ninurta. Apesar de nascido fora do casamento, as leis de sucessão fizeram de Ninurta Enlil o herdeiro incontestável por dois motivos: ser seu filho primogênito e ter sido gerado pela meia-irmã da realeza.

Ea, como foi relatado na série *As Crônicas da Terra*, foi o líder do primeiro grupo de 50 anunnakis que vieram à Terra para obter o ouro necessário para proteger a debilitada atmosfera de Nibiru. Quando os planos iniciais falharam, seu meio-irmão, Enlil, foi enviado à Terra com mais anunnakis para uma missão mais prolongada ao planeta. Se isso não bastasse para gerar um clima hostil, Ninmah também chegou à Terra para servir como médico-chefe oficial...

Um texto extenso, de deuses e homens na Terra, começando com a visita de Anu à Terra para resolver de uma vez por todas (é o que ele esperava) a rivalidade entre seus dois filhos, que estava arruinando a missão vital; ele ainda propôs ficar na Terra e deixar que um dos dois meio-irmãos assumisse o reinado em Nibiru. Com isso em mente, o antigo texto nos conta que muitos foram convocados para determinar quem deveria ficar na Terra e quem deveria ocupar o trono de Nibiru:

Os deuses fecharam suas mãos junto ao peito,
a sorte fora lançada e partilhada:
Anu subiu [retornando] ao céu,
[A Enlil] a Terra foi oferecida;
Os mares, envoltos como em círculo,
ao príncipe Enki foram ofertados.

O resultado de lançar a sorte ao ar fora, então, que Anu retornasse a Nibiru como rei. Ea, a quem fora ofertado o domínio sobre os mares e as águas (tempos depois foi chamado "Poseidon" para os gregos e "Netuno" para os romanos), recebeu o epíteto EN.KI ("Senhor da Terra") para amenizar seus sentimentos; mas foi EN.LIL ("Senhor do Comando") quem recebeu a responsabilidade total: "A ele, a Terra foi submetida". Ressentido ou não, Ea/Enki não tinha como desacatar as leis de sucessão ou os resultados da sorte lançada; e o ressentimento, a ira contra a justiça negada e uma determinação incessante de vingar as injustiças cometidas com seu pai, seus antepassados e com ele mesmo, fizeram com que o filho de Enki, **Marduk**, declarasse guerra.

Vários textos descrevem como os anunnakis iniciaram seus assentamentos em E.DIN (Suméria pós-diluviana), cada qual com uma função específica e tudo esboçado com um plano mestre. Uma conexão espacial crucial – a capacidade de estar constantemente em contato com o planeta de origem e com o ônibus espacial e a nave espacial – foi mantida no posto de comando de Enlil em **Nippur**, o coração em que se encontrava uma câmara de luz turva, chamada DUR.AN.KI, "A Ligação Céu-Terra". Outra instalação vital era o porto espacial, localizado em Sippar ("Cidade dos Pássaros"). Nippur fica no centro dos círculos concêntricos, onde outras "cidades de deuses" estavam localizadas; juntas, elas eram moldadas para a chegada da nave espacial em um corredor de aterrissagem, cujo ponto focal era a característica topográfica mais visível do Oriente Médio: os picos gêmeos do Monte Ararat (Figura 2).

E, então, o Dilúvio "varreu a terra", destruiu todas as cidades dos deuses, com seu Centro de Controle da Missão e o Porto Espacial, enterrando Edin sob milhões de toneladas de lama e entulho. Tudo teria de ser reconstruído novamente – mas muita coisa não seria mais a mesma. Em primeiro lugar, era necessário construir uma nova instalação portuária espacial, com um novo Centro de Controle da Missão e novos Refletores de Luz para o Corredor de Aterrissagem. O novo trajeto de aterrissagem foi novamente ancorado no relevado nos picos gêmeos do Ararat; os outros componentes eram todos novos: o atual porto espacial na Península do Sinai, no paralelo 30 norte, os picos gêmeos artificiais como refletores de luz, as pirâmides de Giza e um novo Centro de Controle da Missão, em um local chamado Jerusalém (Figura 3). Foi um esboço que desempenhou um papel importante durante os eventos pós-diluvianos.

O Dilúvio foi um divisor de águas (tanto literal como figurativamente) nos assuntos entre deuses e homens e no relacionamento entre ambos: os terráqueos, que haviam sido moldados para servir aos deuses e para eles trabalhar, eram, a partir deste momento, tratados como novos parceiros em um planeta devastado.

Esse novo relacionamento entre homens e deuses foi formulado, santificado e codificado quando à humanidade foi concedida sua primeira elevada civilização, na Mesopotâmia, cerca de 3800 a.C. O evento mais importante veio com a visita de Estado de Anu à Terra, não apenas como o regente de Nibiru, mas também como o chefe do panteão, na Terra, dos antigos deuses. Outro motivo (e provavelmente o principal) para sua visita foram o estabelecimento e a afirmação de

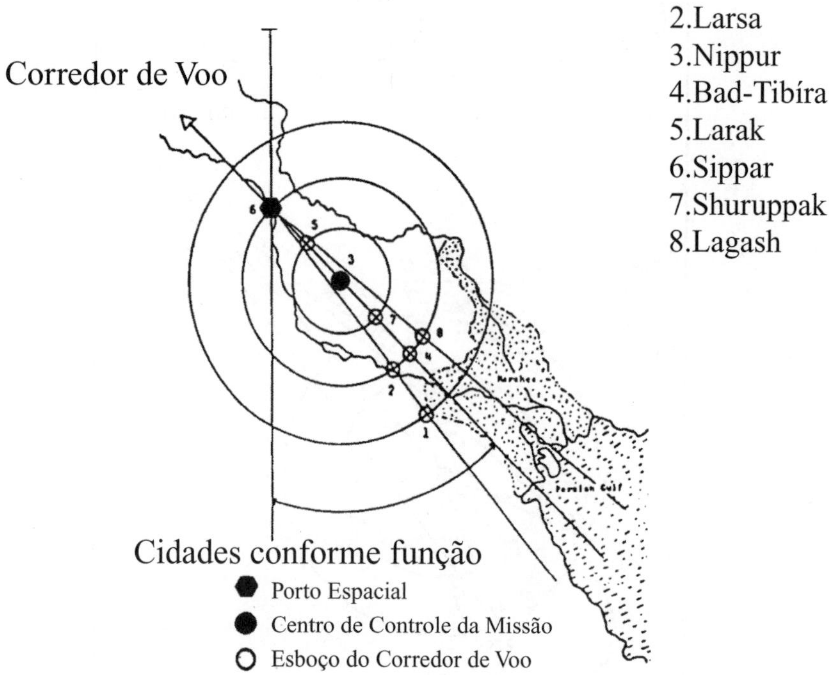

Figura 2

paz entre os próprios deuses na forma de um acordo do tipo viva e deixe viver, que dividia as terras do Velho Mundo entre os dois clãs principais de anunnakis: o de Enlil e o de Enki. Considerou-se que as novas circunstâncias pós-diluvianas e uma nova localização para as instalações espaciais exigiam nova divisão territorial entre os deuses.

Era uma divisão que foi refletida na bíblica Tabela das Nações (Gênesis, capítulo 10), em que a propagação da humanidade, emanando dos três filhos de Noé, foi marcada por nacionalidade e geografia: Ásia para as nações/terras de Shem, Europa aos descendentes de Jafé, África para as nações/terras de Ham. Os registros mostram que uma divisão paralela entre os deuses destinou as duas primeiras aos enlilitas e uma terceira parte a Enki e seus filhos. A ligação com a península do Sinai, onde o porto espacial pós-diluviano estava localizado, foi deixada de lado como sendo uma Região Sagrada neutra.

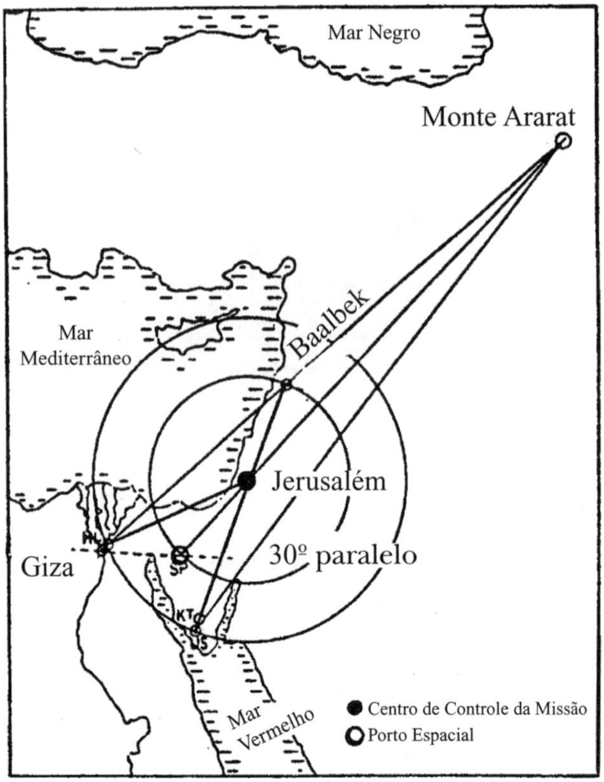

Figura 3

Enquanto a Bíblia simplesmente indica as terras e as nações de acordo com sua divisão noelita, os primeiros textos sumérios registravam o fato de que a divisão foi um ato deliberado, resultado de determinações feitas pela liderança dos anunnakis. Um texto conhecido como o *Épico de Etana* nos conta que:

O grande Anunnaki que decreta os destinos
Incumbiu a troca de seus conselheiros quanto à Terra.
Eles criaram as quatro regiões,
montaram seus assentamentos.

Na Primeira Região, as terras entre os dois rios, Eufrates e Tigre (Mesopotâmia), a primeira alta civilização conhecida do homem, a Suméria, foi estabelecida. Onde estavam situadas as cidades pré-diluvianas dos deuses, cresceram as Cidades dos Homens, cada qual com sua jurisdição sagrada, onde uma divindade residia em seu zigurate

– Enlil em Nippur, Ninmah em Shuruppak, Ninurta em Lagash, Nannar/Sin em Ur, Inanna/Ishtar em Uruk, Utu/Shamash em Sippar, e assim por diante. Em cada centro urbano, um EN.SI, um "Pastor Íntegro" – inicialmente um semideus escolhido – era selecionado para governar o povo em nome dos deuses; sua tarefa principal era promulgar códigos de justiça e moralidade. Na jurisdição sagrada, um sacerdócio fiscalizado pelo grande sacerdote servia ao deus e à sua esposa, supervisionava as festividades e lidava com os rituais de oferendas, sacrifícios e orações aos deuses. Arte e escultura, música e dança, poesia e hinos e, acima de tudo, a escrita e os registros históricos, que prosperavam nos templos e chegavam ao palácio real.

De tempos em tempos, uma dessas cidades era selecionada para servir como a capital da terra; lá, o regente era rei, LU.GAL ("O Grande Homem"). Inicialmente, e por muito tempo desde então, o homem mais poderoso na terra servia como sendo ambos: rei e grande sacerdote. Ele era cuidadosamente escolhido, considerando que seu papel e sua autoridade, e todos os símbolos físicos de realeza, eram vistos como se houvessem vindo à Terra diretamente do Céu, enviado por Anu em Nibiru. Um texto sumério, lidando com o assunto, declarou que a presença dos símbolos de realeza (tiara/coroa e cetro) e de integridade (o bastão do pastor) era concedida a um rei terráqueo, que eles "colocavam diante de Anu no céu". De fato, a palavra suméria para realeza era *Anueza*.

Este aspecto de "realeza", como a essência da civilização, justamente um comportamento e um código moral para a humanidade, foi explicitamente expresso na declaração, feita nas *Listas Sumérias dos* Reis, de que depois do Dilúvio "*a Realeza foi trazida de volta do Céu*". É uma declaração profunda e que devemos manter em mente, à medida que avançamos neste livro voltado às expectativas messiânicas – nas palavras do Novo Testamento, para o **Retorno do "Reino do Céu" à Terra**.

Cerca de 3100 a.C., uma civilização similar, mas não idêntica, foi estabelecida na Segunda Região na África, aquela do Rio Nilo (Núbia e Egito). Sua história não foi tão harmoniosa como aquela dos enlilitas, cuja rivalidade e disputa continuaram entre os seis filhos de Enki, aos quais eram atribuídos vastos domínios de terras, e não apenas cidades. Acima de todos, seguia o conflito entre **Marduk** (***Rá***, no Egito), o primogênito de Enki e **Ningishzidda** (***Toth***, no Egito); um conflito que culminou no exílio de Toth e um grupo de seguidores africanos ao Novo Mundo (onde se tornou conhecido como *Quetzalcoatl*, a Serpente Alada). O próprio Marduk/Rá foi punido e exilado quando, ao se opor ao casamento de seu irmão caçula Dumuzi com a neta de Enlil, Inanna/Ishtar, causou a morte de seu irmão. Serviu como uma compensação a Inanna/Ishtar que a ela fosse concedido o domínio da Terceira Região da civilização, que era o Vale Hindu, cerca de 2900 a.C. Foi por um bom motivo que as três civilizações – como foi com o porto espacial na região sagrada – estavam todas centradas no 30º paralelo norte (Figura 4).

De acordo com os textos sumérios, os anunnakis estabeleceram seu reino (sua civilização e suas instituições, de forma mais nítida na Mesopotâmia) como uma nova ordem em suas relações com a humanidade, com reis/sacerdotes servindo a ambos como uma ligação e um divisor entre os deuses e os homens. Mas, quando se olha para

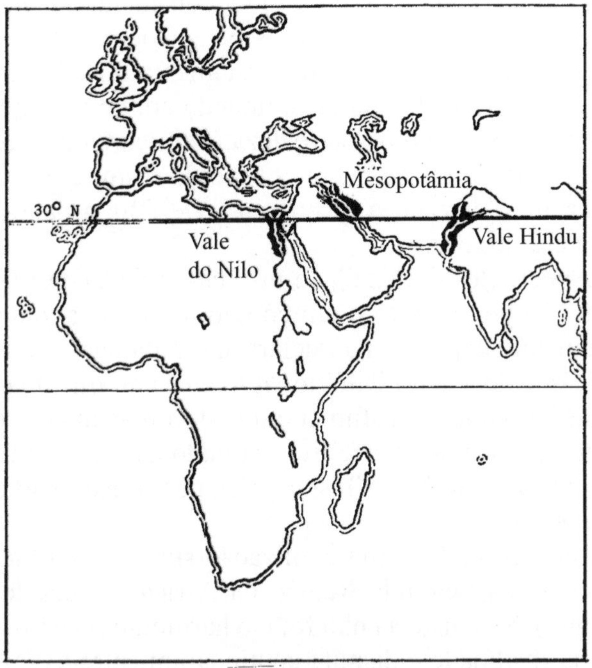

Figura 4

trás, naquela aparente "era dourada" dos assuntos dos deuses e dos homens, torna-se evidente que os assuntos dos deuses constantemente dominavam e determinavam os assuntos dos homens e o destino da humanidade. Subestimando tudo, estava a determinação de Marduk/Rá em desfazer a injustiça feita com seu pai Ea/Enki quando, sob as leis de sucessão dos anunnakis, não foi Enki, mas Enlil, que foi declarado herdeiro legítimo de seu pai Anu, o regente no seu planeta de origem, Nibiru.

De acordo com o sistema matemático sexagesimal ("base 60") que os deuses concederam aos sumérios, os 12 grandes deuses do panteão sumério receberam graduações numéricas, nas quais Anu possuía a Graduação Suprema de Sessenta; a Graduação de Cinquenta era concedida a Enlil; a de Enki era Quarenta, e assim por diante, alternando entre as divindades masculinas e femininas (Figura 5).

Sob as leis de sucessão, o filho de Enlil, Ninurta, estava na fila para a graduação de cinquenta na Terra, enquanto que Marduk possuía

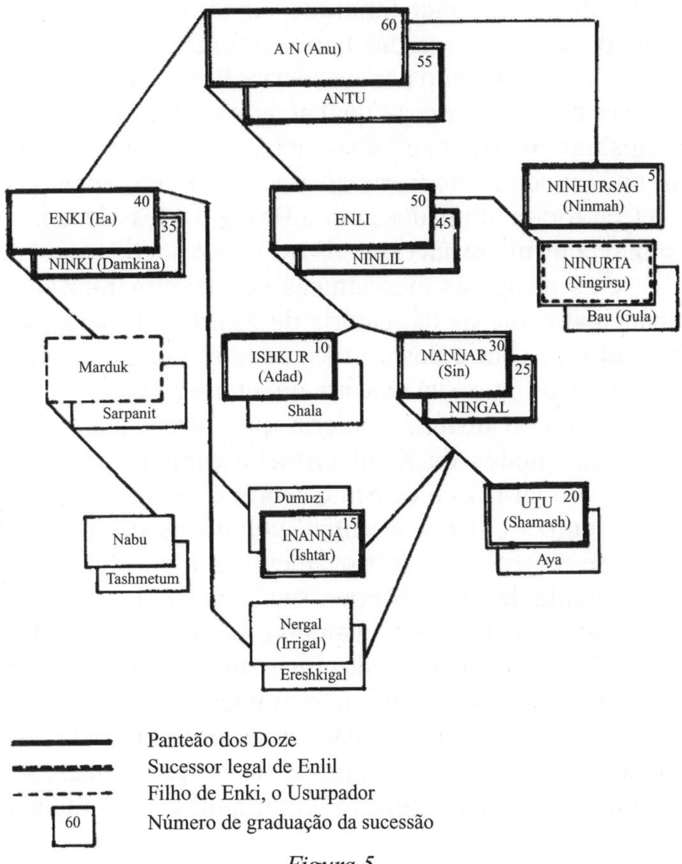

Figura 5

uma mísera graduação de dez; inicialmente, esses dois sucessores em espera ainda não faziam parte dos 12 "olímpicos".

Com isso, a longa, amarga e cruel batalha de Marduk, que começou com a contenda de Enlil-Enki, passou a se concentrar mais tarde na disputa de Marduk com o filho de Enlil, Ninurta, para a sucessão da Graduação de Cinquenta, e assim prosseguiu até a neta de Enlil, Inanna/Ishtar. O casamento dela com Dumuzi, filho caçula de Enki, sofreu tanta oposição de Marduk que acabou culminando com a morte de Dumuzi. Na época, Marduk/Rá enfrentou conflitos até com seus outros irmãos e meio-irmãos, além do conflito com Toth, que já mencionamos antes – principalmente com o filho de Enki, **Nergal**, que se casou com uma neta de Enlil chamada Ereshkigal.

No decorrer dessas batalhas, os conflitos irrompiam em verdadeiras guerras entre os dois clãs divinos; algumas delas foram denominadas "As Guerras da Pirâmide" no meu livro *As Guerras de Deuses e Homens*. Em um momento notável, a batalha levou ao enterro vivo de Marduk dentro da Grande Pirâmide; em uma outra ocasião, levou à sua captura por Ninurta. Marduk também foi exilado mais de uma vez – tanto como punição como por ausência voluntária. Seus persistentes esforços para obter o *status* ao qual acreditava ter direito incluíram o evento registrado na Bíblia como o incidente da Torre de Babel; mas, no final, após incontáveis frustrações, o êxito veio apenas quando a Terra e o Céu foram alinhados com o **Relógio Messiânico**.

De fato, a primeira sucessão de eventos cataclísmicos, no século XXI a.C., e as profecias messiânicas que acompanhavam os fatos foram principalmente os da história de Marduk; trouxeram também seu filho **Nabu** ao centro dos acontecimentos: ele era uma divindade, o filho de um deus, mas sua mãe era uma terráquea.

Durante toda a história suméria que durou quase 2 mil anos, sua capital real mudou de Kish (primeira capital e primeira cidade de Ninurta) para Ur (trono de Sin e centro de devoção); em seguida, mudou para outras cidades e, então, voltava às primeiras; por fim, estabeleceu-se na terceira, que novamente era Ur. Mas, durante todo o tempo, a cidade de Enlil, Nippur, seu "Centro de Culto", como os estudiosos estão habituados a chamá-la, permaneceu como sendo o centro religioso da Suméria e do povo sumério; foi ali que o ciclo anual de devoção aos deuses foi determinado.

Os 12 "olímpicos" do panteão sumério, cada qual com sua duplicata celestial entre os 12 membros do sistema solar (Sol, Lua e os dez planetas, incluindo Nibiru), eram também honrados cada um com um mês no ciclo anual de um ano de 12 meses. O termo sumério para "mês", EZEN, na realidade, significava feriado, festividade; e cada mês era dedicado à celebração da devoção-festival de um dos 12 deuses supremos. Foi a necessidade de determinar o tempo exato em que cada mês começava e terminava (e não a ordem que ajudava os camponeses a saber quando semear ou colher, como explicam os estudiosos) que levou à introdução do *primeiro calendário da humanidade* em **3760 a.C.** É conhecido como o Calendário de Nippur, porque era a tarefa dos sacerdotes determinar a intricada tabela de horários do calendário e anunciar, para toda a região, o período dos festivais religiosos. Esse calendário ainda é usado nos dias atuais como sendo o calendário religioso judaico, que em 2007 d.C. marcava o ano como sendo 5767.

No período pré-diluviano, Nippur serviu como Centro de Controle da Missão, posto de comando de Enlil, onde ele controlava o DUR.AN.KI, a "Ligação Céu-Terra", para manter a comunicação com o planeta de origem Nibiru e com a nave espacial conectada a eles (depois do Dilúvio, essas funções foram transferidas para outro lugar, uma cidade que mais tarde ficou conhecida como Jerusalém). Sua posição central, equidistante de outros centros operacionais no E.DIN (veja figura 2), era também considerada equidistante dos "quatro cantos da Terra", e recebeu o apelido de "Umbigo da Terra". Um hino a Enlil se refere a Nippur e suas operações, deste modo:

Enlil,
Quando demarcastes os assentamentos divinos na Terra,
Nippur montastes como tua própria cidade...
Fundastes Dur-Na-Ki
No centro dos quatro cantos da Terra.

(O termo "os quatro cantos da Terra" é também encontrado na Bíblia; e quando Jerusalém substituiu Nippur como Centro de Controle da Missão após o Dilúvio, ela também recebeu o apelido de Umbigo da Terra.)

Em sumério, o termo para as quatro regiões da Terra era **UB**, mas também foi encontrado como sendo **AN.UB** – o divino, os quatro "cantos" *celestiais* – neste caso, um termo astronômico ligado ao calendário. É empregado para se referir aos quatro pontos no ciclo anual da Terra-Sol a que hoje chamamos solstício de verão, solstício de inverno e, nas duas passagens pelo equador, equinócio vernal, seguido pelo equinócio outonal. No Calendário de Nippur, o ano começa no dia do equinócio vernal, e tem sido mantido nos subsequentes calendários do antigo Oriente Médio. Isso determinava o período do festival mais importante do ano: o festival do Ano Novo, um evento que durava dez dias, durante os quais, rituais consagrados e detalhados tinham de ser seguidos.

Para determinar o tempo de calendário por meio do nascente helíaco, exigia-se observar os céus na alvorada, quando o Sol começa a nascer no horizonte leste, mas com o céu ainda escuro o suficiente para mostrar as estrelas ao fundo. Assim que o dia do equinócio fosse determinado pelo fato de que a luz do dia e da noite estivessem precisamente iguais, a posição do Sol no nascente helíaco era, então, marcada pela construção de um pilar de pedra que ajudava a guiar observações futuras – um procedimento que posteriormente foi seguido, por exemplo, em Stonehenge, na Grã-Bretanha; e, como em Stonehenge, observações a longo prazo revelaram que o grupo de estrelas ("constelação") ao fundo não permanecia o mesmo (Figura 6); lá, a pedra de alinhamento, chamada de *Heel Stone*, que aponta para o nascer do sol nos dias de solstício atuais, apontava originalmente o nascer do sol em aproximadamente 2000 a.C.

O fenômeno chamado Precessão dos Equinócios, ou apenas Precessão, resulta do fato de que, como a Terra completa uma órbita anual ao redor do Sol, ela não retorna ao mesmo ponto celestial exato. Há

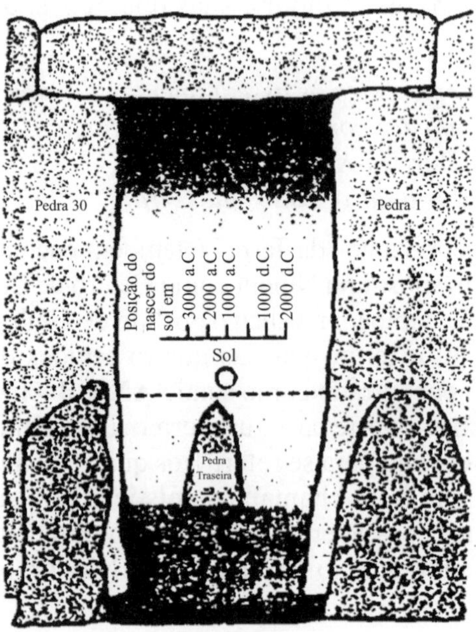

Figura 6

um pequeno, mas muito pequeno, retardamento de um grau (de 360 em um ciclo) a cada 72 anos. Foi Enki quem primeiro agrupou as estrelas observáveis da Terra em "constelações" e dividiu o céu no qual a Terra girava em torno do Sol em 12 partes – desde então, isso tem sido chamado de Ciclo Zodiacal das constelações (Figura 7). Considerando que cada 12ª parte do ciclo ocupava 30 graus do arco celestial, o retardamento ou a Mudança Precessional de uma Casa Zodiacal para outra durava (matematicamente) **2.160** anos (72 x 30) e um ciclo zodiacal completo durava 25.920 anos (2.160 x 12). As datas aproximadas das **Eras Zodiacais** – seguindo a divisão em 12 partes iguais, e não as observações astronômicas atuais – foram acrescentadas aqui para servir como orientação ao leitor.

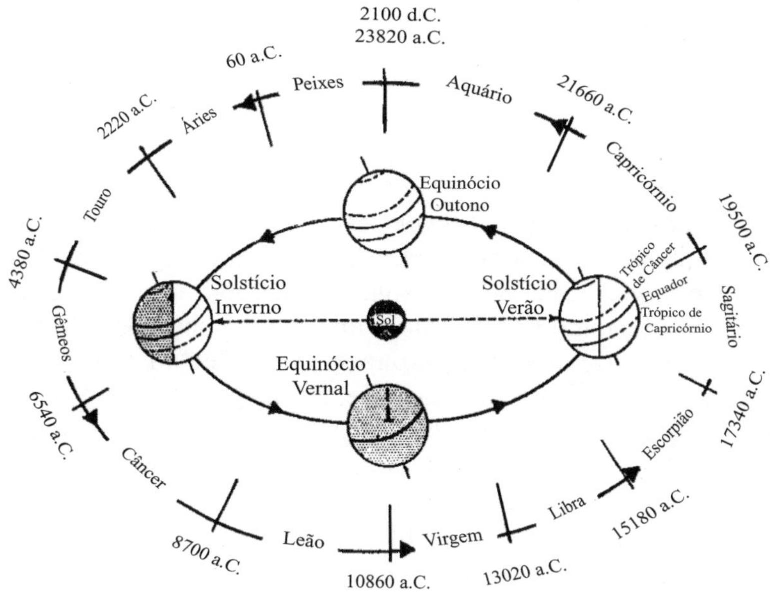

Figura 7

Tal feito foi de um período que precedeu as civilizações da humanidade; isso pode ser verificado pelo fato de que um calendário zodiacal foi aplicado nas primeiras estadias de Enki na Terra (quando as duas primeiras casas zodiacais foram nomeadas em seu tributo). Que essa não tenha sido uma descoberta feita por um astrônomo grego (Hiparco) no século III a.C. (como a maioria dos livros ainda sugere), pode ser atestado pelo fato de que as 12 casas zodiacais já eram conhecidas dos sumérios um milênio antes, por nomes (Figura 8) e descrições (Figura 9) que usamos até hoje.

1. **GU.AN.NA** ("touro celestial"), Touro.
2. **MASH.TAB.BA** ("gêmeos"), nossos Gêmeos.
3. **DUB** ("tenazes", "pinças"), o Caranguejo ou Câncer.
4. **UR.GULA** ("leão"), que chamamos de Leão.
5. **AB.SIN** ("o pai dela era Sin"), a Donzela, Virgem.
6. **ZI.BA.AN.NA** ("destino celestial"), a balança de Libra.
7. **GIR.TAB** ("que crava e corta"), Escorpião.
8. **PA.BIL** ("defensor"), o Arqueiro, Sagitário.
9. **SUHUR.MASH** ("peixe-cabra"), Capricórnio.
10. **GU** ("senhor das águas"), o Portador da Água, Aquário.
11. **SIM.MAH** ("peixes"), Peixes.
12. **KU.MAL** ("habitante do campo"), o Carneiro, Áries.

Figura 8

Em *Quando Começou o Tempo*, as tabelas de horários dos calendários dos deuses e dos homens eram muito discutidas. Vindos de Nibiru, cujo período orbital, o SAR, significava 3.600 anos (-Terra), essa unidade serviu naturalmente como primeiro parâmetro de calendário dos anunnakis, mesmo na veloz órbita da Terra. De fato, os textos que lidam com seus primeiros dias na Terra, tais como as *Listas Sumérias dos Reis*, designavam os períodos de tempo desse ou daquele líder na Terra em termos de Sars. Adotei o termo **Tempo Divino**. O calendário concedido à humanidade, baseado nos aspectos orbitais da Terra (e de sua Lua), foi chamado **Tempo Terrestre**. É preciso observar que a mudança zodiacal de 2.160 anos (menos que um ano para os anunnakis) oferecia aos anunnakis uma proporção melhor entre os dois extremos – que era a "proporção dourada" de 10:6. Eu chamo isso de **Tempo Celestial**.

Como Marduk descobriu, esse Tempo Celestial era o "relógio" pelo qual o seu destino já havia sido traçado.

Mas qual era o Relógio Messiânico da Humanidade, que determinava sua sorte e seu destino – *Tempo Terrestre*, como na contagem dos 50 anos de Jubileu, a contagem dos séculos, ou do Milênio? Era o *Tempo Divino* adequado à órbita de Nibiru? Ou era – é – o *Tempo Celestial* que segue a lenta rotação do relógio zodiacal?

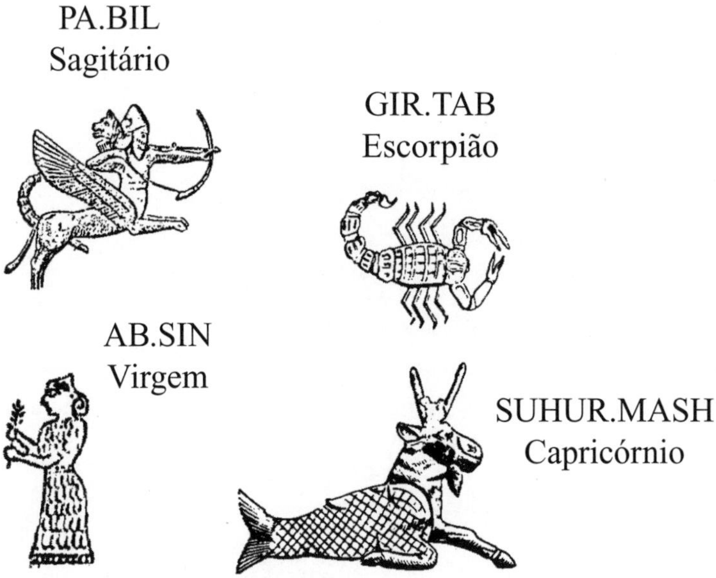

Figura 9

Este dilema, como veremos, frustrou a humanidade na Antiguidade; e ainda reside no centro da questão atual sobre o Retorno. A questão apresentada já foi perguntada antes – pelos sacerdotes babilônicos e assírios observadores de estrelas, por profetas bíblicos, no Livro de Daniel, no Apocalipse, pelas preferências de *sir* Isaac Newton, por todos nós nos dias atuais.

A resposta será impressionante. Vamos embarcar nessa cuidadosa busca.

2

"E Aconteceu"

É muito significativo que, em seu registro sobre a Suméria e a antiga civilização suméria, a Bíblia tenha escolhido destacar o *incidente da ligação espacial* – aquela conhecida como o conto da "**Torre de Babel**":

> *E aconteceu que, tendo eles partido do Oriente*
> *encontraram um vale na terra de Sinar*
> *e ali se estabeleceram.*
> *E disseram uns aos outros:*
> *"Vinde, façamos tijolos e queimemo-los no fogo".*
> *E o tijolo serviu-lhes como pedra,*
> *e o betume serviu-lhes como cal.*
> *E disseram: "Vinde, construamo-nos uma cidade*
> *e* uma torre cujo topo alcance aos céus."
>
> Gênesis 11: 2-4

Foi assim que a Bíblia registrou a tentativa mais audaciosa – de Marduk! – em afirmar sua supremacia ao estabelecer sua própria cidade no coração dos domínios dos enlilitas e, mais ainda, ao **construir ali sua própria instalação espacial com sua própria *torre de lançamento***. O lugar é chamado de *Babel* na Bíblia, "Babilônia" no nosso idioma.

Este conto bíblico é extraordinário em vários sentidos. Ele registra, acima de tudo, o assentamento do Vale do Tigre-Eufrates após o Dilúvio, depois que o solo havia secado o suficiente para permitir sua recolonização. Apresenta de forma correta o nome da nova terra, *Sinar*, o nome hebraico para Suméria. Fornece uma pista importante de onde – da região montanhosa do Oriente – os colonizadores vieram. Reconhece que foi ali que a primeira civilização do homem se iniciou, com a construção das cidades. Aponta (e explica) corretamente que, naquela terra, onde o solo consistia em camadas de barro seco, sem a presença de rochas nativas, as pessoas usavam tijolos de barro e, ao endurecê-los em fornos, elas os utilizavam em vez de pedra. Refere-se também ao uso do betume como cal para a construção – um detalhe impressionante, pois o betume, um produto do petróleo natural, brotava do solo no sul da Mesopotâmia, mas no entanto era totalmente ausente na Terra de Israel.

Os autores desse capítulo do Gênesis estavam bem informados quanto às origens e às principais inovações da civilização suméria; reconheciam também a importância do incidente da "Torre de Babel". Como nos contos da criação de Adão e do Dilúvio, mostraram as várias divindades sumérias na pluralidade de Elohim, ou na figura suprema e universal de *Yahweh*, mas deixaram na narrativa o fato de que foi um *grupo de divindades* que disse: "*desçamos*", e que pôs um fim naquele esforço mundano (Gênesis 11:7).

Registros sumérios e registros mais recentes babilônicos atestam a veracidade do conto bíblico e apresentam muito mais detalhes, ligando o incidente às relações completamente tensas entre os deuses que causaram o ataque das duas "Guerras da Pirâmide", depois do Dilúvio. Os acordos de "Paz na Terra", cerca de 8650 a.C., deixaram o antigo *Edin* nas mãos dos enlilitas. Isso conforme as decisões de Anu, Enlil e do próprio Enki – mas nunca aceito por Marduk/Rá. E foi assim que, quando as Cidades dos Homens começaram a ser estabelecidas na antiga *Edin* dos deuses, Marduk levantou a questão: "E quanto a mim?".

Apesar de a Suméria estar localizada no coração dos territórios enlilitas e de suas cidades serem "centros de culto" enlilitas, havia uma exceção: no sul da Suméria, às margens de um pantanal, havia **Eridu**; ela fora reconstruída após o Dilúvio exatamente no mesmo local onde Ea/Enki havia montado a primeira colonização na Terra. Foi por insistência de Anu que, quando a Terra foi dividida entre os clãs rivais dos anunnakis, Enki se apossou de Eridu como sendo de sua propriedade. Cerca de 3460 a.C., Marduk decidiu que poderia se apossar do privilégio de seu pai e também fincar seus próprios pés no coração do território enlilita.

Os textos disponíveis não fornecem os motivos pelos quais Marduk escolheu esse local específico às margens do Rio Eufrates para servir como seu novo quartel, mas a sua localização nos mostra uma pista: estava situada entre a reconstruída Nippur (o Centro de Controle da Missão pré-diluviana) e a reconstruída Sippar (o porto espacial pré-diluviano dos anunnakis). Portanto, o que Marduk tinha em mente poderia ter sido uma instalação que servisse para ambas as funções. Um mapa recente da Babilônia, desenhado em um bloco de barro (Figura 10) representa a cidade como sendo um "Umbigo da Terra" – similar ao título funcional original de Nippur. O nome em acadiano que Marduk deu ao lugar, *Bab-Ili*, significa "Portal dos Deuses" – um lugar onde os deuses pudessem ascender e descender, onde a exata instalação principal era para ser uma "torre cujo topo alcançasse os céus" – uma **torre de lançamento**!

Como no conto bíblico, e como também foi contado em paralelo (e anteriormente) nas versões mesopotâmicas, a tentativa de estabelecer uma instalação espacial terrena foi um fracasso total. Apesar de fragmentados, os textos mesopotâmicos (traduzidos pela primeira vez por George Smith em 1876) deixam claro que o ato de Marduk enfureceu Enlil, que, "em sua ira, comandou uma chuva torrencial" como ataque noturno para destruir a torre.

Registros egípcios relatam que um período caótico que durou 350 anos precedeu o início do reinado faraônico no Egito, cerca de 3110 a.C. É esse período específico que nos leva a datar o incidente da Torre de Babel, em aproximadamente 3460 a.C., como sendo o final do período caótico, marcado pelo retorno de Marduk/Rá ao Egito, pela expulsão de Toth e pelo começo da devoção a Rá.

Figura 10

Desta vez frustrado, Marduk nunca desistiu de suas tentativas de dominar as instalações espaciais oficiais que serviam como a "Ligação Céu-Terra", a ligação entre Nibiru e a Terra – ou em montar sua própria instalação. Considerando que, no final, Marduk conseguiu seus objetivos na Babilônia, uma pergunta interessante é esta: por que ele fracassou em **3460 a.C.**? Uma resposta igualmente interessante é: por uma questão de tempo.

Um texto conhecido registrou a conversa entre Marduk e seu pai, Enki, no qual um abatido Marduk pergunta ao pai em que havia falhado. Sua falha fora ter levado em consideração o fato de que o período em questão – o Tempo Celestial – era **a Era do Touro, a Era de Enlil**.

Entre os milhares de blocos inscritos e desenterrados no antigo Oriente Médio, muitos fornecem informações sobre o mês associado a uma divindade específica. Em um complexo calendário, iniciou-se em Nippur, em **3760 a.C.**, o primeiro mês, *Nissanu*; era o EZEN (período de festival) para Anu e Enlil (em um ano bissexto com um décimo terceiro mês lunar, a honraria era dividida entre os dois). A lista de "homenageados" mudava com o passar dos tempos, como também ocorria na composição dos membros do supremo Panteão dos Doze. As associações mensais também mudavam de acordo com o local, não apenas em várias regiões mas, às vezes, para que se reconhecesse a cidade dos deuses. Sabemos, por exemplo, que o planeta que chamamos de Vênus era inicialmente associado a Ninmah e, posteriormente, a Inanna/Ishtar.

Apesar de algumas mudanças dificultarem a identificação de quem estava ligado celestialmente ao quê, algumas associações zodiacais poderiam claramente ser deduzidas por textos ou gravuras. Enki (chamado pela primeira vez de E.A, "Aquele cujo o lar é a água") era claramente associado ao Portador da Água "Aquário" (Figura 11), e inicialmente, senão permanentemente, também com Peixes, o signo de "Peixes". A constelação que era chamada de As Gêmeas, "Gêmeos", tinha esse nome sem dúvida como homenagem aos únicos gêmeos nascidos na Terra – Utu/Shamash e Inanna/Ishtar, filhos de Nannar/Sin. A constelação feminina da "Virgem" (a "Donzela" em vez da inexata "Virgem") que, como no planeta Vênus, foi provavelmente chamada pela primeira vez em homenagem a Ninmah, foi renomeada para AB.SIN, "Cujo pai é Sin", que poderia ser adequado apenas para Inanna/Ishtar. O Arqueiro ou Defensor, "Sagitário", é compatível com os numerosos textos e hinos que exaltam Ninurta como Divino Arqueiro, o guerreiro e defensor de seu pai. Sippar, a cidade de Utu/Shamash que deixou de ser o local do porto espacial após o Dilúvio, foi considerada, nos tempos sumérios, como sendo o centro da Lei e da Justiça; o deus era considerado (mesmo depois, pelos babilônicos) como o Chefe de Justiça da Terra. É certo que a Balança da Justiça, "Libra", representava a sua constelação.

Figura 11

E ainda havia os apelidos comparando a proeza, a força ou as características de um deus com um animal que impunha respeito; como textos e mais textos reiteraram, Enlil era o *Touro*. Estava descrito em selos cilíndricos ou em blocos que lidavam com astronomia e arte. Alguns dos mais lindos objetos de arte, descobertos nas tumbas reais de Ur, eram cabeças de touro esculpidas em bronze, prata e ouro, e adornadas com pedras semipreciosas. Sem dúvida alguma, a constelação de Touro – Taurus – homenageava e simbolizava Enlil. Seu nome, GUD.ANNA, significava "O Touro do Céu", e os textos que tratavam do verdadeiro "Touro do Céu" ligavam Enlil e sua constelação a um dos lugares mais exclusivos da Terra.

O lugar era chamado *O Local de Aterrissagem* – e é ali que uma das mais incríveis estruturas na Terra, incluindo a torre de pedra que alcança os céus, ainda permanece.

Muitos textos da Antiguidade, incluindo a Bíblia hebraica, descrevem ou se referem a uma exclusiva floresta com altos e imponentes cedros situada no Líbano. Nos tempos antigos, ela se estendia por milhas, ao redor deste lugar extraordinário – *uma vasta plataforma de pedra construída pelos deuses como seu primeiro local espacial na Terra*, bem antes de seus centros e verdadeiro porto espacial serem estabelecidos. Como se confirma nos textos sumérios, essa foi a única estrutura que sobreviveu ao Dilúvio e que, consequentemente, poderia servir como uma base de operações para os anunnakis, logo após o Dilúvio; nela eles restauraram e retomaram as terras com plantações e criações de animais. O lugar, chamado de "Local de Aterrissagem", no *Épico de Gilgamesh*, servia como destinação do rei em sua busca pela imortalidade; aprendemos com o conto épico que foi ali, na sagrada floresta de cedro, que Enlil guardou o GUD.ANNA – o "Touro do Céu", o símbolo da Era do Touro de Enlil.

E o que aconteceu então, na floresta sagrada, teve influência no curso dos assuntos dos deuses e dos homens.

A jornada para a Floresta de Cedro e para o Local de Aterrissagem, que nos conta a narrativa épica, começou em Uruk, a cidade que Anu concedeu como presente a sua bisneta Inanna (nome que significa "A Querida de Anu"). Seu rei, no início do terceiro milênio a.C., era **Gilgamesh*** (Figura 12). Ele não era um homem comum, pois sua mãe era a deusa Ninsun, membro da família de Enlil. Isso não tornou Gilgamesh um mero *semideus*, mas sim aquele que era "*dois terços* divino". À medida que foi envelhecendo e começou a contemplar as questões sobre a vida e a morte, ocorreu-lhe que ser dois terços divino é algo que deveria fazer a diferença. Perguntou à mãe por que haveria de "ficar de fora", como um simples mortal? Ela concordou com ele, mas explicou que a aparente imortalidade dos deuses era, na realidade,

Figura 12

* N.E.: Sugerimos a leitura de *Versão Babilônica sobre o Dilúvio e a Epopéia de Gilgamesh*, de E. A. Wallis Budge, Madras Editora.

a longevidade, devido ao longo período orbital de seu planeta de origem. Para obter tal longevidade, ele teria que se unir aos deuses em Nibiru; para fazer isso, ele deveria ir ao local onde os foguetes subiam e desciam.

Apesar de ser advertido sobre os perigos da jornada, Gilgamesh estava determinado a ir. "Se eu falhar", disse ele, "pelo menos serei lembrado como aquele que tentou". Por insistência de sua mãe, um duplo artificial, Enkidu (ENKI.DU que significa "Feito por Enki"), deveria ir com ele para servir-lhe de companheiro e guardião. Suas aventuras, contadas e recontadas no épico dos 12 blocos e em várias de suas versões, podem ser acompanhadas no nosso livro *A Escada para o Céu*. Houve, de fato, não apenas uma viagem, mas duas (Figura 13): uma para o Local de Aterrissagem na Floresta de Cedro e outra para o porto espacial na península do Sinai, onde – de acordo com as descrições egípcias (Figura 14) – os foguetes eram guardados em silos subterrâneos.

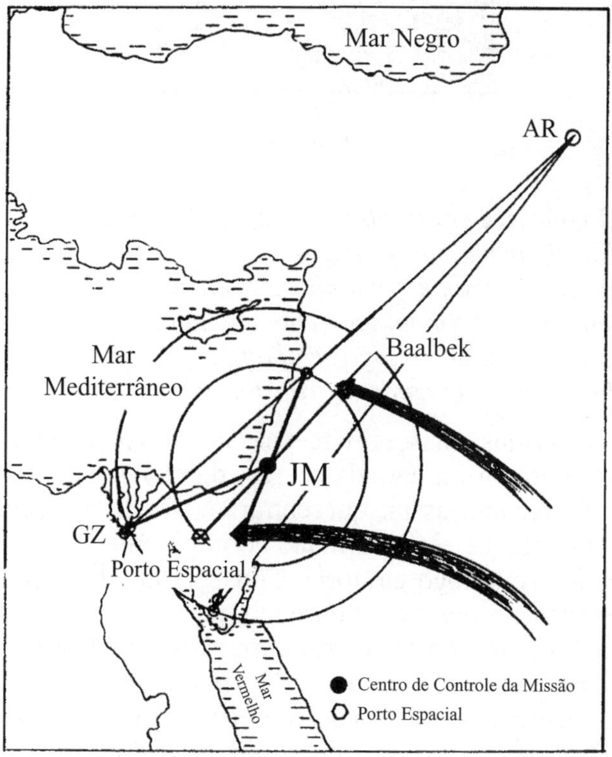

Figura 13

A primeira jornada, cerca de 2860 a.C., era para a Floresta do Cedro no Líbano, e a dupla foi auxiliada pelo deus Shamash, padrinho de Gilgamesh, sendo que a ida foi relativamente fácil e rápida. Assim que chegaram à floresta, *testemunharam durante a noite o lançamento de um foguete*. Foi assim que Gilgamesh descreveu o ocorrido:

Figura 14

A visão que tive era totalmente impressionante!
Os céus chiavam, a terra rugia.
Apesar da chegada do amanhecer, veio a escuridão.
Um relâmpago brilhou, uma chama subiu,
logo o brilho sumiu, o fogo se apagou,
E tudo o que havia caído se transformou em cinzas.

Impressionados, mas sem recuar, no dia seguinte Gilgamesh e Enkidu descobriram a entrada secreta que havia sido usada pelos anunnakis; entretanto, assim que entraram, foram atacados por um guardião robótico que estava armado com um emissor de raios mortais e uma chama de fogo giratória. Conseguiram destruir o monstro e foram descansar à beira de um riacho, pensando que o caminho já estava livre. Mas, quando se aventuraram mais para dentro da Floresta de Cedro, surgiu um novo desafio: **o Touro do Céu**.

Infelizmente, o sexto bloco do épico está por demais danificado nas linhas que descrevem a criatura e a batalha com ela para ser completamente legível. As partes legíveis deixam claro que os dois camaradas fugiram dali, perseguidos pelo Touro do Céu, por todo o caminho de volta até chegar em Uruk; foi ali que Enkidu conseguiu destruí-lo. O texto torna-se legível quando o orgulhoso Gilgamesh, que cortou a coxa do touro, "chamou os artesãos, os armeiros, os operários" de Uruk para admirar os chifres do touro. O texto sugere que eram *artificiais* – "cada um moldado com trinta minas* lápis-lazúli, o revestimento em cada um tinha dois dedos de espessura".

Figura 15

Até que outro bloco que contenha as linhas ilegíveis seja descoberto, jamais saberemos com certeza se o símbolo celestial de Enlil na Floresta do Cedro era um touro vivo, especialmente selecionado, decorado e enfeitado com ouro e pedras preciosas, ou uma criatura robótica, um monstro artificial. O que sabemos é que, diante da destruição do touro, "Ishtar, em sua moradia, fez uma queixa" que alcançou Anu, nos céus. O assunto foi tão sério que Anu, Enlil, Enki e Shamash formaram um conselho divino para julgar os camaradas (apenas Enkidu acabou sendo punido) e para considerar as consequências da matança.

A ambiciosa Inanna/Ishtar de fato tinha razão em se queixar: a invencibilidade da Era Enlil havia sido violada, e a própria Era fora simbolicamente encurtada com o corte na coxa do touro. Sabemos, por meio de fontes egípcias, incluindo descrições ilustradas em papiros astronômicos (Figura 15), que Marduk não havia perdido o simbolismo da matança; foi visto como um significado de que nos céus, também, a Era de Enlil havia sido encurtada.

---

*N.T.: Unidade de medida da antiga Babilônia: cada mina equivale a quase um quilo.

A tentativa de Marduk de estabelecer uma instalação espacial alternativa não foi aceita tranquilamente pelos enlilitas; a evidência sugere que Enlil e Ninurta estavam preocupados com a construção de sua própria base espacial alternativa no outro lado da Terra, nas Américas, próximo às fontes de ouro pós-diluvianas.

Esta ausência, junto ao incidente do Touro do Céu, conduziu a um período de instabilidade e confusão no coração da Mesopotâmia, sujeitando-a a incursões vindas das terras vizinhas. Povos como os gutianos, seguidos pelos elamitas, vieram do Oriente; povos de línguas semíticas vieram do Ocidente, mas mesmo venerando os mesmos deuses enlilitas dos sumérios, os *amurrus* ("ocidentais") eram diferentes. Ao longo da costa do "Mar Superior" (o Mediterrâneo), nas terras dos canaanitas, os povos viviam em gratidão com os deuses Enki'itas do Egito.

Nisto se planta a semente – talvez até os dias atuais – das Guerras Santas proferidas "Em Nome de Deus", exceto que diferentes povos tinham diferentes deuses nacionais...

Foi Inanna que surgiu com a brilhante ideia que pode ser descrita como "se não pode lutar contra eles, convide-os a vir". Um dia, vagando pelos céus em sua Câmara Celeste – cerca de 2360 a.C. – ela aterrissou em um jardim próximo a um homem dormindo e que havia caído no seu gosto. Ela gostou do sexo e gostou do homem. Ele era um ocidental que falava um idioma semítico. Como escreveu posteriormente em suas memórias, ele não sabia quem era o seu pai, mas sabia que sua mãe era uma *entu*, ou sacerdotisa de deus; ela o havia posto em uma cesta de vime que foi levada pelas correntezas do rio até um jardim cuidado por Akki, o Irrigador, que o criou como um filho.

A possibilidade de que esse forte e belo fosse um filho abandonado de algum deus foi o suficiente para que Inanna recomendasse aos outros deuses que o próximo deus da terra deveria ser este amurru. Quando concordaram, ela lhe concedeu o cognome de *Sharru-kin*, o antigo título celebrado dos reis sumérios. Sem ter a mesma origem de prévias e reconhecidas linhagens reais sumérias, ele não podia ascender ao trono em qualquer uma das antigas capitais; assim, uma nova cidade foi construída para lhe servir como capital. Era chamada de Ágade – "Cidade da União". Nossos livros históricos chamam este rei de Sargão de Acádia, e seu idioma semítico de acadiano. Seu reino, que somava as províncias norte e noroeste com a Suméria antiga, era chamado de *Suméria e Acádia*.

Sargão não hesitou em executar a missão para qual fora selecionado: manter as "terras rebeldes" sob controle. Salmos a Inanna – de agora em diante conhecidos pelo nome acadiano de Ishtar – apresentam-na contando a Sargão que ele seria lembrado "pela destruição da terra rebelde, massacrando seus povos, fazendo o sangue correr em seus rios". As expedições militares de Sargão eram registradas e glorificadas em seus próprios anais reais; suas conquistas eram resumidas na *Narrativa de Sargão*, assim:

Sharru-kin, rei de Ágade,
elevou-se ao poder na era de Ishtar.
Não sobrou rival nem oponente.
Espalhou seu impressionante terror em todas as terras.
Cruzou o mar no Oriente,
conquistou o país do Ocidente
em todo o seu alcance.

A vanglória implica que o lugar espacial sagrado, o Local de Aterrissagem dentro do "país do ocidente" foi tomado e mantido em nome de Inanna/Ishtar – mas não sem oposição. Aliás, os textos escritos para a glorificação de Sargão indicam que "na sua velhice, todas as províncias se revoltaram contra ele". Os anais contrários, que registram os eventos do ponto de vista do lado de Marduk, revelam que Marduk liderou uma contraofensiva punitiva:

Por causa do sacrilégio que Sargão cometeu,
o grande deus Marduk se enfureceu...
Do Oriente ao Ocidente alienou os povos de Sargão,
e o puniu com a doença
de não mais ser capaz de dormir.

É necessário registrar que o alcance territorial de Sargão incluía apenas um dos quatro locais espaciais pós-diluvianos – apenas o Local de Aterrissagem na Floresta de Cedro (veja figura 3). Sargão foi brevemente substituído no trono da Suméria e Acádia por dois filhos, mas seu verdadeiro sucessor em espírito e de herança foi um neto chamado Naram-Sin. O nome significa "o favorito de Sin", mas os anais e as inscrições relacionados ao seu reinado e campanhas militares mostram que ele era, de fato, o favorito de Ishtar. Os textos e as descrições registram que Ishtar encorajou o rei a buscar esplendor e grandeza mediante incessante conquista e destruição dos inimigos dela, e auxiliou-o ativamente nos campos de batalha. Descrições dela, que costumavam mostrá-la como uma sedutora deusa do amor, agora a apresentavam como a deusa da guerra, armada até o último fio de cabelo (Figura 16).

Era guerra, mas não sem um plano – um plano para combater as ambições de Marduk ao capturar *todos* os lugares espaciais em nome de Inanna/Ishtar. As listas de cidades capturadas e dominadas por Naram-Sin indicam que ele não alcançou apenas o Mar Mediterrâneo – assumindo controle do Local de Aterrissagem – mas foi também em direção ao sul para invadir o Egito. Tal incursão nos domínios dos enki'itas foi algo sem precedentes, e poderia ter ocorrido, como uma leitura cuidadosa dos registros revela, porque Inanna/Ishtar havia formado uma aliança profana com Nergal, o irmão de Marduk que se casara com a irmã de Inanna. A investida no Egito exigia também entrar e cruzar a Região Sagrada neutra da península do Sinai, onde o porto espacial estava localizado – outra violação do antigo Tratado de Paz. Prepotente, Naram-Sin deu a si mesmo o título de "Rei das Quatro Regiões"...

Podemos ouvir os protestos de Enki. Podemos ler os textos que registram as advertências de Marduk. Estava tudo bem além do que a própria liderança enlilita poderia perdoar. Um longo texto conhecido como *A Maldição de Ágade*, que conta a história da dinastia acadiana, afirma claramente que o seu final veio "assim que a testa de Enlil franziu". E, portanto, a "palavra de Ekur" (a decisão de Enlil no seu templo em Nippur) foi por um ponto final em tudo aquilo: "A palavra de Ekur foi posta sobre Ágade" para que fosse destruída e varrida da face da Terra. O final de Naram-Sin veio cerca de **2260 a.C.**; textos

Figura 16

daquela época relatam que as tropas no território oriental chamado Gutium eram leais a Ninurta, e serviram como instrumento da ira divina; Ágade jamais foi reconstruída, e nunca recolonizada; aquela cidade real, de fato, nunca foi encontrada.

A saga de Gilgamesh no início do terceiro milênio a.C. e as investidas militares dos reis acadianos, próximo ao final daquele milênio, proporcionam uma visão histórica clara de como foram os eventos daquele milênio: os alvos eram os locais de acesso espacial – para que Gilgamesh obtivesse a longevidade dos deuses, e para que os reis envolvidos com Ishtar alcançassem a supremacia.

Sem dúvida, foi o empreendimento da "Torre de Babel" de Marduk que colocou o controle dos locais espaciais no centro dos assuntos dos deuses e dos homens; e, como ainda veremos, a centralidade dominou muito (senão a maioria) do que viria a ocorrer posteriormente.

A fase acadiana da Guerra e da Paz na Terra não ocorreu sem que houvesse aspectos celestiais ou "messiânicos" envolvidos.

Em suas narrativas, os títulos conferidos a Sargão seguem o usual título honorífico de "Administrador de Ishtar, rei de Kish, grande Ensi de Enlil"; mas ele também chamou a si mesmo de o "**ungido sacerdote de Anu**". Foi a primeira vez que a ação de ser divinamente *ungido* – que é, literalmente, o sentido de "messias"– aparece em inscrições na Antiguidade.

Marduk, em seus pronunciamentos, advertiu quanto ao surgimento de revoltas e fenômenos cósmicos:

O dia se tornará trevas,
a correnteza dos rios perderá seu curso,
as terras serão devastadas,
os povos perecerão.

Olhando para trás, lembrando profecias bíblicas similares, está claro que, na véspera do século XXI a.C., deuses e homens aguardavam a vinda do Tempo Apocalíptico.

3

Profecias Egípcias, Destinos Humanos

Nos anais do homem na Terra, o século XXI a.C. viu no antigo Oriente Médio um dos capítulos mais gloriosos da civilização, conhecido como o período Ur III. Foi ao mesmo tempo o mais difícil e o mais devastador, pois testemunhou o fim da Suméria em uma nuvem nuclear mortal. E, depois disso, nada foi o mesmo.

Aqueles graves eventos, como veremos a seguir, foram vistos também como a raiz das manifestações messiânicas que se centraram em Jerusalém quando o a.C. se tornou d.C. por volta de 21 séculos depois.

Os eventos históricos daquele século memorável – como todos os eventos na história – tinham suas raízes naquilo que havia ocorrido antes. Daqueles, o ano **2160 a.C.** é uma data digna de lembrar. Os anais da Suméria e Acádia registram uma importante mudança política conduzida pelos deuses enlilitas. No Egito, a data marcou o início de mudanças significativas político-religiosas, e o que ocorreu em ambas as zonas coincidiu com uma nova fase na campanha de Marduk para obter a supremacia. De fato, foram as manobras estratégicas de Marduk, como em um tabuleiro de xadrez, e seus movimentos geográficos de um lugar para o outro, que controlaram a agenda do "jogo de xadrez divino" da época. Seus movimentos e ações começaram com sua saída do Egito para se tornar (aos olhos egípcios) **Amon** (também escrito *Amun* ou *Amen*), "**O Invisível**".

A data de **2160 a.C.** é considerada pelos egiptólogos como o marco do início daquilo que é designado como o Primeiro Período Intermediário – um intervalo caótico entre o final do Antigo Império e o início dinástico do Médio Império. Durante os mil anos do Antigo

Império, quando a capital político-religiosa era Memphis, no Médio Egito, os egípcios veneravam o panteão Ptah, construindo templos monumentais para ele, para o seu filho Rá e seus divinos sucessores. As famosas inscrições dos faraós memphitas glorificavam os deuses e prometiam vida após a morte aos reis. Reinando como substitutos dos deuses, aqueles faraós usavam duas coroas do Alto (sul) e do Baixo (norte) Egito, significando não apenas a questão administrativa mas também a unificação religiosa das Duas Terras, unificação alcançada quando Hórus derrotou Seth em suas batalhas pelo legado de Ptah/Rá. Em seguida, em **2160 a.C.**, essa unidade e convicção religiosa desmoronou.

O tumulto resultou na ruptura da União, no abandono da capital, em ataques do sul pelos príncipes tebanos para obter o controle, além de incursões estrangeiras, profanação dos templos, colapso da ordem e da lei, secas, fome e saques por comida. Essas condições são relembradas em um papiro conhecido como *As Admoestações de Ipu-Wer*, um longo texto hieroglífico que consiste em várias seções que relatam as calamidades e tribulações, culpando o inimigo profano pelo delito religioso e pelos males sociais, e conclamando as pessoas a se arrependerem e abandonarem os ritos religiosos. Uma seção profética descrevendo a *vinda do Redentor* e outra exaltando a era perfeita que estaria por vir finalizam o papiro.

Logo no início, o texto descreve o colapso da lei e da ordem e de uma sociedade antes funcional – uma situação em que "os porteiros vão e saqueiam, os lavradores se recusam a cumprir suas tarefas (...) roubos por toda a parte (...) um homem considera seu filho como inimigo". Apesar de o Nilo estar cheio e irrigando a terra, "ninguém está arando (...) as sementes estão secando (...) os armazéns estão vazios (...) a poeira cobre toda a terra (...) o deserto avança (...) as mulheres estão inférteis, nenhuma consegue conceber (...) os mortos são simplesmente jogados no rio (...) o rio é puro sangue". As estradas ficaram inseguras, o comércio parou, as províncias do Alto Egito não pagavam mais impostos; "há uma guerra civil (...) os bárbaros de outros lugares vieram ao Egito (...) tudo está em ruínas".

Alguns egiptólogos acreditam que, no cerne desses eventos, encontra-se uma simples rivalidade por riqueza e poder, uma tentativa (bem-sucedida, no final) dos príncipes tebanos do sul de controlar e dominar todo o país. Posteriormente, estudos associaram o colapso do Antigo Império com uma "mudança climática" que minou uma sociedade fundada na agricultura, e que causou racionamentos e saques de alimento, revolta social e colapso da autoridade. No entanto, pouca atenção foi dada à mudança principal e talvez a mais importante: nos textos, nos cânticos, nos honoríficos nomes de templos, não havia mais Rá, mas dali por diante Rá-*Amon*, ou simplesmente *Amon*, que passou então a ser venerado; Rá tornou-se *Amon* – Rá, o Invisível – pois ele havia sumido do Egito.

Foi de fato uma mudança religiosa que causou o colapso político e social, o não identificado Ipu-Wer escreveu; acreditamos que a mudança consistiu em Rá tornar-se Amon. A revolta começou com o colapso das práticas religiosas e se manifestou na profanação e no abandono dos templos, onde "o Lugar dos Segredos foi exposto, as augustas escrituras delimitadas foram espalhadas por todo canto para que os homens comuns as rasgassem nas ruas (...) a magia está exposta, está diante dos olhos daqueles que nada sabem". O símbolo sagrado dos deuses gravado na coroa do rei, o Uraeus (a Serpente Divina), "é objeto de rebelião (...) as datas religiosas são interrompidas (...) sacerdotes são criminosamente assassinados em massa".

Após conclamar as pessoas a se arrepender, "ofertar incenso nos templos (...) e manter as oferendas aos deuses", o papiro convida os arrependidos a se *batizarem* – para "se lembrarem da imersão". Em seguida, as palavras do papiro tornam-se proféticas: em uma passagem, em que os próprios egiptólogos chamam de "verdadeiramente messiânica", as *Admoestações* falam de "um tempo que está por vir" quando um *Salvador* sem nome – um "*deus-rei*" – deverá aparecer. Começando com um pequeno grupo de seguidores dele, "homens dirão":

Ele traz calma ao coração,
ele é um pastor para todos os homens.
Apesar de seu rebanho parecer pequeno,
ele passará os dias cuidando dele...
Então ele abaterá o mal,
ele levantará seu braço contra ele.

"As pessoas se perguntam: 'Onde está ele hoje? Está então dormindo? Por que não se vê o seu poder?'", Ipu-Wer escreveu, e respondeu: "Olhai; a glória disso não pode ser vista, [mas] a Autoridade, a Percepção e a Justiça estão com ele".

Aquela era perfeita, Ipu-Wer declarou em sua profecia, seria precedida por seus sofrimentos messiânicos de nascimento: "A confusão se apoderará de toda a Terra; em turbulência, uns matarão os outros, os muitos matarão os poucos". As pessoas se perguntarão: "O pastor anseia pela morte?". Não, ele respondeu: "é a Terra que comanda a morte", mas depois de anos de conflito, a justiça e a devoção vencerão. O papiro conclui que isto foi "O que Ipu-Wer disse quando ele respondeu à majestade do Todo-Poderoso".

Não é apenas a descrição dos eventos e das profecias messiânicas, como também a escolha das palavras nesse antigo papiro egípcio, que parecem ser surpreendentes, tem mais coisa para revelar. Estudiosos estão cientes da existência de um outro texto profético/messiânico do antigo Egito que chegou ao nosso conhecimento, mas acreditam que foi de fato escrito depois dos eventos e apenas alega ser profético ao se datar com um período anterior. Para ser específico, enquanto o texto objetiva relatar as profecias feitas no período de Seneferu, um faraó da IV Dinastia (cerca de 2600 a.C.), egiptólogos acreditam que, na realidade, foi escrito no período de Amenemhat I da XII Dinastia (cerca de 2000 a.C.) – *depois* dos eventos que alega profetizar. Mesmo assim, as "profecias" servem para confirmar aquelas ocorrências anteriores, sendo que muitos detalhes e a própria linguagem das previsões podem ser mais bem descritos como assustadores.

As profecias têm como propósito serem contadas ao rei Seneferu por um "grande sacerdote vidente", chamado de Nefer-Rohu, "homem graduado, escriba competente com seus dedos". Requisitado para que se apresentasse ao rei para prever o futuro, Nefer-Rohu, "esticou sua mão até uma caixa de equipamento de escrita, apanhou um rolo de papiro" e, em seguida, começou a escrever o que ele estava antevendo, no estilo de um Nostradamus:

> *Olhai, há algo que tem a ver com o que os homens falam;*
> *é assustador...*
> *O que será feito nunca foi feito antes.*
> *A Terra está completamente destruída.*
> *O solo está danificado, nada existe.*
> *Não há luz do sol que as pessoas possam ver,*
> *ninguém consegue viver coberto pelas nuvens,*
> *os ventos do sul se opõem aos ventos do norte,*
> *os rios do Egito estão vazios...*
> *Rá deverá começar as fundações da Terra novamente.*

Antes que Rá possa restaurar as "fundações da Terra", haverá invasões, guerras e carnificina. Então, virá depois uma nova era de paz, tranquilidade e justiça. Será trazida por aquilo que viemos a chamar de um salvador, um messias:

Então é assim que um soberano virá –
Ameni ("O Desconhecido"),
o Triunfante, ele será chamado.
O Filho-Homem será o seu nome para sempre e sempre...
a injustiça será banida;
a justiça posta em seu lugar;
as pessoas da sua era regozijar-se-ão.

É incrível encontrar tais profecias messiânicas dos tempos apocalípticos e do final da injustiça que decorrerá da vinda – o retorno – da paz e da justiça em textos de papiro escritos 4.200 anos atrás; é assustador encontrar neles uma terminologia própria do Novo Testamento, sobre o Desconhecido, o Salvador Triunfante, o "Filho-Homem".

É, como veremos, uma ligação de eventos inter-relacionados que atravessam milênios.

Na Suméria, um período de caos e de ocupação por tropas estrangeiras que profanavam templos, além da confusão quanto ao local onde a capital deveria ficar e quem deveria ser o rei, resultaram no final da Era Sargônica de Ishtar, em **2260 a.C.**

Durante algum tempo, o único lugar seguro na Terra era o "centro de culto" de Lagash, de Ninurta, de onde as tropas estrangeiras gutianas foram mantidas afastadas. Ciente das duras ambições de Marduk, Ninurta decidiu reafirmar seu direito ao Grau de Cinquenta, instruindo o então rei de Lagash, Gudea, para que construísse para ele, na cidade de *Girsu* (a jurisdição sagrada), um templo novo e diferente. Ninurta – aqui chamado NIN.GIRSU, "Senhor de Girsu" – já tinha um templo lá, como tinha também uma área especial delimitada para o seu "Divino Pássaro Preto" ou máquina voadora. Apesar disso, a construção de um novo templo exigia uma permissão especial de Enlil, que foi concedida prontamente. Sabemos, por meio das inscrições, que o novo templo tinha que ter características especiais que o ligassem aos céus, permitindo alguns tipos de observações celestiais. Para esse propósito, Ninurta convidou para vir à Suméria o deus Ningishzidda ("Toth" no Egito), o Divino Arquiteto, o Guardião dos Segredos das Pirâmides de Giza. O fato de Ningishzidda/Toth ser o irmão que Marduk forçou ao exílio, cerca de 3100 a.C., certamente não deixou de ser notado por todos os envolvidos...

As incríveis circunstâncias em torno do anúncio, planejamento, construção e dedicação do E.NINNU ("Casa/Templo do Cinquenta") são contadas em grande detalhe nas inscrições de Gudea (um local atualmente chamado de Tello) e são largamente citadas na série *As Crônicas da Terra*. O que emerge daqueles relatos detalhados (inscritos em dois cilindros de argila, em escrita cuneiforme suméria, de forma clara, figura 17) é o fato de que, do anúncio à dedicação, cada passo e cada detalhe do novo templo foi ditado por aspectos celestiais.

Esses especiais aspectos celestiais tinham a ver com o momento exato da construção do templo: era o momento, como declaram as primeiras linhas das inscrições, em que "os destinos da Terra, nos céus foram determinados":

No momento em que os destinos da Terra
nos céus foram determinados,
"Lagash deverá elevar sua cabeça em direção aos céus
de acordo com a Grande Tábua dos Destinos"
Enlil a favor de Ninurta decidiu.

Esse momento especial, em que os destinos na Terra são determinados nos céus, foi o que chamamos de Tempo Celestial, o Relógio Zodiacal. Essa determinação, que estava ligada ao Dia do Equinócio,

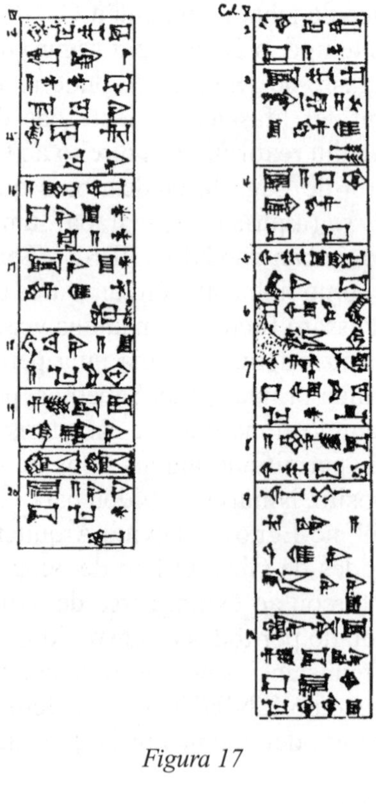

Figura 17

torna-se evidente no restante do conto de Gudea, assim como no nome egípcio de Toth, *Tehuti*, *O Equilibrador* (do dia e da noite) que "Traça o Cordão" que conduz a um novo templo. Tais considerações celestiais continuaram a dominar o projeto Eninnu do começo ao fim.

O conto de Gudea começa com uma visão de um sonho, lida de uma forma que lembra o seriado de TV *The Twilight Zone,* pois embora os vários deuses caracterizados no conto já houvessem partido quando ele acorda, os vários objetos que as divindades lhe haviam mostrado no sonho permaneceram fisicamente ao seu lado!

Naquela visão de sonho (a primeira de várias) o deus Ninurta surgia ao nascer do sol, e o Sol estava alinhado com o planeta Júpiter. O deus falou, informando Gudea que ele fora o escolhido para construir um novo templo. Em seguida, surgiu a deusa Nisaba; ela estava trajando a imagem de uma estrutura de templo na cabeça; a deusa segurava uma tábua que continha a descrição dos céus estrelados, com uma agulha magnética apontando para a "constelação celestial favorável". Um terceiro deus, Ningishzidda (ou seja, Toth), segurava uma tábua de lápis-lazúli que continha desenhado um plano estrutural; ele segurava também um tijolo de argila, um molde de olaria e uma cesta que o construtor carrega. Quando Gudea acordou, os três deuses já haviam ido, mas a tábua de arquitetura estava no seu colo (Figura 18) e o tijolo e o molde aos seus pés!

Gudea precisaria da ajuda de uma deusa profeta e de mais duas visões de sonho para compreender o significado de tudo aquilo. A

Figura 18

terceira visão que lhe foi mostrada era uma demonstração animada do tipo holográfico da construção do templo, começando com o alinhamento inicial com o ponto celestial indicado, os assentamentos das fundações, os tijolos sendo moldados – a construção completa, passo a passo. Tanto o início da construção como a cerimônia de dedicação final deveriam ocorrer com os sinais dos deuses em dias específicos; ambas cairiam no Dia do Ano Novo, que significava o dia do Equinócio Vernal.

O templo "elevou sua cabeça" nas sete etapas costumeiras, mas – de forma rara para zigurates sumérias com o topo achatado – sua cabeça tinha que ser pontiaguda, "como no formato de um chifre"; Gudea teria que colocar uma pedra superior no topo do templo! O seu formato não é descrito, mas é bem provável (julgando pela imagem na cabeça de Nisaba) que fosse do formato de um piramidião – similar aos topos das pirâmides do Egito (Figura 19). Além disso, em vez de deixar o tijolo exposto, como era de costume, Gudea exigiu que cobrissem a estrutura com uma camada de pedras avermelhadas, gerando maior similaridade com a pirâmide egípcia. "A visão externa do templo era parecida com a de uma montanha que ali houvesse sido colocada."

O propósito de se erguer uma estrutura com a aparência de uma pirâmide egípcia se torna claro nas próprias palavras de Ninurta: "O novo templo", disse ele a Gudea, "será visto à distância, o seu brilho imponente alcançará os céus; a adoração do meu templo se estenderá por todas as terras, seu nome celestial será proclamado em nações de todos os confins da Terra" –

Em Magan e Meluhha, fará com que pessoas [digam]:
Ningirsu [o "Senhor de Girsu"],
o Grande Herói das Terras de Enlil,
é um deus como não há outro;
Ele é o senhor de toda a Terra.

Magan e Meluhha eram nomes sumérios do Egito e da Núbia, as Duas Terras dos Deuses do Egito. O propósito de Eninnu era estabelecer,

Figura 19

mesmo que fosse ali nas terras de Marduk, o reino inigualável de Ninurta: "um deus como não há outro, o Senhor de Toda a Terra".

Proclamar a supremacia de Ninurta (em vez da de Marduk) exigiria características especiais em Eninnu. A entrada do zigurate tinha de ter a face voltada ao Sol, precisamente ao leste, em vez do típico nordeste. No nível mais elevado do templo, Gudea teria que construir um SHU.GA.LAM – "onde o iluminado é anunciado, o local de abertura, o lugar que determina", a partir do qual Ninurta/Ningirsu pode ver "a Repetição sobre as terras". Era uma câmara circular com 12 posições, cada uma marcada com um símbolo zodiacal, com uma abertura para a observação do céu – *um planetário antigo alinhado com as constelações zodiacais!*

No pátio de acesso, ligado a uma avenida voltada ao Sol, Gudea havia levantado dois círculos de pedra, um com seis pilares e outro

Figura 20

com sete, para observar o céu. Tendo em vista que apenas uma avenida é mencionada, pode-se deduzir que os círculos estavam um dentro do outro. À medida que se estuda cada fase, terminologia e detalhe estrutural, torna-se evidente que o que foi construído em Lagash com a ajuda de Ningishzidda/Toth era um observatório de pedra complexo

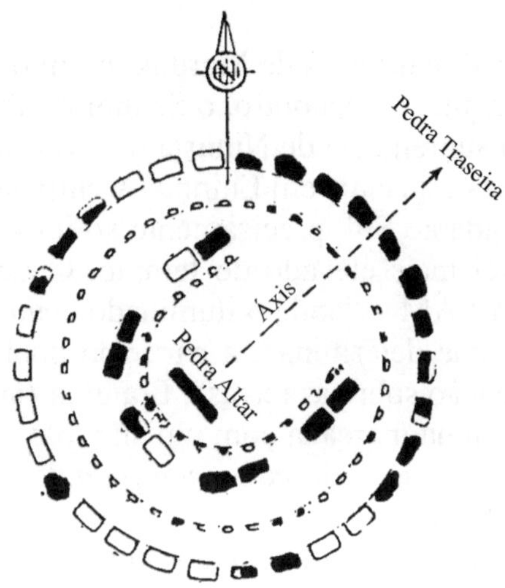

Figura 21

e prático, com uma parte totalmente devotada aos zodíacos, o que nos lembra um similar encontrado em Dendera, no Egito (Figura 20), e o outro, montado para observar os nascentes e os poentes celestiais, **um Stonehenge virtual às margens do Rio Eufrates!**

Como o Stonehenge nas Ilhas Britânicas (Figura 21), a construção de Lagash apresenta marcadores de pedra para observações solares dos solstícios e dos equinócios; no entanto, a característica externa principal foi a criação de uma linha de visão no centro da pedra, que continua entre os dois pilares de pedra, e, em seguida, desce uma avenida até chegar em outra pedra. Esta linha de visão, precisamente orientada quando planejada, facilitava determinar o momento do nascente helíaco no qual a constelação zodiacal do Sol estava aparecendo. *E isso – determinação da era zodiacal a partir de observação precisa – era o objetivo principal de todas as instalações do complexo.*

Em Stonehenge, essa linha de visão percorre (e assim continua) a coluna de pedra chamada Pedra Altar, no centro, passando por duas colunas de pedra identificadas como Pedras Sarsen, números 1 e 30; em seguida, desce a Avenida para a Pedra Traseira (veja figura 6). Todos concordam que o Stonehenge com o Círculo de Pedra Azul duplo e a Pedra Traseira, designados como Stonehenge II, são datados entre 2200 a 2100 a.C. ***Esse foi também o período – talvez mais precisamente em 2160 a.C. – em que o "Stonehenge do Eufrates" foi construído.***

E isso nada tem a ver com coincidência. Como aqueles dois observatórios zodiacais, outros observatórios de pedra proliferaram na mesma época em outros lugares na Terra – em vários locais na Europa, na América do Sul, nas Colinas de Golan, a nordeste de Israel e em locais distantes como a China (onde arqueólogos descobriram, na província de Shanzi, um círculo de pedra com 13 pilares alinhados com o zodíaco e datados de 2100 a.C.). Todas essas construções eram movimentos de reação deliberados feitos por Ninurta e Ningishzidda no Jogo de Xadrez Divino de Marduk: **para mostrar à humanidade que a era zodiacal ainda era a Era do Touro.**

Vários textos daquela época, incluindo um texto autobiográfico de Marduk e um texto mais longo, conhecido como *Erra Epos*, ilustram as andanças de Marduk fora do Egito, fazendo com que lá ele fosse o Oculto. Eles também revelam que suas demandas e ações assumiram urgência e ferocidade decorrentes de uma convicção de que havia chegado o seu período de supremacia. Os Céus evidenciam *minha* glória como o Senhor, era sua reivindicação. Por quê? Porque ele anunciou que a Era do Touro, a Era de Enlil, havia acabado; *a Era de Áries, a era zodiacal de Marduk, havia chegado.* Assim como Ninurta havia dito para Gudea, era o período em que os destinos da Terra foram determinados nos céus.

As eras zodiacais, como será lembrado, foram causadas pelo fenômeno de precessão, a retardação da órbita da Terra ao redor do Sol. A retardação acumula um grau (de 360) em 72 anos; uma divisão arbitrária do grande círculo em 12 segmentos de 30 graus cada significa que, matematicamente, o calendário zodiacal é alterado de uma era para outra, a cada 2.160 anos. Desde que ocorreu o Dilúvio, de acordo com os textos sumérios, na Era do Leão, nosso relógio zodiacal pode começar cerca de **10860** a.C.

Surge uma incrível tabela de datas se, neste calendário zodiacal de 2160 *determinado matematicamente*, o ponto inicial for 10800 a.C. em vez de 10860 a.C.:

10800 a 8640 – Era do Leão (Leão)
8640 a 6480 – Era do Caranguejo (Câncer)
6480 a 4320 – Era de Gêmeos (Gêmeos)
4320 a 2160 – Era do Touro (Touro)
2160 a 0 – Era do Cordeiro (Áries)

Deixando de lado o resultado final preciso que *se sincroniza com a Era Cristã*, é de se perguntar se seria apenas coincidência que a era de Ishtar-Ninurta estivesse gradualmente chegando ao final em ou cerca de 2160 a.C., justo quando, de acordo com o calendário zodiacal citado, a Era do Touro, a Era de Enlil, estava também acabando? Provavelmente, não; certamente, Marduk não pensava assim. A evidência disponível sugere que ele estava seguro de que, de acordo com o Tempo Celestial, *seu* período de supremacia, sua era, havia chegado. (Estudos modernos da Astronomia mesopotâmica confirmam que, de fato, o ciclo zodiacal fora dividido em 12 casas de 30 graus cada – uma divisão matemática em vez de uma divisão observacional.)

Os vários textos que mencionamos indicam que, enquanto circulava, Marduk fez outra investida em terras enlilitas, retornando à Babilônia com um grupo de seguidores. Em vez de recorrer a conflitos armados, os enlilitas convocaram o irmão de Marduk, Nergal (cuja esposa era a neta de Enlil) para que viesse do sul da África à Babilônia persuadir seu irmão a abandonar o local. Em suas memórias, conhecidas como *Erras Epos*, Nergal relatou que o argumento principal de Marduk era que seu período, a Era de Áries, havia chegado. Mas Nergal afirmou que realmente não era o caso: o Nascente Helíaco, disse ele a Marduk, ainda está ocorrendo na constelação de Touro!

Enfurecido, Marduk questionou a precisão das observações. Exigiu que Nergal respondesse o que acontecera com os instrumentos precisos e confiáveis, anteriores ao Dilúvio, que haviam sido instalados nos domínios de seu Mundo Inferior. Nergal explicou que haviam sido destruídos pelo Dilúvio. Venha, veja por si mesmo qual é a constelação vista no nascer do Sol no dia apontado, insistiu com Marduk. Se Marduk foi até Lagash fazer a observação, não sabemos; no entanto, ele deve ter notado a causa da discrepância.

Enquanto as eras mudam matematicamente a cada 2.160 anos, na realidade, de forma observacional, isso não acontece. As constelações zodiacais, nas quais as estrelas eram agrupadas arbitrariamente, não eram do mesmo tamanho. Algumas ocupavam um arco mais largo nos céus; algumas, arcos menores; e, como acontecia, a constelação de Áries era uma das menores, espremida entre Touro e Peixes, que são maiores (Figura 22). Celestialmente, a constelação de Touro, que ocupa mais de 30 graus no arco celestial, tarda pelo menos dois séculos a mais, além do seu comprimento matemático.

No século XXI a.C., o Tempo Celestial e o Tempo Messiânico não coincidiram.

Vá em paz e volte quando os céus declararem sua era, disse Nergal a Marduk. Cedendo ao seu destino, Marduk se foi, mas não para muito longe.

E com ele, servindo de emissário, porta-voz e mensageiro, estava seu filho, cuja mãe era uma mulher da Terra.

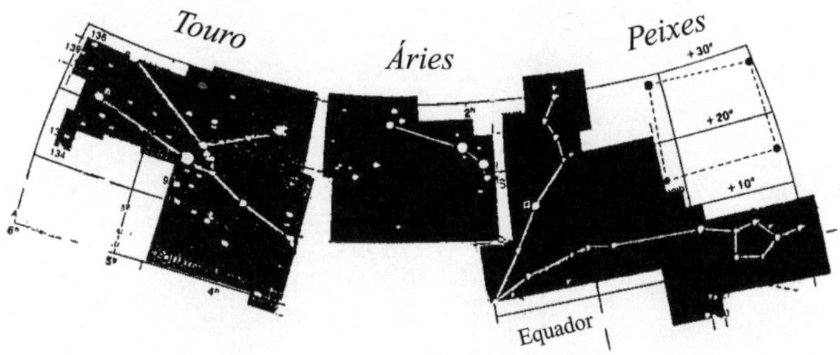

Figura 22

4

Sobre Deuses e Semideuses

A decisão de Marduk de ficar por ali, ou próximo às terras contestadas, e de envolver seu filho na luta pela lealdade da humanidade persuadiu os enlilitas a retornarem à capital central da Suméria para Ur, o centro de culto de Nannar (Su-en ou *Sin* em acadiano). Foi a terceira vez que Ur foi escolhida para servir naquela função – consequentemente, a designação "Ur III" para aquele período.

Tal ação ligou os assuntos dos deuses em conflito ao conto bíblico de Abraão (e à importância que este teve); essa inter-relação trouxe à religião uma mudança que permanece até hoje.

Entre os vários motivos para a escolha de Nannar/Sin como campeão enlilita foi a percepção de que a competição com Marduk expandiu-se para além dos assuntos dos próprios deuses, e se tornou um desafio para as mentes e os corações do povo – dos próprios seres da Terra, que os deuses haviam criado, que agora constituíram exércitos que foram à guerra em nome de seus criadores...

Contrário aos outros enlilitas, Nannar/Sin não era um combatente nas Guerras dos Deuses; sua seleção fora feita para sinalizar às pessoas de todos os lugares, mesmo nas "terras rebeldes", que, sob a sua liderança, uma era de paz e prosperidade deveria começar. Ele e sua esposa **Ningal** (Figura 23) eram muito amados pelo povo da Suméria, sendo que Ur significa prosperidade e bem-estar; seu próprio nome, que significa "lugar urbano e domesticado", significava não apenas "cidade", mas A Cidade – a joia urbana das terras antigas.

O templo de Nannar/Sin, um zigurate arranha-céu, foi erguido em etapas dentro da murada jurisdição sagrada, onde uma variedade de estruturas servia como moradia e residências dos deuses; havia também edifícios funcionais para uma legião de sacerdotes, oficiais e servidores que atendiam às necessidades divinas do casal e que cuidavam das práticas religiosas para o rei e para o povo. Dentro daquelas muralhas se estendia uma cidade magnífica com dois portos e canais que a ligavam ao Rio Eufrates (Figura 24), uma imensa cidade com o palácio do rei, edifícios administrativos (para os escribas e registros, e também para a coleta de impostos), moradias privadas de vários andares, oficinas, escolas, armazéns de comerciantes e tendas – tudo em ruas bem largas em que, nos vários cruzamentos, haviam sido construídos santuários para orações, abertos a todos os viajantes. O zigurate majestoso com suas escadarias monumentais (Reconstrução, figura 25), apesar de estar há muito tempo em ruínas, ainda domina a paisagem, mesmo passados mais de 4 mil anos.

Figura 23

Mas havia outro motivo convincente ou contrário de Ninurta e Marduk, ambos "imigrantes" vindos de Nibiru à Terra, Nannar/Sin nascera aqui. Ele não era apenas o Primogênito de Enlil na Terra – ele foi o primeiro da primeira geração de deuses nascidos no planeta. Seus filhos, os gêmeos Utu/Shamash e Inanna/Ishtar, e a irmã deles Ereshkigal, que pertencia à terceira geração de deuses, eram todos nascidos na Terra. Eles eram deuses, mas eram também nativos terráqueos. Tudo isso foi, sem dúvida, levado em consideração na luta que se sucedeu pela lealdade dos povos.

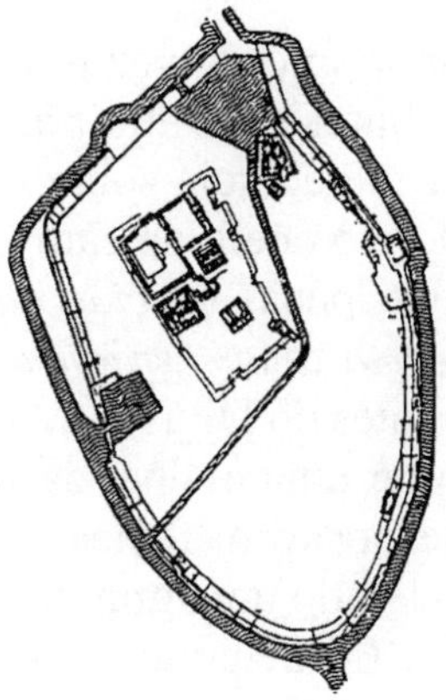

Figura 24

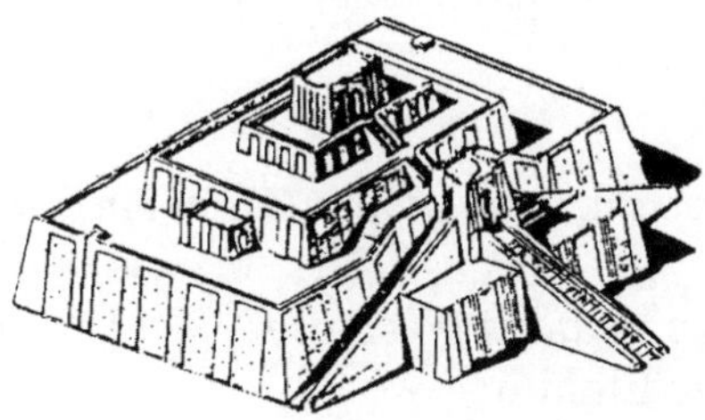

Figura 25

A escolha de um novo rei, para um novo recomeço do reinado da Suméria, foi algo feito com muito cuidado. Já não havia mais a mão livre dada a (ou assumida por) Inanna/Ishtar, que escolhera Sargão, o Acadiano, para iniciar uma nova dinastia porque ela gostava da forma como ele fazia amor. O novo rei, chamado Ur-Nammu ("A Alegria de Ur"), foi cuidadosamente selecionado por Enlil e aprovado por Anu, e não era um mero ser da Terra: era filho – "o filho amado" – da deusa Ninsun; ela era, o leitor irá se lembrar, a mãe de Gilgamesh. Tendo em vista que esta divina genealogia foi citada várias vezes em várias inscrições durante o reinado de Ur-Nammu, na presença de Nannar e outros deuses, pode-se compreender que a afirmação é factual. Isso fez com que Ur-Nammu não fosse apenas um semideus, mas – como foi o caso de Gilgamesh – "dois terços divino". De fato, a afirmação de que a mãe do rei era a deusa Ninsun colocou Ur-Nammu no mesmo *status* que tinha Gilgamesh, cujas explorações eram bem lembradas e cujo nome permaneceu honrado. A escolha era, portanto, um sinal aos amigos, como também aos inimigos, de que os gloriosos dias sob a autoridade incontestável de Enlil e do seu clã haviam retornado.

Tudo aquilo era importante, talvez até crucial, porque Marduk tinha os seus próprios atributos para atrair as massas da humanidade. Essa atração especial que ele exercia sobre os seres da Terra se dava ao fato de que o deputado e o chefe de campanha de Marduk era seu filho **Nabu** – que não tinha apenas *nascido aqui, mas fora gerado por uma mãe que era ela mesma uma terráquea*; tudo porque, há muito tempo, na realidade, dias antes do Dilúvio, Marduk rompera com todas as tradições e tabus ao tornar uma mulher da Terra sua esposa oficial.

Jovens anunnakis desposavam fêmeas da Terra, mas isso é algo que não deveria ser considerado uma grande surpresa, pois está claramente registrado na Bíblia. O que pouco se sabia, mesmo no caso dos estudiosos, devido à informação que é encontrada em textos ignorados e que deve ser verificada mediante complexas Listas de Deuses, é o fato de que foi Marduk quem deu o exemplo seguido pelos "Filhos dos deuses":

E aconteceu
quando os seres da Terra aumentaram em número
sobre a Terra
e as filhas eram geradas por eles –
que os filhos de Elohim
viram que as filhas de Adão
eram compatíveis;
e eles as desposavam
como bem entendessem.

Gênesis 6: 1-2

A explicação bíblica dos motivos que levaram ao Grande Dilúvio, nos primeiros oito versos enigmáticos do capítulo 6 do Gênesis, aponta claramente para esses tipos de casamento e sua resultante descendência como a causa da ira divina:

Os Nefilins *estiveram na Terra*
naqueles dias e nos que seguiram
Quando os filhos de Elohim
foram até as filhas de Adão
e tiveram filhos gerados por elas.

(Meus leitores podem se lembrar que a minha pergunta, quando eu ainda era um jovem estudante, era sobre por que o nome *Nefilim* – que literalmente significa "Aqueles que desceram", que desceram [do céu à

Terra] – era geralmente traduzido como "gigantes". Foi muito depois que eu notei, e assim sugeri, que a palavra em hebreu para "gigantes", *Anakim*, era na verdade uma tradução do sumério para *anunnaki*.)

A Bíblia cita claramente que tais casamentos entre raças diferentes, o "desposamento", entre jovens "filhos de deuses" (filhos de *Elohim*, o *Nefilim*) e mulheres da Terra ("filhas de Adão") como sendo o motivo de Deus para acabar com a humanidade por meio do Dilúvio: "Meu espírito não deverá mais habitar o homem, pois sua carne errou... e Deus se arrependeu de ter criado Adão na Terra, e ficou perturbado, e disse: Irei varrer da face da Terra o Adão que Eu criei".

Os textos sumérios e acadianos, contando a história do Dilúvio, explicam que haviam dois deuses envolvidos naquele drama: foi Enlil que buscou a destruição da Terra com o Dilúvio, enquanto Enki planejou evitar isso, instruindo "Noé" na construção da arca salvadora. Quando nos aprofundamos nos detalhes, descobrimos que, de um lado, a ira "Já estou farto!" de Enlil e, por outro, os esforços contrários de Enki, não se tratavam apenas de princípios. *Afinal, foi o próprio Enki que começou a copular com as mulheres da Terra e gerar filhos com elas*, e foi Marduk, filho de Enki, que abriu o caminho e deu o exemplo dos casamentos reais com elas...

No momento em que sua Missão Terra estava em total operação, o número de anunnakis em postos na Terra era 600; além disso, os 300 que eram conhecidos como IGI.GI ("Aqueles que observam e veem") tripulavam uma Estação Espacial Intermediária – em Marte! – e o transporte da nave entre os dois planetas. Sabemos que Ninmah, o oficial médico-chefe dos anunnakis, veio à Terra liderando um grupo de enfermeiras (Figura 26). Não há indicação de quantas eram ou se haviam outras mulheres entre os anunnakis, mas está claro que em

Figura 26

qualquer evento havia poucas mulheres entre eles. A situação exigia regras sexuais estritas e a supervisão dos mais velhos, a tal ponto que (de acordo com um texto) Enki e Ninmah tiveram que agir como casamenteiros, decretando quem deveria se casar com quem.

O próprio Enlil, sendo um disciplinador estrito, foi vítima da escassez de mulheres e estuprou uma jovem enfermeira. Por isso, até ele, que era o comandante em chefe da Terra, foi punido com o exílio; a pena foi permutada quando concordou em se casar com Sud e torná-la sua esposa oficial, **Ninlil**. Ela permaneceu sendo sua única esposa até o final.

Enki, entretanto, é descrito em vários textos como galanteador de deusas de todas as idades, e sempre dava um jeito em se sair bem da situação. Além disso, assim que as "filhas de Adão" se proliferaram, ele não foi nem um pouco contrário em ter casos sexuais com elas também... Os textos sumérios exaltam Adapa, "o mais sábio dos homens", que cresceu na casa de Enki e foi o primeiro ser da Terra a ser levado ao espaço para visitar Anu em Nibiru; os textos também revelam que Adapa foi um filho secreto que Enki teve, gerado por uma mulher da Terra.

Os textos apócrifos nos informam que, quando Noé, o herói bíblico do Dilúvio, nasceu, tanto o bebê como o nascimento fizeram com que seu pai, Lameque, duvidasse se o pai verdadeiro não se tratava de um nefilim. A Bíblia apenas declara que Noé era um homem genealogicamente "perfeito" que "caminhava junto a Elohim"; os textos sumérios, em que o herói do Dilúvio se chamava Ziusudra, sugerem que ele era um filho semideus de Enki.

Foi então que, um dia, Marduk reclamou à sua mãe que enquanto seus companheiros ganhavam esposas, ele não: "Não tenho esposa e nem filhos". E prosseguiu contando a ela que estava gostando da filha de um "alto sacerdote, um músico de sucesso" (há motivos para acreditar que este fosse Enmeduranki, o homem escolhido dos textos sumérios, um paralelo com o Enoque bíblico). Ao verificar se a jovem terráquea – seu nome era Tsarpanit – concordava, os pais de Marduk deram permissão para que ele fosse adiante.

O casamento gerou um filho. Ele foi chamado de EN.SAG, "Soberbo Senhor". Mas, contrário a Adapa, que era um semideus terráqueo, o filho de Marduk foi incluído nas Listas de Deuses Sumérios, nas quais também era chamado de "o divino MESH" – um termo usado (como no caso de GilgaMESH) para denotar um semideus. *Ele foi, portanto, o primeiro semideus a ser um deus*. Mais tarde, quando liderou as massas de humanos em nome de seu pai, passou a receber o epíteto de **Nabu** – O Porta-voz, *O Profeta* – pois era isso que a palavra significava literalmente, do mesmo modo que significava em paralelo a palavra bíblica em hebraico, *Nabih*, traduzida como "profeta".

Nabu era, portanto, um filho-deus e um filho-Adão das escrituras antigas, aquele cujo próprio nome significava profeta. Assim como diziam as antigas profecias egípcias, seu nome e sua função se tornaram ligadas às expectativas messiânicas.

E foi assim, nos dias que antecederam o Dilúvio, que Marduk serviu de exemplo a outros jovens deuses solteiros: encontre uma terráquea e case-se com ela... O rompimento do tabu atraía os deuses igigis em particular, que estavam longe, em Marte na maior parte do tempo, e sua estação central na Terra era o Local de Aterrissagem nas Montanhas de Cedro. Buscando uma oportunidade – talvez um convite para vir e celebrar o casamento de Marduk – eles pegaram as terráqueas e as levaram como esposas.

Vários livros extrabíblicos, designados apócrifos, como o *Livro dos Jubileus*, o *Livro de Enoque* e o *Livro de Noé*, registraram o incidente do casamento inter-racial dos nefilins e estão repletos de detalhes. Uns 200 "observadores" ("aqueles que observam e veem") se organizaram em 20 grupos; cada grupo tinha um líder nomeado. Um deles, chamado de Shamyaza, era responsável pelo comando geral. O instigador da transgressão, "aquele que desvirtuou os filhos de Deus e os trouxe à Terra e os desvirtuou com as Filhas do Homem", era chamado de Yeqon... Aconteceu, como confirmam as fontes, durante o período de Enoque.

Apesar de seus esforços em ajustar as fontes sumérias (que falavam da rivalidade e contradição entre Enlil e Enki) dentro de um quadro monoteísta – a crença em apenas um Todo-Poderoso –, os compiladores da Bíblia hebraica finalizaram a seção no capítulo 6 do Gênesis reconhecendo um resultado factual. Falando sobre os descendentes daqueles casamentos entre parentes, a Bíblia reconhece dois fatos: o primeiro, que os casamentos entre parentes ocorreram antes do Dilúvio, *e depois também*; em segundo lugar, que dos descendentes *vieram os heróis antigos, os homens renomados*. Os textos sumérios indicam que os reis heroicos pós-diluvianos eram, na realidade, semideuses.

No entanto, eles não eram descendentes apenas de Enki e do seu clã: às vezes, os reis da região enlilita eram filhos de deuses enlilitas. Por exemplo, *As Listas dos Reis Sumérios* indicam claramente que, quando o reinado começou em Uruk (um domínio enlilita), o escolhido para o reinado era um MESH, um semideus:

Meskiaggasher, um filho de Utu,
tornou-se alto sacerdote e rei.

Utu era, na verdade, o deus Utu/Shamash, neto de Enlil. Mais abaixo na linha dinástica havia o famoso Gilgamesh, "dois terços divino", filho da deusa enlilita Ninsun, cujo pai era o alto sacerdote de Uruk, um Terráqueo. (Havia muito mais regentes abaixo na linha, tanto em Uruk como em Ur, que levavam o título de "Mesh" ou "Mes".)

No Egito, também, alguns faraós reivindicavam a linhagem divina. Muitos, nas dinastias XVIII e XIX, adotaram nomes teofóros com um prefixo ou um sufixo MSS (representado Mes, Mose, Meses), significando "Origem de" este ou aquele deus – tais como *Ah-mes* ou *Ra-mses* (RA-MeSeS – "origem de", descendente de, o deus Rá). A famosa rainha, Hatshepsut, que apesar de ser uma mulher conquistou o título e os privilégios de um faraó, reivindicou seu direito em virtude de ser uma semideusa. O grande deus Amon, afirmou ela, segundo as inscrições e descrições em seu imenso templo em Deir el Bahri, "recebeu a forma de sua majestade, o rei", marido da mãe-rainha dela; "teve relações sexuais com ela" e fez com que Hatshepsut nascesse como sendo sua filha semidivina. Textos canaanitas incluíam o conto de Keret, rei que era o filho do deus El.

Uma variante interessante de tais práticas de semideuses como reis foi o caso de Eannatum, rei sumério na Lagash de Ninurta, durante o início dos tempos "heroicos". Uma inscrição feita por um rei em um dos seus monumentos reconhecidos (*Stela of the Vultures* [a Estela dos Abutres]) atribui o seu estado de semideus a uma *inseminação artificial* feita por Ninurta (o Senhor de Girsu, o distrito sagrado), com ajuda de Inanna/Ishtar e Ninmah (aqui chamada pelo seu epíteto Ninharsag):

O Senhor Ningirsu, guerreiro de Enlil,
implantou o sêmen de Enlil para Eannatum
no ventre de [...].
Inanna acompanhou seu [nascimento],
deu nome a ele de "Digno no templo de Eanna",
colocou-o no colo sagrado de Ninharsag.
Ninharsag ofereceu a ele o seio sagrado.
Ningirsu regozijou-se com Eannatum –
o sêmen implantado no ventre por Ningirsu.

Enquanto a referência ao “sêmen de Enlil” não deixa claro se o próprio sêmen de Ninurta/Ningirsu é considerado aqui como sendo o “sêmen de Enlil”, por este ser o primogênito de Enlil, ou se na realidade foi usado o sêmen de Enlil na inseminação (o que é uma dúvida), a inscrição claramente afirma que a mãe de Eannatum (cujo nome é ilegível na estela) foi engravidada artificialmente, para que um semideus fosse concebido sem um ato sexual real – **um caso de concepção imaculada no III milênio a.C. sumério!**

Que os deuses conheciam a inseminação artificial é algo que os textos egípcios corroboram; de acordo eles, depois de Seth matar e desmembrar Osíris, o deus Toth extraiu o sêmen do *phallus* de Osíris e, com ele, engravidou a esposa de Osíris, Ísis, fazendo com que ela gerasse o deus Hórus. Uma descrição desse feito mostra Toth e as deusas que dão à luz segurando os dois segmentos de DNA que haviam sido usados, além de Ísis segurando o recém-nascido Hórus (Figura 27).

É claro que, após o Dilúvio, os enlilitas também aceitaram o acasalamento com as mulheres da Terra e consideraram os descendentes “heróis, homens renomados”, adequados para o reinado.

“Linhagens de sangue” real de semideuses estavam, portanto, se iniciando.

Uma das primeiras tarefas de Ur-Nammu era realizar uma restauração moral e religiosa. E, para isso, também, um antigo, relembrado e honrado rei foi emulado. Isso foi feito mediante promulgação de um novo Código de Leis, leis de comportamento moral, leis de justiça – de aderência, o Código dizia, às leis que Enlil, Nannar e Shamash haviam desejado que o rei reforçasse, leis às quais o povo deveria obedecer.

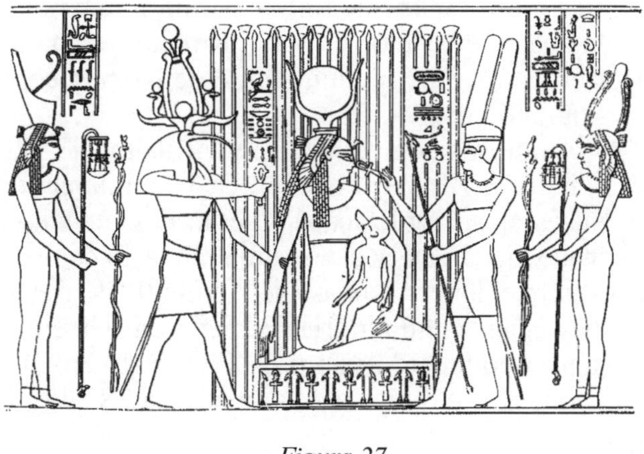

Figura 27

A natureza das leis, uma lista sobre o que se podia ou não fazer, podia ser julgada pela afirmação de Ur-Nammu de que, em junção de tais leis de justiça, "o órfão não foi vítima do rico, a viúva não foi vítima do poderoso, o homem com uma única ovelha não foi entregue ao homem com um único boi... a justiça foi estabelecida na Terra". Com isso, ele emulou – às vezes usando exatamente as mesmas frases – um rei sumério anterior, Urukagina de Lagash, que 3 mil anos antes havia promulgado um código de leis que instituíra as reformas sociais, legais e religiosas (entre elas, o estabelecimento de abrigos para mulheres sob a tutela da deusa Bau, a esposa de Ninurta). É importante frisar que estes eram os mesmos princípios de justiça e moralidade que os profetas bíblicos viriam a exigir dos reis e dos povos no milênio seguinte.

Quando se iniciou a era de Ur III, houve, obviamente, uma tentativa deliberada de se fazer com que a Suméria voltasse (no momento, Suméria e Acádia) aos seus antigos tempos de glória, prosperidade, moralidade e paz – os tempos que precederam o último confronto com Marduk.

As inscrições, os monumentos e as evidências arqueológicas atestam que o reino de Ur-Nammu, que começou em 2113 a.C., testemunhou crescentes obras públicas, a restauração da navegação fluvial e a reconstrução e a proteção das rodovias do país: "Ele fez as rodovias percorrerem das terras baixas às terras altas", declarava uma inscrição. Grandes negócios e transações comerciais vieram em seguida. Foi um período próspero para as artes, as obras, as escolas e outras melhorias na vida social e econômica (incluindo o aparecimento de pesos e medidas mais precisos). Tratados com governantes vizinhos no leste e no nordeste, espalharam prosperidade e bem-estar. Os grandes deuses, especialmente Enlil e Ninlil, foram honrados com templos ampliados e renovados e, pela primeira vez na história da Suméria, o sacerdócio de Ur se uniu com o de Nippur, conduzindo a uma revitalização religiosa.

Todos os estudiosos concordam que, virtualmente, de qualquer modo, o período de Ur III começou com Ur-Nammu ter conquistado novos níveis elevados na civilização suméria. Essa conclusão apenas aumenta a perplexidade causada por uma caixa lindamente talhada descoberta por arqueólogos: seus painéis embutidos, frente e verso, descreviam duas cenas contraditórias da vida em Ur. Enquanto um dos painéis (agora conhecido como o "Painel da Paz") descrevia um banquete, comércio e outras cenas de atividades civis, o outro (o

"Painel da Guerra") descrevia uma coluna militar com soldados armados, de capacete e carruagens puxadas por cavalos marchando em direção à guerra (Figura 28).

Um exame minucioso dos registros daquele tempo revela que, de fato, se sob a liderança de Ur-Nammu a própria Suméria havia prosperado, a hostilidade para com os enlilitas e as "terras rebeldes" aumentou em vez de diminuir. Era visível que a situação exigia ações, pois, de acordo com as inscrições de Ur-Nammu, Enlil lhe ofereceu uma "arma divina que destruiria os rebeldes aos montes", com a qual atacariam "as terras hostis, destruindo as cidades do mal, eliminando-as da oposição". Essas "terras rebeldes" e "cidades do pecado" estavam a oeste da Suméria, as terras dos seguidores amoritas de Marduk; lá, o "mal" – a hostilidade contra Enlil – foi apagada por Nabu, que

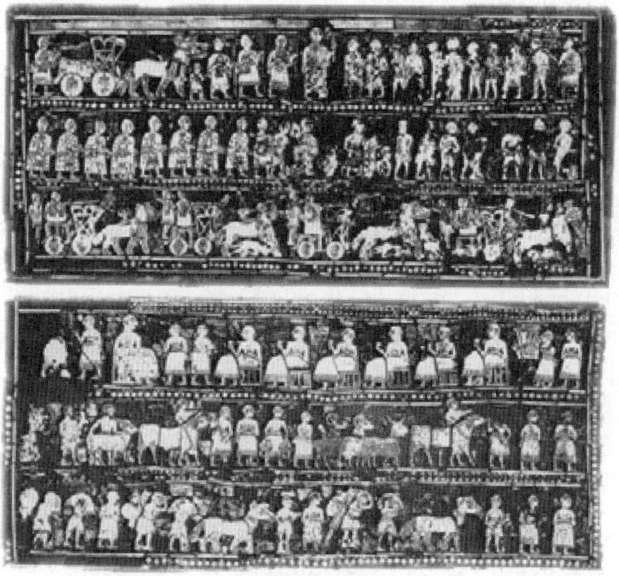

Figura 28

se deslocou de cidade em cidade fazendo prosélitos para Marduk. Os registros enlilitas o chamam de "O Opressor", cuja influência sobre as "cidades do pecado" tinha que ser varrida.

Há motivos para acreditar que os painéis da Paz e da Guerra, na realidade, descreviam o próprio Ur-Nammu – um deles mostrando-o em um banquete celebrando a paz e a prosperidade, o outro na carruagem real conduzindo seu exército à guerra. Suas expedições militares o levaram bem além das fronteiras da Suméria chegando até as terras ocidentais. No entanto, Ur-Nammu – considerado um grande reformador, construtor e "pastor" econômico – não teve tanto êxito como líder militar. No meio da batalha, sua carruagem ficou presa na lama; Ur-Nammu caiu de cima dela, mas "a carruagem, como uma tempestade, precipitou-se", deixando o rei para trás, "abandonado como um jarro partido". A tragédia aumentou ainda mais quando o barco, que trazia o corpo de Ur-Nammu de volta à Suméria, "naufragou em um lugar desconhecido; as ondas o afundaram, com ele a bordo".

Quando a notícia da derrota e da morte trágica de Ur-Nammu chegou a Ur, houve grande comoção. O povo não conseguia entender como um rei tão devoto religiosamente, um pastor íntegro que apenas seguia os conselhos dos deuses com as armas que estes haviam postos em suas mãos, pudesse se acabar de forma tão humilhante. "Por que o Senhor Nannar não o segurou pelas mãos?" perguntavam eles; "Por que Inanna, a Senhora do Céu, não cobriu sua cabeça com seu nobre manto? Por que o valente Utu não lhe assistiu?".

Os sumérios, que acreditavam que tudo o que havia acontecido fazia parte do destino, desejavam saber "por que estes deuses se eximiram, quando o amargo destino de Ur-Nammu foi decidido?". Certamente esses deuses, Nannar e seus filhos gêmeos, sabiam o que Anu e Enlil estavam determinando; ainda assim, não haviam dito coisa alguma para proteger Ur-Nammu. Poderia haver apenas uma única explicação plausível; os povos de Ur e da Suméria concluíram, enquanto choravam e lamentavam, que os grandes deuses haviam voltado atrás com suas palavras –

Como o destino do herói foi alterado!
Anu alterou sua palavra sagrada.
Enlil enganosamente mudou seu decreto!

Essas são palavras fortes, acusando os grandes deuses enlilitas de fraude e traição! As palavras antigas demonstram a extensão do descontentamento do povo.

Se foi assim que aconteceu na Suméria e na Acádia, podemos imaginar a reação nas terras ocidentais rebeldes.

Na luta pelos corações e mentes da humanidade, os enlilitas estavam vacilando. Nabu, o "porta-voz", intensificou sua campanha em nome do pai, Marduk. Seu próprio *status* foi elevado e alterado: sua própria divindade passara a ser glorificada por uma variedade de epítetos de veneração. Inspirado por Nabu – o *Nabih*, o profeta – as profecias sobre o que estava para acontecer começaram a se espalhar pelas terras disputadas.

Sabemos o que eles disseram porque várias tábuas de argila, nas quais tais profecias estavam inscritas, foram encontradas; escritas na antiga escrita cuneiforme babilônica, foram agrupadas por acadêmicos como sendo as *Profecias Acadianas* ou os *Apocalipses Acadianos*. **Comum a todas é a visão de que o Passado, o Presente e o Futuro fazem parte de um contínuo fluxo de eventos**; de que, dentro de um destino pré-ordenado, existe algum espaço para o livre-arbítrio e, consequentemente, para um destino variável; e de que, para a humanidade, tanto o destino quanto o livre-arbítrio haviam sido decretados e determinados pelos deuses do Céu e da Terra; e, por fim, de que *os eventos que se sucediam na Terra refletiam as ocorrências nos céus*.

Para compreender as profecias, os textos, às vezes, ancoravam a previsão de eventos futuros em alguma ocorrência ou entidade conhecida de um passado histórico. O que está errado no presente, por que há a necessidade de mudança, é então recontado. Os eventos que se sucedem são atribuídos às decisões de um, ou mais, dos grandes deuses. ***Um, emissário divino, um Anunciador, surgirá***; o texto profético poderá apresentar suas palavras, escritas por um escriba, ou pronunciamentos aguardados; como pode ser ou não, "um filho falará por seu pai". O(s) evento(s) previsto(s) estará(estarão) ligado(s) aos presságios – a morte de um rei, ou sinais celestiais: um corpo celestial surgirá e fará um som assustador; "um fogo escaldante" virá dos céus; "uma estrela deverá brilhar na altura do horizonte do céu como uma tocha"; e, **o mais importante, "um planeta surgirá antes do seu tempo"**.

Coisas ruins, o Apocalipse, deverão preceder o evento final. Haverá chuvas calamitosas, enormes ondas devastadoras – ou secas, obstruções de canais, gafanhotos e fome. A mãe se voltará contra a filha, o vizinho contra o vizinho. Rebeliões, caos e calamidades ocorrerão nas terras. Cidades serão atacadas e despovoadas; reis morrerão, cairão e serão capturados; "um trono dará o golpe no outro". Oficiais e sacerdotes serão assassinados; templos serão abandonados; rituais e oferendas acabarão. E, então, o evento previsto virá: a grande mudança, uma nova era, um novo líder, um redentor. O bem prevalecerá contra o mal, a prosperidade substituirá os sofrimentos; as cidades abandonadas serão repovoadas, os remanescentes dos povos dispersos retornarão às suas casas. Os templos serão restaurados, e as pessoas praticarão os ritos religiosos corretos.

Não de modo inesperado, essas profecias babilônicas ou pró-Marduk apontaram o dedo de acusação das injustiças contra Suméria e Acádia (e também a seus aliados das terras de Elão, dos hatitas e dos mares), e indicou os ocidentais amurrus como sendo o instrumento da retribuição divina. Os "centros de culto" enlilitas, Nippur, Ur, Uruk, Larsa, Lagash, Sippar e Adab foram apontados; eles seriam atacados, saqueados e seus templos abandonados. Os deuses enlilitas ali são descritos como confusos ("incapazes de dormir"). Enlil clama por Anu, mas ignora o conselho de Anu (alguns tradutores leem a palavra como "comando") para que emitisse um decreto *misharu* – "colocar as coisas em ordem". Enlil, Ishtar e Adad serão forçados a mudar o reinado na Suméria e na Acádia. Os "ritos sagrados" serão transferidos para fora de Nippur. Celestialmente, "o grande planeta" surgirá na constelação de Áries. A palavra de Marduk prevalecerá: "Ele dominará as Quatro Regiões, toda a Terra irá tremer à menção de seu nome... Depois dele, seu filho reinará como rei e se tornará o mestre de toda a Terra".

Em algumas profecias, determinadas divindades estão sujeitas às previsões específicas: "Um rei surgirá", profetizou um texto em relação à Inanna/Ishtar, "ele removerá de Uruk a deusa protetora de Uruk e fará com que ela resida na Babilônia... Ele estabelecerá os rituais de Anu em Uruk". Os igigis também são mencionados especificamente: "As oferendas regulares para os deuses igigis, que haviam acabado, serão restabelecidas", declara uma das profecias.

Como era o caso das profecias egípcias, a maioria dos estudiosos também trata as "Profecias Acadianas" como "pseudoprofecias" ou textos *post aventum* – que foram, de fato, escritos bem depois dos eventos "previstos"; mas, como observamos em relação aos textos egípcios, dizer que os eventos não foram profetizados porque eles já haviam acontecido é apenas reafirmar que os eventos *per se* ocorreram (caso tenham sido previstos ou não), e isso é o que mais importa para a maioria de nós. *Significa que as profecias se tornaram reais.*

E, se é assim, a mais assustadora é a previsão (em um texto conhecido como a *Profecia "B"*):

A Incrível Arma de Erra
sobre as terras e os povos
virá em julgamento.

De fato, a mais assustadora profecia, antes que o século XXI a.C. tivesse acabado, "o julgamento sobre as terras e os povos", ocorreu quando o deus Erra ("O Aniquilador") – um epíteto para Nergal – desatou as armas nucleares em um cataclismo que fez com que as profecias se tornassem verdadeiras.

5

Contagem Regressiva para o Fim dos Tempos

O desastroso século XXI a.C. começou com a trágica e inesperada morte de Ur-Nammu, em 2096 a.C. Culminou com uma calamidade inigualável pelas próprias mãos dos deuses, em 2024 a.C. O intervalo foi de 72 anos – exatamente a alteração de um grau progressivo; e se era apenas uma coincidência, então foi uma série de ocorrências "coincidentes" que de alguma forma estavam bem coordenadas...

Após a trágica morte de Ur-Nammu, o trono de Ur foi passado para o seu filho Shulgi. Incapaz de reivindicar o *status* de um semideus, ele afirmou (em suas inscrições) que, apesar disso, havia nascido sob as proteções divinas: o próprio deus Nannar providenciou para que a criança fosse concebida no templo de Enlil em Nippur a partir da união entre Ur-Nammu e a alta-sacerdotisa de Enlil, para que o "'pequeno Enlil', uma criança capacitada para o reinado e o trono, pudesse ser concebido".

Essa foi uma reivindicação genealógica que não podia ser tratada sem importância. O próprio Ur-Nammu, como declarou anteriormente, era "dois terços" divino, tendo em vista que sua mãe era uma deusa. Apesar de não haver menção sobre o nome da alta sacerdotisa que era a mãe de Shulgi, seu próprio *status* sugere que ela, também, pertencia a alguma linhagem divina, pois fora uma filha do rei a escolhida para ser uma EN.TU; e os reis de Ur, começando na primeira dinastia, poderiam ser retraçados até os semideuses. Era significativo que o próprio Nannar houvesse providenciado para que a união ocorresse no templo de Enlil, em Nippur; como indicado anteriormente, foi sob o reinado de Ur-Nammu que, pela primeira vez, o sacerdócio de Nippur fora unido com o sacerdócio de uma outra cidade – neste caso, com o de Ur.

Muito do que estava acontecendo dentro e ao redor da Suméria naquele tempo tinha a ver com "Fórmulas de Datas" – registros reais, nos quais cada ano do reinado do rei era anotado como o maior evento daquele ano. No caso de Shulgi, sabe-se bem mais, pois ele deixou para trás outras inscrições curtas e longas, incluindo poesias e cantigas de amor.

Esses registros indicam que, assim que subiu ao trono, Shulgi – talvez esperando evitar o destino de seu pai na frente de batalha – reverteu as políticas militantes de seu pai. Ele lançou uma expedição às províncias remotas, incluindo as "terras rebeldes", só que, desta vez, suas "armas" eram ofertas de comércio, paz e suas filhas em casamento. Considerando-se um sucessor de Gilgamesh, sua rota incluiu dois destinos daquele famoso herói: a península do Sinai (onde se situava o porto especial) ao sul e o Local de Aterrissagem ao norte. Observando a santidade da Quarta Região, Shulgi passou a península e prestou homenagem aos deuses em sua fronteira, em um lugar descrito como "O grande lugar fortificado dos deuses". Dirigindo-se ao norte, oeste do Mar Morto, parou para orar no "Lugar dos Oráculos Brilhantes" – o lugar que conhecemos como Jerusalém – e lá construiu um altar para "o deus que julga" (geralmente um epíteto de Utu/Shamash). No "Lugar Coberto de Neve" ao norte, ele construiu um altar e ofereceu sacrifícios. Tendo então "tocado nas bases" dos locais alcançáveis relacionados ao espaço, seguiu a "Crescente Fértil" – a arqueada rota de comércio e imigração leste-oeste ditada pela geografia e fontes de água; em seguida, continuou em direção ao sul na planície do Tigre-Eufrates, retornando ao sul da Suméria.

Quando Shulgi retornou a Ur, teve todos os motivos para achar que havia levado tanto aos deuses quanto aos povos "Paz na nossa era" (usando uma analogia moderna). Os deuses lhe concederam o título de "Alto Sacerdote de Anu, Sacerdote de Nannar". Ele era protegido por Utu/Shamash, e recebeu a atenção pessoal de Inanna/Ishtar (vangloriando-se em suas cantigas de amor que ela lhe havia dado sua vulva no templo dela).

Mas, enquanto Shulgi se afastava dos assuntos de Estado para atender aos prazeres pessoais, a incerteza nas "terras rebeldes" era contínua. Despreparado para a ação militar, Shulgi pediu tropas para o seu aliado elamita, oferecendo ao seu rei, como uma recompensa, uma de suas filhas em casamento e a cidade suméria de Larsa como dote. Uma grande expedição militar, composta pelas tropas elamitas, foi enviada contra as "cidades do pecado" no ocidente; as tropas alcançaram o Lugar Fortificado dos deuses na fronteira da Quarta

Região. Shulgi, nas suas inscrições, vangloriou-se da vitória, mas, de fato, logo em seguida começou a construir um muro fortificado para proteger a Suméria contra as incursões estrangeiras do ocidente e do noroeste.

As Fórmulas de Datas deram o nome de a Grande Muralha Ocidental, e os estudiosos acreditam que ela percorria do Rio Eufrates ao Tigre, norte de onde Bagdá está situada nos dias de hoje, barrando invasores e descendo até a planície fértil situada entre os dois rios. Era uma medida defensiva que precedeu a Grande Muralha da China, que foi construída pelos mesmos motivos, quase 2 mil anos depois!

Em 2048 a.C., liderados por Enlil, os deuses ficaram saturados dos fracassos de Estado de Shulgi e da sua *dolce vita* pessoal. Determinando que "ele não realizara as regulamentações divinas", decretaram que sofresse "a morte de um pecador". Não sabemos que tipo de morte foi esta, mas há um fato histórico de que, naquele ano, ele fora substituído no trono de Ur pelo seu filho Amar-Sin, do qual sabemos, pelas inscrições, ter lançado uma expedição militar atrás da outra – para reprimir uma revolta no norte e lutar contra uma aliança de cinco reis no ocidente.

Como em muitas coisas mais, o que estava acontecendo tinha causas enraizadas lá atrás, às vezes bem mais atrás, em épocas e eventos remotos. As "terras rebeldes", de alguma forma na Ásia e subsequentes domínios nas terras enlilitas do filho de Noé, Shem, eram habitadas por vários "canaanitas" – descendentes bíblicos do Canaã que, apesar de descender de Ham (e, portanto, pertencerem à África), ocuparam uma faixa das terras de Shem (Gênesis, Capítulo 10). Que as "Terras do Ocidente", que acompanham a costa do Mediterrâneo, eram de alguma forma um território disputado, foi algo também indicado nos textos egípcios relacionados à amarga luta entre Hórus e Seth, que terminou em batalhas aéreas entre eles sobre o Sinai e nas mesmas terras em disputa.

É notável que, em suas expedições militares para dominar e punir as "terras rebeldes" no ocidente, tanto Ur-Nammu como Shulgi alcançaram a península do Sinai, mas retornaram da Quarta Região sem nela entrar. A recompensa ali era um lugar chamado TIL.MUN – o "Local dos Mísseis" – o local do porto espacial pós-diluviano dos anunnakis. Quando as Guerras das Pirâmides terminaram, a Quarta Região sagrada foi confiada às mãos neutras de Ninmah (que foi então renomeado de NIN.HAR.SAG – "Senhora dos Picos da Montanha"); no entanto, o comando real ficou nas mãos de Utu/Shamash (aqui mostrado com seu uniforme alado, figura 29, comandando os "Homens-águias" do porto espacial, figura 30).

Parece, no entanto, que isso sofreu uma mudança à medida que a luta pela supremacia se intensificou. Inexplicavelmente, vários textos sumérios e as "Listas dos Deuses" começaram a associar Tilmun com o filho de Marduk, o deus Ensag/Nabu. Enki estava aparentemente envolvido nisso, pois um texto que lida com o assunto entre Enki e Ninharsag afirma que os dois haviam decidido determinar o local para o filho de Marduk: "Deixai que Ensag seja o senhor de Tilmun", disseram.

Fontes antigas indicam que Nabu saíra da segurança da região sagrada para se aventurar pelas terras e cidades na costa do Mediterrâneo, incluindo algumas ilhas mediterrâneas, espalhando a mensagem da chegada da supremacia de Marduk. Ele era, portanto, o "Filho-Homem" enigmático das profecias egípcias e acadianas – o Filho Divino que também era o Filho-Homem, o filho de um deus e de uma mulher da Terra.

Os enlilitas, era de se esperar, não poderiam aceitar tal situação. Então, foi assim que, quando Amar-Sin subiu ao trono de Ur depois de Shulgi, os alvos e as estratégias das expedições militares de Ur III foram alterados para reafirmar o controle enlilita sobre Tilmun, para separar a região sagrada das "terras rebeldes" e, em seguida, liberar

Figura 29

Figura 30

essas terras da influência de Nabu e Marduk com a força do exército. Começando em 2047 a.C., a Quarta Região sagrada se tornou alvo e uma peça do jogo na luta dos enlilitas conta Marduk e Nabu; e, como revelam ambos os textos bíblicos e mesopotâmicos, o conflito irrompeu na *maior "guerra mundial" internacional da Antiguidade*. **Envolvendo Abraão, o hebreu, aquela "Guerra dos Reis" o colocou no centro dos eventos internacionais.**

Em 2048 a.C., o destino do fundador do monoteísmo, Abraão, e o destino de Marduk, deus anunnaki, convergiram-se em um lugar chamado Harran.

Harran – "A Caravania" – foi um centro de comércio importante dos tempos imemoriais em Hatti (a terra dos hititas). Estava localizada no cruzamento das principais rotas internacionais de comércio e áreas militares. Situada nas nascentes do Rio Eufrates, era também centro de atividade para o transporte fluvial, percorrendo todo o trajeto de descida até a própria Ur. Cercada por prados férteis, banhada por afluentes de rios (os rios Balikh e Khabur) era o centro para a criação de ovelhas. Os famosos "Mercadores de Ur" iam até lá em busca da lã de Harran, e compravam em troca para distribuir as famosas vestimentas de lã de Ur. Havia também comércio de metais, peles, couro, madeiras, produtos da terra e especiarias. (O profeta Ezequiel, que estivera exilado de Jerusalém na região de Khabur nos tempos babilônicos, mencionou que, em Harran, "os mercadores tinham várias escolhas de tecidos, mantos bordados em azul e variadas cores de carpetes".)

Harran (a cidade, com o mesmo nome, ainda existe na Turquia, próximo à fronteira com a Síria, e eu a visitei em 1997) também era conhecida nos tempos antigos como a "Ur longe de Ur"; no seu centro ficava um grande templo para Nannar/Sin. Em 2095 a.C., o ano em que Shulgi subiu ao trono em Ur, um sacerdote chamado Terah foi enviado de Ur para Harran para servir naquele templo. Ele levou sua família junto, incluindo o filho Abrão. Sabemos sobre Terah, sua família e sua mudança de Ur para Harran por intermédio da Bíblia:

Agora estas são as gerações de Terah:
Terah gerou Abrão, Nahor e Haran,
E Haran gerou Ló.
E Haran morreu antes de seu pai, Terah,
em sua terra de nascimento, em Ur, na Caldeia.
E Abrão e Nahor arrumaram esposas –
A esposa de Abrão era chamada de Sarai
e a esposa de Nahor, Milkhah...
E Terah acolheu com ele seu filho Abrão
e Ló, o filho do seu filho Haran,
e sua nora Sarai,
e seguiu com eles de Ur na Caldeia
no trajeto de Canaã;
e chegaram a Harran e lá residiram.

Gênesis II: 27-31

É com esses versos que a Bíblia hebraica começa o importante conto de Abraão – chamado no início pelo seu nome sumério **Abrão**. O seu pai, como ficamos sabendo previamente, vem de uma linhagem patriarcal que remonta até a época de Shem, o filho mais velho de Noé (o herói do Dilúvio); todos esses patriarcas desfrutaram longas vidas – Shem chegou à idade de 600, seu filho Arpakhshad foi até 438; e os subsequentes descendentes masculinos morreram com 433, 460, 239 e 230 anos. Nahor, o pai de Terah, viveu até a idade de 148 anos; e o próprio Terah – que teve Abrão quando estava com 70 anos de idade – viveu até a idade de 205. O Capítulo 11 do Gênesis explica que Arpakhshad e seus descendentes viveram nas terras que passaram a ser conhecidas como Suméria e Elam e seus arredores. *Portanto, Abraão, como Abrão, era na verdade um sumério.*

Esta informação genealógica por si só indica que Abraão era de uma ancestralidade especial. Seu nome sumério, AB.RAM, significava "O Amado do Pai", um nome apropriado para um filho nascido de um pai com 70 anos de idade. O nome do pai, Terah, deriva-se de um epíteto sumério, TIRHU; designava um sacerdote profeta – um sacerdote que observava os sinais celestes ou recebia mensagens proféticas de um deus, e explicava ou transmitia ao rei. O nome da mulher de Abrão, SARAI, (posteriormente Sarah, em hebraico), significava "Princesa"; o nome da esposa de Nahor, *Milkhah*, significava "Semelhante à Rainha"; ambas sugerem uma genealogia real. Tendo em vista que posteriormente foi revelado que a esposa de Abraão era sua meia-irmã – "a filha do meu pai, mas não da minha mãe", ele explicou – sucede-se que a mãe de Sarai/Sarah era de descendência real. A família pertencia aos mais altos escalões da Suméria, combinando descendências reais e eclesiásticas.

Outra pista importante, que identifica a história da família, é a repetida referência que Abraão faz de si mesmo, quando ele se encontrou com os governantes de Canaã e do Egito, como sendo um *ibri* – um "hebreu". A palavra é derivada da raiz ABoR – atravessar, cruzar – logo, isso tem sido visto por alguns estudiosos bíblicos no sentido de que, com isso, ele queria dizer que tinha atravessado para o outro lado do Rio Eufrates, ou seja, da Mesopotâmia. Mas, eu acredito que o termo era mais específico. O nome usado para a "Cidade Vaticana" da Suméria, *Nippur*, é a tradução acadiana do nome original sumério NI.IBRU, "Local Esplêndido de Travessia". Abrão, e seus descendentes, que são chamados de hebreus na Bíblia, pertenciam a uma família que se identificava como "*ibru*" – nippurianos. Isso sugeriria que Terah foi primeiro um sacerdote em Nippur, depois se mudou para Ur e, finalmente, para Harran, levando sua família com ele.

Sincronizando as cronologias bíblica, suméria e egípcia (como detalhado em *As Guerras de Deuses e Homens*), chegamos ao ano de 2123 a.C. como sendo a data do nascimento de Abraão. A decisão dos deuses de fazer de Ur o centro de culto de Nannar/Sin, a capital da Suméria, e nomear Ur-Nammu como rei ocorreu em 2113 a.C. Logo em seguida, os sacerdócios de Nippur e Ur foram unidos pela primeira vez; é bem provável que tenha sido então que o sacerdote nippuriano Tirhu se mudou com sua família, incluindo o garoto de dez anos de idade, Abrão, para servir no templo de Nannar em Ur.

Em 2095 a.C., quando Abraão tinha 28 anos e já estava casado, Terah foi transferido para Harran, levando a família com ele. Não poderia ser mera coincidência que aquele fosse o mesmo ano que Shulgi substituiu Ur-Nammu. **O cenário emergente é que as mudanças desta família estavam, de algum modo, ligadas aos eventos geográficos daquele período**. De fato, quando o próprio Abraão foi escolhido para cumprir as ordens divinas, deixando Harran e se apressando até Canaã, *o grande deus Marduk deu o passo crucial em se mudar para Harran*. **Foi em 2048 a.C. que as duas mudanças aconteceram: a vinda de Marduk para residir temporariamente em Harran, e Abraão deixando Harran para a distante Canaã**.

Sabemos pelo Gênesis que Abrão tinha 75 anos de idade, e que era então 2048 a.C., quando Deus disse a ele: "Saia de teu país e de teu lugar de nascimento e da casa de teu pai" – deixe para trás a Suméria, Nippur e Harran – e vá "para a terra que a ti mostrarei". Quanto a Marduk, um longo texto conhecido como a *Profecia de Marduk*, no qual ele se dirige ao povo de Harran (tábua de argila, figura 31), oferece-nos uma pista confirmando o fato e a época da sua mudança para Harran: 2048 a.C. **Não há nada que prove que as duas mudanças não estejam relacionadas**.

Entretanto, 2048 a.C. foi também o ano em que os deuses enlilitas decidiram se livrar de Shulgi, ordenando que sofresse a "morte de um pecador" – uma ação que sinalizava o final do "vamos tentar os meios pacíficos" e um retorno ao conflito agressivo; *e não há nada que prove que isso, também, se tratasse apenas de uma mera coincidência*. Não: estas três ações – Marduk para Harran, Abrão partindo de Harran para Canaã e a remoção do decadente Shulgi – tinham que estar interligadas: **três ações simultâneas e inter-relacionadas no jogo de xadrez divino**.

Elas eram, como veremos a seguir, passos na contagem regressiva para o Fim dos Tempos.

Figura 31

Os seguintes 24 anos – de 2048 a.C. até 2024 a.C. – foram tempos de fervor e agitação religiosa, de diplomacia internacional e intriga, de alianças militares e confrontos de exércitos, de luta por superioridade estratégica. O porto espacial na península do Sinai, e outros locais espaciais relacionados, estavam constantemente no centro dos eventos.

Espantosamente, vários registros escritos da Antiguidade sobreviveram, proporcionando-nos não apenas um esboço dos eventos, mas apresentando grandes detalhes sobre as batalhas, as estratégias, as discussões, os argumentos, os participantes e suas ações e as decisões cruciais que resultaram na mais profunda revolta que ocorreu na Terra desde o Dilúvio.

Ampliado pelas Fórmulas de Datas e várias outras referências, as principais fontes para a reconstrução desses eventos dramáticos estão nos capítulos relevantes do Gênesis; na autobiografia de Marduk, conhecida como *A Profecia de Marduk*; em um grupo de tábuas na "Spartoli Collection", no Museu Britânico, conhecido como *The Khedorla'omer Texts*; e no longo texto histórico/autobiográfico ditado pelo deus Nergal para um escriba de confiança, um texto conhecido como o *Erra Epos*. É como um filme, geralmente um *thriller* criminal, no qual várias testemunhas e personagens principais descrevem o mesmo evento, não exatamente da mesma forma; a partir dos relatos, uma história real emerge, para que possamos chegar à mesma conclusão sobre esse caso.

A principal jogada de xadrez de Marduk, em 2048 a.C., foi estabelecer o seu posto de comando em Harran. Com isso, ele tirou de Nannar/Sin este vital cruzamento do norte e separou as terras ao norte da Suméria dos hititas. Além da importância militar, a ação desproveu a Suméria de suas vitais alianças comerciais e econômicas. Também permitiu que Nabu "manobrasse suas cidades em direção ao Grande Mar para manter o seu curso". Os nomes de lugares nestes textos sugerem que as principais cidades a oeste do Rio Eufrates passaram a ser controladas, de forma total ou parcial, pela equipe do pai-filho, incluindo o Local de Aterrissagem que era de vital importância.

Foi à parte mais povoada das Terras do Oeste – Canaã – que Abrão/Abraão recebeu ordens de ir . Ele deixou Harran, levando sua esposa e seu sobrinho Ló, junto consigo. Viajou rapidamente em direção ao sul, parando para prestar homenagem ao seu Deus em locais sagrados selecionados. Seu destino era Negev, a região seca que fazia fronteira com a península do Sinai.

Não ficou por lá muito tempo. Assim que o sucessor de Shulgi, Amar-Sin, tomou posse em Ur, em 2047 a.C., Abrão recebeu instruções de ir ao Egito. Foi conduzido uma vez para se encontrar com o faraó governante, e foi agraciado com "ovelha, boi e burros, criados masculinos e criadas femininas e asnos e camelos". A Bíblia é omissa em relação ao motivo deste tratamento real, exceto para indicar que o faraó, sendo informado de que Sarai era irmã de Abrão, entendeu que ela estava sendo oferecida a ele em casamento – passo que sugere que um tratado foi discutido. Que tal elevado nível de negociação internacional estivesse ocorrendo entre Abrão e o rei egípcio parece algo plausível, quando percebemos que o ano de 2040 a.C., em que Abrão retornou a Negev, depois de ter ficado sete dias no Egito, era o mesmo ano em que os príncipes tebanos do Alto Egito derrotaram a dinastia anterior do Baixo Egito, iniciando o Médio Império unificado do Egito. ***Outra coincidência geopolítica!***

Abrão, agora fortalecido com homens e camelos, retornou a Negev no momento oportuno, e sua missão agora estava clara: defender a Quarta Região e seu porto espacial. Como a narrativa bíblica revela, ele agora trazia consigo uma força de elite de *Ne'arim* – um termo geralmente traduzido como "jovens homens" – mas que nos textos mesopotâmicos é usado um termo paralelo LU.NAR ("NAR-homens") para denotar soldados em cavalaria armada. É minha sugestão que Abraão, tendo aprendido em Harran táticas militares sobrepujando os hititas, obteve no Egito a destacada força de uma veloz cavalaria de soldados montados em camelos. Sua base no Canaã era, novamente, Negev, a área fronteiriça com a península do Sinai.

Ele fez isso no momento oportuno, tendo em vista que seu poderoso exército – legiões de uma aliança de reis enlilitas – estava a caminho não apenas para derrotar e punir as "cidades pecadoras" que se haviam aliado a "outros deuses", mas também para capturar o porto espacial.

Os textos sumérios que tratam do reinado de Amar-Sin, o sucessor e o filho de Shulgi, nos informam que, em 2041 a.C., ele lançou sua maior (e última) expedição militar contra as Terras do Oeste que haviam caído sob o feitiço de Marduk-Nabu. Exigia uma invasão sem precedentes por uma aliança internacional, na qual seriam atacadas não apenas as cidades dos homens, mas também as fortalezas dos deuses e seus descendentes.

Foi, de fato, um grande acontecimento sem precedentes, a que a Bíblia dedicou exclusivamente um longo capítulo inteiro – Gênesis,

Capítulo 14. Os estudiosos bíblicos a chamam de "A Guerra dos Reis", pois chegou ao clímax na grande batalha entre um exército de quatro "Reis do Oriente" e as forças conjuntas de cinco "Reis do Ocidente", e culminou em um incrível feito militar da veloz cavalaria de Abraão.

A Bíblia começa o seu relato daquela grande guerra internacional listando os reis e os reinados do Oriente que "vieram e fizeram a guerra" no Ocidente:

E aconteceu
nos dias de Amraphel rei de Shine'ar,
Ariokh rei de Ellasar,
Khedorla'omer rei de Elam,
e Tidhal o rei de Goyim.

O grupo de tábuas, chamado de *Textos de Khedorla'omer*, foi primeiro levado à atenção dos estudiosos pelo assiriólogo Theophilus Pinches, em uma palestra no Victoria Institute, em Londres, 1897. As tábuas claramente descrevem os mesmos eventos que aconteceram na grande guerra internacional do Capítulo 14 do Gênesis, mas com muito mais detalhes; é bem provável que, de fato, essas tábuas servissem como fonte para os escritores bíblicos. Elas identificam "Khedorla'omer rei de Elam" como o rei elamita Kudur-Laghamar, que é conhecido por meio de registros históricos. "Ariokh" foi identificado como ERI.AKU ("Servo do deus Lua") que reinou na cidade de Larsa ("Ellasar" bíblica); e Tidhal foi identificado como Tud-Ghula, um vassalo do rei de Elam.

Ao longo dos anos tem ocorrido um debate sobre a identidade de "Amraphel rei de Shine'ar"; sugestões nos levam até Hammurabi, um rei babilônico que veio nos séculos posteriores. Shine'ar era o nome bíblico constante para a Suméria, e não Babilônia, portanto quem, no tempo de Abraão, era este rei? De forma convicta, eu sugeri em *As Guerras de Deuses e Homens* que o hebraico deveria ser lido não como *Amra-Phel*, mas *Amar-Phel*, do sumério AMAR.PAL – uma variante de AMAR.SIN – cujas Fórmulas de Datas atestam que, de fato, foi ele que deu início, em 2041 a.C., à Guerra dos Reis.

Essa coalizão totalmente identificada, de acordo com a Bíblia, foi liderada pelos elamitas – um detalhe corroborado por dados mesopotâmicos que destacam o reaparecimento da liderança de Ninurta na luta. A Bíblia também data esta Invasão de Khedorla'omer ao observar que esta ocorreu 14 anos depois da incursão elamita no Canaã – outro detalhe adequado aos dados do tempo de Shulgi.

A rota de invasão desta vez era diferente: pegando um atalho da Mesopotâmia, em uma passagem arriscada por um trecho de deserto, os invasores evitaram a costa densamente povoada do Mediterrâneo, marchando pelo lado leste do Rio Jordão. A Bíblia indica os lugares onde essas batalhas aconteceram e quais forças enlilitas foram combatidas ali; a informação indica que houve uma tentativa de acertar as contas com antigos adversários, descendentes do casamento entre igigis, incluindo o Usurpador Zu, que evidentemente apoiavam as revoltas contra os enlilitas. Mas, o objetivo não foi desviado do alvo principal: **o porto espacial**. As forças invasoras seguiam o que se conhecia desde os tempos bíblicos como o Caminho do Rei, que atravessava do norte ao sul pelo lado leste do Rio Jordão. Mas, quando eles se voltaram para oeste em direção ao portal da península do Sinai, depararam com uma força bloqueadora: Abraão e sua cavalaria (Figura 32).

Referindo-se à cidade portal da Península, Dur-Mah-Ilani ("O grande local fortificado de deus") – a Bíblia chama de Kadesh-Barnea – os *Textos Khedorla'omer* afirmam que o caminho estava bloqueado bem ali:

O filho do sacerdote,
cujos deuses em seus verdadeiros conselhos haviam ungido,
o despojamento foi prevenido.

"O filho do sacerdote", ungido pelos deuses, eu sugiro que Abrão era o filho do sacerdote Terah.

A tábua das Fórmulas de Datas que pertence a Amar-Sin, inscritas em ambos os lados (Figura 33), ostenta a destruição de NEIB.RU.UM – "O local de pastagem de ovelhas de *Ibru'um*". De fato, no portal que leva ao porto espacial não houve batalha; a mera presença do incrível poder da cavalaria de Abrão persuadiu os invasores a retornarem a alvos mais ricos e lucrativos. Mas, *se a referência é de fato a Abrão, pelo nome, então a colaboração extrabíblica ao registro Patriarcal é ainda mais extraordinária, não importa quem proclamou a vitória.*

Prevenindo a entrada na península do Sinai, o Exército do Oriente rumou em direção ao norte. O Mar Morto era curto na época; o seu atual apêndice na parte sul ainda não estava submerso, e costumava ser uma planície fértil e rica de plantações, hortas e centros de comércio. Os assentamentos ali incluíam cinco cidades, entre elas, as infames Sodoma e Gomorra. Voltando-se na direção norte, os invasores agora se deparavam com as forças conjuntas do que a Bíblia chamava de "as cinco cidades pecadoras". Foi ali, relata a Bíblia, que os quatro reis lutaram e derrotaram os cinco reis. Saqueando as cidades e sequestrando pessoas, os invasores marcharam de volta, desta vez para o lado oeste do Jordão.

O foco bíblico nessas batalhas poderia ter acabado com esse retorno, se não fosse o fato de o sobrinho de Abrão, Ló, que residia em Sodoma, estar entre os sequestrados. Quando um refugiado de Sodoma contou a Abrão o que tinha acontecido, "ele armou seus homens treinados, trezentos e dezoito deles, e foi à caça". Sua cavalaria alcançou os invasores bem ao norte, próximo a Damasco (veja figura 32), onde Ló foi libertado e o saque recuperado. A Bíblia registra o feito

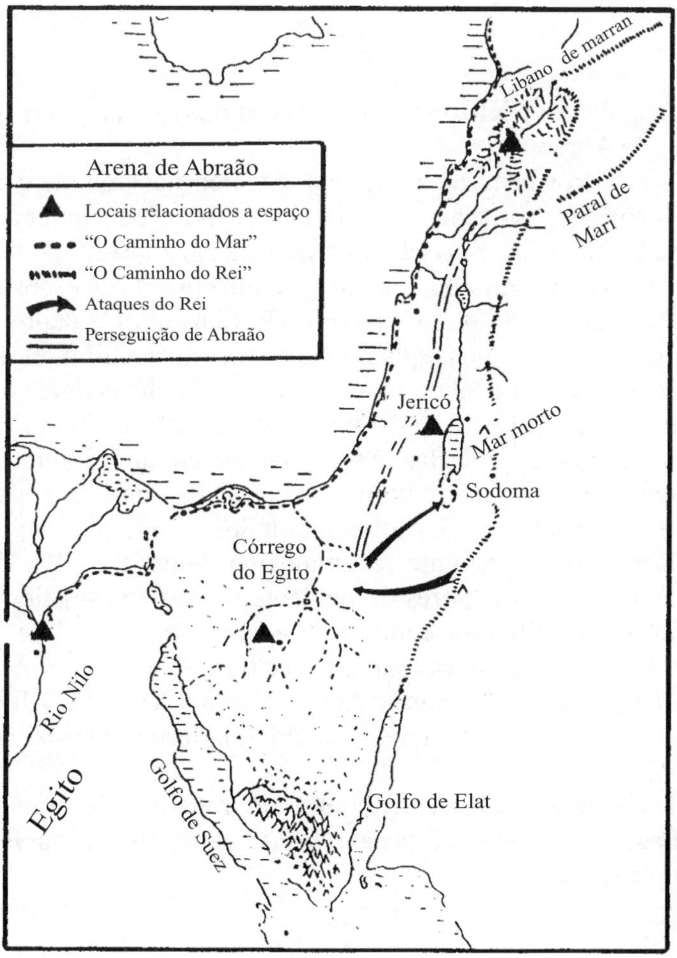

Figura 32

Figura 33

como "o golpe que Khedorla'omer e seus reis que estavam com ele" levaram de Abrão.

Os registros históricos sugerem que, por mais remota e audaciosa que tenha sido a Guerra dos Reis, ela fracassou em conter a onda de Marduk-Nabu. Amar-Sin, sabemos, morreu em 2039 a.C. – derrubado não por uma lança inimiga, mas sim por uma picada de escorpião. Ele foi substituído em 2038 a.C. pelo irmão Shu-Sin. Os dados sobre o seu reinado de nove anos registram duas investidas militares ao norte, mas não a oeste; eles falam mais sobre suas medidas defensivas. Ele acreditava que a construção de novas seções da Muralha do Ocidente conteria os ataques amoritas. As defesas, no entanto, foram se movimentando cada vez mais próximas ao centro da Suméria, sendo que o território controlado por Ur foi diminuindo.

Quando o rei seguinte (e último) da dinastia Ur III, Ibbi-Sin, subiu ao trono, os invasores do ocidente haviam conseguido romper a Muralha e batalhavam contra a "Legião Estrangeira" de Ur (tropas elamitas) em território sumério. Nabu direcionava e incitava os ocidentais a avançarem em direção ao alvo desejado. Seu divino pai, Marduk em pessoa, estava aguardando em Harran para recapturar a Babilônia.

Os grandes deuses, convocados em um conselho emergencial, aprovaram então as medidas extraordinárias que mudariam o futuro para sempre.

6

E o Vento Levou

O surto de "armas de destruição em massa" no Oriente Médio fundamenta o medo de que as profecias do Armagedom se tornem verdadeiras. O fato triste é que o crescente conflito – entre deuses, não homens – levou ao uso de armas nucleares, bem ali, 4 mil anos atrás. E, se houve um ato mais lamentável, com as mais inesperadas consequências, foi esse.

É fato, e não ficção, que armas nucleares foram usadas na Terra pela primeira vez em 2024 a.C., e não em 1945 d.C.. O evento fatal está descrito em uma variedade de textos antigos a partir dos quais o *o que* e o *como*, o *por que* e o *quem* podem ser construídos, reconstruídos e colocados em contexto. Essas fontes antigas incluem a Bíblia hebraica, do primeiro patriarca hebreu, Abraão, que foi uma testemunha dessa impressionante calamidade.

O fracasso da Guerra dos Reis em reprimir as "terras rebeldes" claramente desencorajou os enlilitas e encorajou os mardukitas, mas os eventos fizeram muito mais do que isso. Seguindo as instruções de Enlil, Ninurta se ocupou em montar uma instalação espacial alternativa do outro lado do mundo – bem longe, no local que hoje é o Peru, na América do Sul. Os textos indicam que o próprio Enlil esteve fora da Suméria por longos intervalos de tempo. As ações desses deuses fizeram com que os dois últimos reis da Suméria, Shu-Sin e Ibbi-Sin, hesitassem em suas lealdades e começassem a prestar homenagem a Enki e ao seu aliado sumério, Eridu. As ausências divinas afrouxaram também os controles sobre a "legião estrangeira" elamita e os registros falam de "sacrilégios" por parte das tropas elamitas. Deuses e homens estavam cada vez mais enojados com tudo isso.

Quem estava particularmente enfurecido era Marduk, que ficou sabendo dos saques, destruições e profanações em sua querida

Babilônia. Pode-se lembrar que, da última vez em que esteve lá, foi persuadido pelo meio-irmão, Nergal, a deixar o lugar pacificamente até que o Tempo Celestial chegasse à Era de Áries. Ele saiu recebendo a palavra solene de Nergal de que nada perturbaria ou profanaria a Babilônia, mas ocorreu o oposto. Marduk ficou enfurecido ao receber o relato sobre a profanação do seu templo por elamitas "indignos": "Matilhas de cães no templo da Babilônia se refugiaram; corvos voadores, emitindo sons agudos em altos tons, seu excremento lá deixavam cair".

De Harran, ele clamou aos grandes deuses: "Até Quando?". Não tendo o tempo chegado ainda, pediu em sua profética autobiografia:

Ó grandes deuses, conheçam meus segredos
enquanto ato meu cinturão, lembrem-se das minhas memórias.
Eu sou o divino Marduk, um grande deus.
Fui exilado pelos meus pecados,
às montanhas foi para onde fui.
Em muitas terras tenho sido um andarilho.
Fui de onde o sol nasce até aonde ele se põe.
Ao planalto de Hatti eu vim.
Na terra de Hatti eu pedi por uma profecia;
nela, perguntei: "Até Quando?"

"Vinte e quatro anos em meio a Harran eu residi", prosseguiu Marduk; "cumpri minha sentença!". É chegada a hora, disse ele, de seguir curso rumo à sua cidade (Babilônia), e "meu templo reconstruir, minha eterna moradia estabelecer". Visionário entusiasmado, ele falou ao ver seu templo E.SAG.ILA ("Templo cujo topo é elevado") subindo como uma montanha sobre uma plataforma na Babilônia, chamando de "A casa da minha promissão". Ele antevia Babilônia como estabelecida para sempre, um rei de sua escolha instaurado ali, uma cidade repleta de alegria, uma cidade abençoada por Anu. Os tempos messiânicos, profetizava Marduk, iriam "espantar o mal e a má sorte, trazendo um amor maternal à humanidade".

O ano em que sua estadia temporária de 24 anos em Harran se concluiu foi 2024 a.C.; foi então que se completaram 72 anos desde que Marduk havia concordado em deixar a Babilônia e aguardar o tempo celestial profetizado.

O apelo "até quando?" de Marduk aos Grandes Deuses não foi em vão, pois a liderança dos anunnakis consultava constantemente os conselhos, tanto informalmente como de modo formal. Alarmado pela situação deteriorante, Enlil apressadamente retornou à Suméria, e ficou chocado ao saber que as coisas haviam dado errado, inclusive na própria Nippur. Ninurta foi intimado a explicar o péssimo comportamento dos elamitas, mas Ninurta colocou toda a culpa em Marduk e Nabu. Nabu foi intimado, e, "Diante dos deuses, o filho de seu pai se apresentou". Seu principal acusador era Utu/Shamash que, descrevendo a horrenda situação, disse: "Nabu fez com que tudo isso acontecesse". Falando por seu pai, Nabu culpou Ninurta e trouxe de volta todas as antigas acusações contra Nergal relacionadas ao desaparecimento dos instrumentos de monitoramento pré-diluvianos e o fracasso em evitar os sacrilégios na Babilônia; ele se envolveu em discussões acaloradas com Nergal, e, "mostrando desrespeito... a Enlil mal ele falou: 'Não há justiça, a destruição foi expressa, Enlil contra Babilônia fez com que o mal fosse planejado'". Foi uma acusação sem precedentes contra o Senhor do Comando.

Enki falou, mas foi em defesa do filho, não de Enlil. Marduk e Nabu estão na realidade sendo acusados do quê?, ele perguntou. Sua irritação estava voltada especialmente para o seu filho Nergal: "Por que continuas com a oposição?", ele perguntou. Os dois discutiram tanto que, no final, Enki gritou com Nergal para que saísse já da sua presença. Os conselhos dos deuses separaram-se em total confusão.

No entanto, todos esses debates, acusações, contra-acusações tinham ao fundo um fato cada vez mais claro, ao qual Marduk se referia como a Profecia Celestial: com a passagem do tempo, a crucial alteração do relógio progressivo em um grau, a era do Touro, a era zodiacal de Enlil, estava chegando ao fim, e a Era de Áries, a Era de Marduk, estava se aproximando nos céus. Ninurta podia vê-la chegando de seu templo Eninnu, em Lagash (que Gudea havia construído); Ningishzidda/Toth podia confirmá-la diante de todos os círculos de pedra que havia levantado em outro canto da Terra; e as pessoas também sabiam.

Foi então que Nergal – difamado por Marduk e Nabu, afastado por ordem de seu pai Enki – "consultando consigo mesmo", tramou a ideia de recorrer às "Armas Incríveis". Ele não sabia onde elas estavam escondidas, mas sabia que existiam na Terra, lacradas em algum lugar secreto subterrâneo (de acordo com um texto catalogado como CT-xvi, linhas 44-46, em algum lugar na África, nos domínios do seu irmão Gibil):

Aquelas sete, nas montanhas permanecem;
em uma cavidade dentro da terra elas habitam.

Baseando-se em nosso atual nível de tecnologia, elas podem ser descritas como sendo sete dispositivos nucleares: "Revestidas com o terror, com um brilho elas se precipitam com rapidez". Haviam sido despropositadamente trazidas de Nibiru à Terra, e escondidas em um lugar secreto seguro há muito tempo; Enki sabia onde, assim como Enlil.

Um Conselho de Guerra dos deuses, rejeitando o veredicto de Enki, votou a favor da sugestão de Nergal em dar um golpe punitivo em Marduk. Havia uma comunicação constante com Anu: "Anu à Terra as palavras falava, Terra a Anu as palavras pronunciaram". Ele deixou claro que sua aprovação para um passo sem precedentes estava limitada a privar Marduk do porto espacial do Sinai, sem que os deuses ou as pessoas fossem prejudicados: "Anu, senhor dos deuses, teve piedade da Terra", declaram os registros antigos. Escolhendo Nergal e Ninurta para se encarregarem da missão, os deuses foram absolutamente claros ao lhes indicarem um escopo limitado e condicional.

Mas não foi isso o que aconteceu: A "Lei das Consequências Não Intencionais" provou-se verdadeira em uma escala catastrófica.

Após a calamidade, que resultou na morte de inúmeras pessoas e na devastação da Suméria, Nergal ditou a um escriba de confiança sua própria versão dos eventos, tentando se eximir dos fatos. O longo texto é conhecido como o *Erra Epos*, pois se refere a Nergal pelo epíteto de *Erra* ("O Aniquilador") e a Ninurta de *Ishum* ("O Abrasador"). Podemos montar um verdadeiro relato acrescentando a esse texto informações de várias fontes sumérias, acadianas e bíblicas.

Logo descobrimos que, assim que a decisão foi tomada, Nergal voltou apressadamente aos domínios africanos de Gibil para encontrar e recuperar as armas, sem esperar por Ninurta. Consternado, Ninurta descobriu que Nergal estava desconsiderando os limites do objetivo, e iria usar as armas indiscriminadamente para acertar suas próprias contas pessoais: "Devo aniquilar o filho e fazer com que o pai o enterre; em seguida, devo matar o pai e fazer com que ninguém o enterre", vangloriou-se Nergal.

Enquanto os dois discutiam, chegou até eles a palavra de que Nabu não estava parado: "Partindo de seu templo, marchando por todas suas cidades, ele deu seu passo; montou seu curso em direção ao Grande Mar; no Grande Mar ele entrou, sentou em um trono que não era o dele". Nabu não estava apenas convertendo as cidades ocidentais, ele estava dominando as ilhas mediterrâneas e se colocando como o próprio governante delas! Nergal/Erra argumentou, então, que destruir o porto espacial não seria o suficiente: Nabu, e as cidades que se juntaram a ele, também tinham de ser punidos e destruídos!

Agora, com dois alvos, o time Nergal-Ninurta viu outro problema: seria "um ato de revolta" do porto espacial não soar o alarme para Nabu e seus seguidores pecadores para que escapassem? Revendo os alvos, eles encontraram a solução na divisão: Ninurta atacaria o porto espacial; Nergal atacaria as "cidades pecadoras" nas proximidades. No entanto, depois que tudo isso já havia sido concordado, Ninurta reconsiderou; ele insistiu que não apenas os anunnakis que equiparam as instalações espaciais deveriam ser prevenidos, mas que determinadas pessoas também deveriam ser avisadas de antemão: "Valente Erra", ele disse a Nergal, "*Tu destruirias uma pessoa íntegra com uma pessoa não íntegra? Tu destruirias aqueles que contra tua vontade não pecaram com aqueles que contra tua vontade pecaram?*"

Nergal/Erra, declara o texto antigo, foi persuadido: "As palavras de Ishum apelaram a Erra como um fino óleo". Assim, em uma manhã, os dois dividiram os sete explosivos nucleares entre si e partiram em sua derradeira missão:

Em seguida o herói Erra foi adiante,
lembrando-se das palavras de Ishum.
Ishum também foi adiante
de acordo com as palavras dadas,
um aperto em seu coração.

Os textos disponíveis nos contam ainda quem foi para qual alvo: "Ishum ao Monte Mais Supremo seguiu seu curso" (sabemos pelo Épico de Gilgamesh que o porto espacial estava ao lado deste monte). "Ishum levantou a mão: o Monte foi dizimado... Aquilo que foi elevado em direção a Anu para lançar foi debilitado, sua face foi desfeita, seu local, desolado". Em um sopro nuclear, o porto espacial e suas instalações foram destruídos pela mão de Ninurta.

O texto antigo descreve em seguida o que fez Nergal: "Seguindo os passos de Ishum, Erra seguiu o Caminho do Rei; acabou com as cidades, em desolação ele as transformou"; seus alvos eram as "cidades pecadoras" cujos reis haviam formado uma aliança contra os reis do Oriente, a planície ao sul do Mar Morto.

E foi assim naquele ano de 2024 a.C. que as armas nucleares foram liberadas na península do Sinai e na Planície próxima ao Mar Morto; e o porto espacial e as Cinco Cidades deixaram de existir.

Incrivelmente, e ainda assim não é de se estranhar que Abraão e sua missão no Canaã sejam compreendidos do jeito que explicamos, é neste evento apocalíptico que o registro bíblico e os textos mesopotâmicos convergem.

Sabemos, em função dos textos mesopotâmicos que relatam os eventos, que, como foi demandado, os anunnakis que guardavam o porto espacial foram alertados: "Os dois [Nergal e Ninurta] os haviam incitado a cometer o mal, fizeram com que os guardiões saíssem de seu posto; os deuses abandonaram aquele lugar – os protetores dali foram para as alturas dos céus". Mas, enquanto os textos mesopotâmicos reiteram que "os dois fizeram os deuses fugir, fizeram com que fugissem da destruição", eles são ambíguos sobre se o aviso de antemão foi também estendido às pessoas nas cidades condenadas. É nesse ponto que a Bíblia fornece os detalhes que estão faltando: lemos, no Gênesis, que Abraão e seu sobrinho Ló de fato foram avisados de antemão – mas não os outros residentes das "cidades pecadoras".

O relato bíblico, além de elucidar sobre os aspectos do "ato de revolta" dos eventos, contém detalhes que esclarecem de forma surpreendente sobre os deuses em geral e sobre seu relacionamento com Abraão em especial. A história começa no Capítulo 18 do Gênesis, quando Abraão, já com 99 anos de idade, sentado na entrada de sua tenda durante um dia muito quente, "levantou seus olhos" e, de repente, viu "três homens parados acima dele". Apesar de serem descritos como *anashim*, "homens", havia neles algo diferente ou incomum, pois ele correu para fora de sua tenda e se prostrou no chão e – referindo-se a si mesmo como sendo servo – lavou-lhes os pés e ofereceu-lhes comida. Como se constatou depois, os três eram seres divinos.

Na saída, o líder deles – agora identificado como o Senhor Deus – decide revelar a Abraão a missão do trio: determinar se Sodoma e Gomorra são de fato cidades pecadoras cuja revolta seria justificada. Enquanto dois deles se dirigiam em direção a Sodoma, Abraão se aproxima e ***repreende*** (!) Deus com palavras que são idênticas àquelas do texto mesopotâmico: *Destruirás também o justo com o ímpio?* (Gênesis 18:23).

O que se sucedeu foi uma incrível sessão de barganha entre homem e Deus. "Se porventura houver 50 justos dentro da cidade – destruirás e não pouparás a cidade por causa dos 50 dentro dela?", perguntou Abraão a Deus. Quando ouviu a resposta de que, bem, a cidade seria poupada se 50 homens justos residissem lá, Abraão quis saber: e se fossem 40? Ou apenas 30? E assim prosseguiu até chegar a dez... "E Yahweh se foi assim que terminou de falar, e Abraão retornou ao seu lugar".

Os outros dois seres divinos – a continuação do conto no Capítulo 19 os chama de *mal'achim*, literalmente "emissários", mas geralmente traduzidos como "anjos" – chegaram em Sodoma ao entardecer. Os acontecimentos ali confirmavam a perversidade de seu povo, e, ao amanhecer, os dois encorajavam o sobrinho de Abraão, Ló, a escapar com sua família, pois "Yahweh estava prestes a destruir a cidade". A lenta família pedia mais tempo e um dos "anjos" concordou em atrasar a revolta o tempo suficiente para que Ló e sua família alcançassem a montanha mais segura.

"E Abraão se levantou mais cedo de manhã... e olhou em direção a Sodoma e Gomorra e em direção a toda a Planície, e contemplou, e, espanto – vapor subiu da terra como a fumaça de uma fornalha."

Abraão tinha então 99 anos de idade; tendo nascido em 2123 a.C., a época tinha de ser 2024 a.C.

A convergência dos textos mesopotâmicos com a narrativa bíblica do Gênesis relacionada a Sodoma e Gomorra é, ao mesmo tempo, uma das confirmações mais importantes da veracidade da Bíblia em geral e, em particular, do *status* e do papel desempenhado por Abraão – e mesmo assim um dos assuntos mais evitados por teólogos e outros estudiosos, por causa do seu relato sobre os eventos do dia precedente, o dia em que três seres divinos ("anjos" com aparência de homens) fizeram uma visita a Abraão – soa demais como uma história sobre "astronautas da Antiguidade". Aqueles que questionam a Bíblia ou tratam os textos mesopotâmicos como meros mitos tentam explicar a destruição de Sodoma e Gomorra como se fora algum desastre natural, apesar de a versão bíblica afirmar duas vezes que a "revolta" por meio de "fogo e enxofre" não se tratava de uma calamidade natural, mas sim de um evento *premeditado, adiável e até cancelável*: primeiro, quando Abraão barganhou com O Senhor para que poupasse as cidades e não destruísse os justos com os ímpios; depois, quando seu sobrinho Ló obteve um adiamento da revolta.

Fotografias espaciais da península do Sinai (Figura 34) ainda mostram a imensa cavidade e a fenda na superfície onde a explosão nuclear ocorreu. A própria área está coberta até hoje com pedras esmagadas, queimadas e enegrecidas (Figura 35); elas contêm uma rara quantidade elevada de isótopo de urânio-235, indicando na opinião de especialistas, a exposição a um ***súbito calor intenso de origem nuclear***.

Figura 34

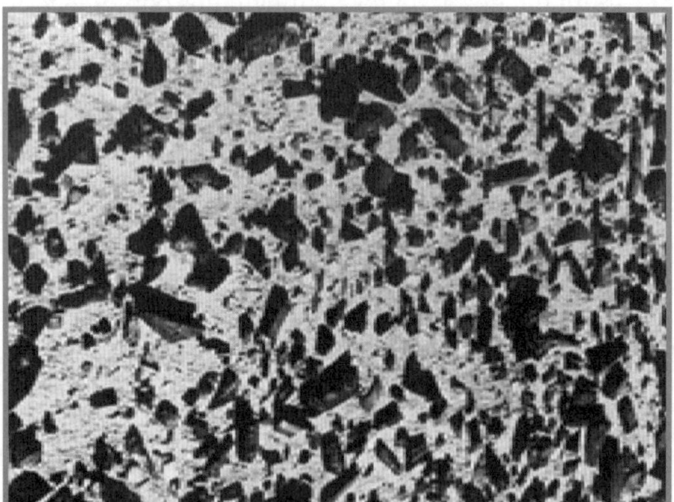

Figura 35

A revolta das cidades na planície do Mar Morto fez com que a costa sul do mar cedesse, gerando o alagamento do que era antes uma área fértil e sua aparência, até os dias atuais, como anexo separado do mar por uma barreira chamada de "*El-Lissan*" ("A Língua") (Figura 36). Tentativas feitas por arqueólogos israelenses em explorar o fundo daquele mar revelaram a existência de ruínas enigmáticas debaixo d'água, mas o Reino Hashemita da Jordânia, no qual metade das ruínas do Mar Morto se encontram, impediu explorações adicionais. O interessante é que os relevantes textos mesopotâmicos confirmam a mudança topográfica e ainda sugerem que o mar se tornou Mar Morto como resultado do bombardeio nuclear: "Erra", dizem eles, "vasculhou o mar e sua totalidade ele dividiu; aquilo que nele vivia, incluindo crocodilos, ele fez desaparecer".

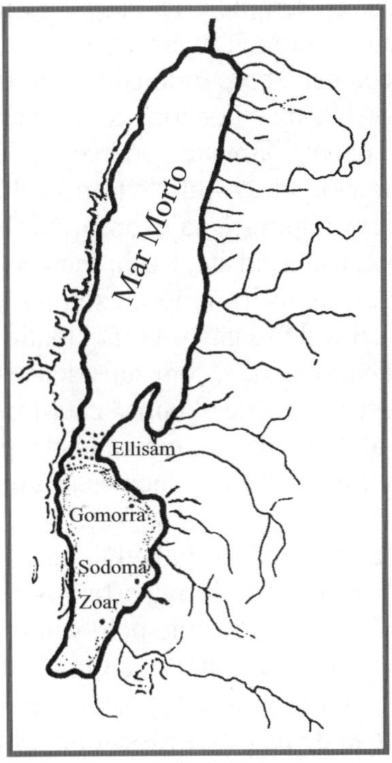

Figura 36

Os dois, como se c atou, fizeram muito mais do que destruir o porto espacial e as cidades pecadoras: como resultado das explosões nucleares,

Uma tempestade, o Vento do Mal,
espalhou-se ao redor dos céus.

E a reação em cadeia de consequências não intencionais havia começado.

Os registros históricos mostram que a civilização suméria sofreu um colapso no sexto ano do reino de Ibbi-Sin em Ur – 2024 a.C. Foi no mesmo ano, o leitor se lembrará, que Abraão tinha 99 anos de idade...

No início, os estudiosos acreditavam que a capital da Suméria, Ur, fora derrotada por "invasores bárbaros", mas não fora encontrada evidência alguma sobre tal invasão destruidora. Um texto intitulado *Uma Lamentação Sobre a Destruição de Ur* foi descoberto em seguida; intrigou os estudiosos, pois o lamento não era pela destruição física de Ur, mas por seu "abandono": os deuses que ali habitavam a haviam abandonado, o povo que ali habitava se fora, seus estábulos haviam ficado vazios; os templos, as casas, os espaços das ovelhas permaneceram intactos – em pé, mas vazios.

Outros textos de lamentações foram então descobertos. Eles lamentavam não apenas por Ur, mas por toda a Suméria. De novo, falavam sobre o "abandono": não haviam sido apenas os deuses de Ur, Nannar e Ningal a abandonar a cidade; Enlil, "o touro selvagem", abandonara seu querido templo em Nippur; sua esposa, Ninlil, também se havia ido. Ninmah, abandonara sua cidade, Kesh; Inanna, "a rainha de Erech", se fora de Erech; Ninurta abrira mão de seu templo Eninnu; sua esposa, Bau, também saíra de Lagash. Uma cidade suméria após outra entrava na lista de "abandonada", sem seus deuses, povos ou animais. Os estudiosos hoje especulam que alguma "catástrofe horrível", uma calamidade misteriosa, afetou toda a Suméria. O que poderia ter sido?

A resposta para este quebra-cabeça estava bem ali naqueles textos: *O vento levou.*

Não, isso não é um jogo de palavras baseado no título de um livro/filme famoso. Esse era o refrão nos Textos de Lamentação: Enlil abandonou seu templo, ele foi "levado pelo vento". Ninlil do seu templo foi "levada pelo vento". Nannar abandonou Ur – sua criação de ovelhas, "levada pelo vento"; e assim por diante. Os estudiosos supunham que esta repetição de palavras fosse uma estratégia literária, um refrão que os lamentadores repetiam constantemente para destacarem seus sofrimentos. Mas não se tratava de uma estratégia literária – era uma verdade literal: **a Suméria e suas cidades foram literalmente esvaziadas como resultado de um vento**.

Um "Vento do Mal", a lamentação (e em seguida outros textos) relatou, veio soprando e causando "uma calamidade, desconhecida do homem, que assolou a terra". Foi um Vento do Mal que "fez com que cidades caíssem na desolação, casas caíssem na desolação, estábulos caíssem na desolação, criadouros de ovelhas fossem esvaziados". Havia desolação, mas não destruição; vazio, mas não ruínas: as cidades estavam lá, as casas estavam lá, os estábulos e os criadouros de ovelhas estavam lá – mas nada vivo permaneceu; mesmo os "rios da Suméria correm com água que é amarga, o que eram campos cultiváveis agora dão ervas daninhas, nos prados as plantas murcharam". Toda a vida se fora. Era uma calamidade como nunca havia ocorrido antes –

Sobre a Terra da Suméria uma calamidade se abateu,
algo desconhecido dos homens.
Algo que nunca fora visto antes,
algo que não se podia suportar.

Carregada pelo Vento do Mal estava uma morte da qual não havia escapatória: era uma morte "que vagava pelas ruas, ia solta pelo caminho... A mais elevada muralha, a mais espessa muralha, ela atravessava como uma enchente; não havia porta que a mantivesse do lado de fora, nenhuma trava conseguia fazê-la retornar". Aqueles que se escondiam detrás das portas eram derrubados lá dentro; aqueles que corriam para os telhados morriam lá em cima. Era uma morte invisível: "Ficava ao lado do homem, ainda assim ele não era capaz de vê-la; quando entrava na casa, sua aparência era desconhecida". Era uma morte assombrosa: "Tosse e muco enfraqueciam o peito, a boca ficava cheia de escarro, mudez e confusão se apossavam deles... uma mudez devastadora... uma dor de cabeça". À medida que o Vento do Mal agarrava suas vítimas, "suas bocas ficavam saturadas de sangue". Os mortos e os moribundos estavam por toda a parte.

Os textos deixam claro que o Vento do Mal, "levando trevas de cidade em cidade", não era uma calamidade natural; era o resultado de uma decisão deliberada dos grandes deuses. Fora causado por "uma grande tormenta ordenada por Anu, uma [decisão] do coração de Enlil". E resultara de um único evento – "desovado em uma única desova, em um relâmpago" –, um evento que ocorreu bem longe no ocidente: "Do meio das montanhas veio, da Planície Sem Piedade surgiu... Como um veneno amargo dos deuses, do ocidente surgiu".

Ficou claro, quando os textos afirmam que os deuses sabiam da sua fonte e causa – *um estouro, uma explosão* – que o Vento do Mal originara-se da "revolta" nuclear lá atrás e próximo à península do Sinai:

Um estrondo malévolo anunciou a nociva tormenta,
um estrondo malévolo foi seu precursor.

Poderosos descendentes, valentes filhos,
foram os arautos da pestilência.

Os autores dos textos da lamentação, os próprios deuses, deixam-nos um registro vívido do que aconteceu. Assim que as Armas Incríveis foram lançadas dos céus por Ninurta e Nergal, "elas espalharam incríveis raios queimando tudo como fogo". A tormenta resultante "em um *flash* de relâmpago foi criada". Uma "densa nuvem que gera a escuridão" – um "cogumelo" nuclear – em seguida se elevou ao céu, seguida por "rajadas de vento... uma tempestade que abrasou os céus". Foi um dia que jamais será esquecido:

Naquele dia,
quando o céu foi esmagado
e a Terra foi castigada,
sua face obliterada pelo redemoinho –
Quando os céus ficaram em trevas
e cobertos por uma sombra –
Naquele dia nascia o Vento do Mal.

Os vários textos continuavam atribuindo o redemoinho venenoso à explosão no "lugar onde os deuses subiam e desciam" – a destruição do porto espacial em vez do extermínio das "cidades pecadoras". Foi lá, "no meio das montanhas", que a nuvem do cogumelo nuclear surgiu em um *flash* luminoso – e foi de lá que os ventos prevalecentes, vindos do Mar Mediterrâneo, carregaram a nuvem nuclear venenosa em direção ao Oriente, em direção à Suméria, sendo que lá, causaram não a destruição, mas sim uma silenciosa aniquilação, levando a morte no venenoso ar nuclear para todas aquelas vidas.

É evidente que, considerando todos os textos relevantes, com a possível exceção de Enki, que havia protestado e avisado sobre o uso das Armas Incríveis, nenhum dos deuses envolvidos esperava tais consequências. A maioria deles era humana, e para eles, os contos de guerras nucleares em Nibiru eram Contos dos Antigos. Será que Anu, que deveria saber melhor, pensava que as armas, escondidas há muito tempo atrás funcionariam mal ou não funcionariam de maneira alguma? Será que Enlil e Ninurta (que tinham vindo de Nibiru) ao menos supunham que os ventos soprariam a nuvem nuclear em direção aos desolados desertos que hoje compõem a Arábia? Não há uma resposta satisfatória; os textos apenas afirmam que "os grandes deuses empalideceram diante da imensidade da tormenta". Mas é claro que, assim que perceberam a direção dos ventos e a intensidade do veneno nuclear, um alarme foi soado para aqueles que estavam no caminho do vento – tanto deuses quanto pessoas – para que se salvasse quem pudesse.

O pânico, o medo e a confusão que tomaram conta da Suméria e de suas cidades quando o alarme soou estão vividamente descritas em uma série de textos de lamentação, tais como a *Lamentação de Ur, a Lamentação sobre a Desolação de Ur e a Suméria, a Lamentação de Nippur, a Lamentação de Uruk* e outras. No que dizia respeito aos deuses, parece que, no geral, era "cada um por si"; usando suas variedades de transporte, eles partiram via aérea e por água para fugirem do caminho do vento. Quanto às pessoas, os deuses soaram o alarme antes de partirem. Como descrito na *Lamentação de Uruk*, "Levantai-vos! Correi-vos! Escondei-vos nos estepes!" as pessoas eram comunicadas no meio da noite. "Tomados pelo terror, os cidadãos leais de Uruk" correram para salvar suas vidas, mas foram abatidos pelo Vento do Mal assim mesmo.

O quadro, no entanto, não foi idêntico em todo lugar. Em Ur, na capital, Nannar/Sin ficou tão incrédulo que se recusou a acreditar que o destino de Ur havia sido selado. Seu longo apelo emocional para que o pai Enlil impedisse a calamidade está registrado na *Lamentação de Ur* (que foi composta por Ningal, a esposa de Nannar); assim como a dura admissão de Enlil sobre a inevitabilidade:

A Ur foi concedido o reino –
Um reinado eterno não lhe foi concedido...

Recusando-se a aceitar o inevitável e devotos demais ao povo de Ur para abandonarem-no, Nannar e Ningal decidiram ficar ali. Já era dia quando o Vento do Mal se aproximou de Ur; "desde aquele dia ainda sinto tremor", escreveu Ningal, "mas do cheiro asqueroso daquele dia nós não fugimos". Quando chegou o fim dos dias, "um amargo lamento se elevou em Ur, mas de sua podridão nós não fugimos". O casal divino passou a noite de pesadelos na "casa de térmite", uma câmara subterrânea bem no fundo da sua zigurate. Pela manhã, quando o vento venenoso "havia deixado a cidade", Ningal percebeu que Nannar tinha ficado doente. Apressadamente, ela vestiu seus trajes, e fez com que o deus fosse levado para longe de Ur, a cidade que eles tanto amavam.

Pelo menos outra divindade também sofreu danos pelo Vento do Mal: era Bau, esposa de Ninurta que estava sozinha em Lagash (tendo em vista que seu marido estava ocupado destruindo o porto espacial).

Amada pelo povo, que a chamava de "Mãe Bau", ela fora treinada como médica-curandeira, e simplesmente não havia como forçá-la a sair. As lamentações registraram que "naquele dia, a tormenta havia chegado até a senhora Bau; como se ela fosse uma mortal, a tormenta havia chegado até ela". Não ficou claro até que ponto ela fora atingida, mas registros posteriores da Suméria sugerem que ela não sobreviveu por muito tempo desde então.

Eridu, a cidade de Enki, situada no extremo sul, ficou aparentemente à margem do trajeto do Vento do Mal. Sabemos, por meio de *O Lamento de Eridu*, que Ninki, a esposa de Enki, voou da cidade para um refúgio seguro em um Abzu africano de seu marido: "Ninki, a Grande Senhora, voando como um pássaro, deixou sua cidade". No entanto, o próprio Enki partiu da cidade apenas para uma distância suficientemente longe do trajeto do Vento do Mal: "O senhor de Eridu ficou fora da cidade (...) considerando o destino de sua cidade, chorou lágrimas amargas". Muitos dos cidadãos de Eridu o seguiram, acampando nos campos a uma distância segura, enquanto observavam – por um dia e meio – a tormenta "colocando suas mãos em Eridu".

De maneira incrível, a menos afetada de todos os principais centros da terra foi a Babilônia, considerando que se situava além da margem norte da tormenta. Quando o alerta foi soado, Marduk contatou o pai para pedir conselho: o que deve fazer o povo da Babilônia? perguntou ele. Aqueles que conseguirem escapar devem seguir para o norte, Enki lhe respondeu; e, do mesmo jeito que os dois "anjos" que haviam aconselhado Ló e sua família para que não olhassem para trás quando fugiram de Sodoma, Enki também instruiu Marduk para que dissesse aos seus seguidores "não se voltem e nem olhem para trás". Se não for possível escapar, o povo deve buscar abrigo subterrâneo: "Faça-os entrar em uma câmara abaixo da terra, bem na escuridão", foi o conselho de Enki. Seguindo este conselho, e graças à direção do vento, a Babilônia e o seu povo escaparam ilesos.

Quando o Vento do Mal passou e soprou para longe (depois soubemos que seus últimos vestígios alcançaram as Montanhas de Zagros, na parte mais extrema do oriente), deixou a Suméria desolada e prostrada. "A tormenta desolou as cidades, desolou as casas". Os mortos, deitados onde haviam caído, permaneceram sem ser enterrados: "Os mortos, como gordura posta ao Sol, foram se derretendo". Nos campos de pastagem, "o gado maior e menor se tornara escasso, todas as criaturas vivas haviam chegado ao fim". Os criadouros de ovelhas "haviam sido entregues ao Vento". Os campos cultiváveis secaram;

"nas margens do Tigre e do Eufrates cresciam apenas ervas daninhas, nos pântanos os juncos apodreceram com fedor". "Ninguém põe os pés nas estradas, ninguém busca as estradas."

"Ó Templo de Nannar em Ur, amarga é tua desolação!", prateavam os poemas de lamentação: "Ó, Ningal, cuja terra pereceu, faz teu coração como água!"

A cidade se tornou uma cidade estranha,
como alguém consegue existir?
A casa se tornou a casa das lágrimas,
faz meu coração ficar como água.
Ur e seus templos já foram
entregues ao Vento.

Depois de 2 mil anos, o vento levou a grande civilização suméria.

Nos últimos anos, arqueólogos juntaram-se com geólogos, climatologistas e outros especialistas em ciências da terra em esforços multidisciplinares para atacar o enigma sobre o abrupto colapso da Suméria e Acádia no final do terceiro milênio a.C.

Um estudo inovador foi o realizado por um grupo internacional de sete cientistas de diferentes disciplinas, intitulado "Mudança Climática e o Colapso do Império Acadiano: Evidência do Fundo do Mar", publicado no jornal científico *Geology*, edição de abril de 2000. Sua pesquisa utilizou análise radiológica e química de camadas de poeira antiga daquele período obtidas de vários lugares no Oriente Próximo, mais precisamente do fundo do Golfo de Omã; sua conclusão foi de que uma mudança climática rara *nas áreas adjacentes do Mar Morto* deu origem a tempestades de poeira, e que a poeira – uma "poeira mineral atmosférica" rara – foi carregada por ventos predominantes sobre o sul da Mesopotâmia indo além do Golfo Pérsico (Figura 37) – o mesmo padrão do Vento do Mal da Suméria! Datação por carbono da rara "poeira de partículas radioativas" levou à conclusão de que foi devido a um "*evento dramático excepcional ocorrido a aproximadamente 4025 anos antes do presente*". **Isso, em outras palavras, significa "aproximadamente 2025 a.C." *– o mesmo 2024 a.C. indicado por nós!***

Curiosamente, os cientistas envolvidos nesse estudo observaram em seus relatórios que "*o nível do Mar Morto caiu abruptamente cem metros naquela época*". Eles deixam o ponto sem explicação – mas, obviamente, a ruptura da barreira do sul do Mar Morto e a enchente da planície, como descrita por nós, explica o que havia acontecido.

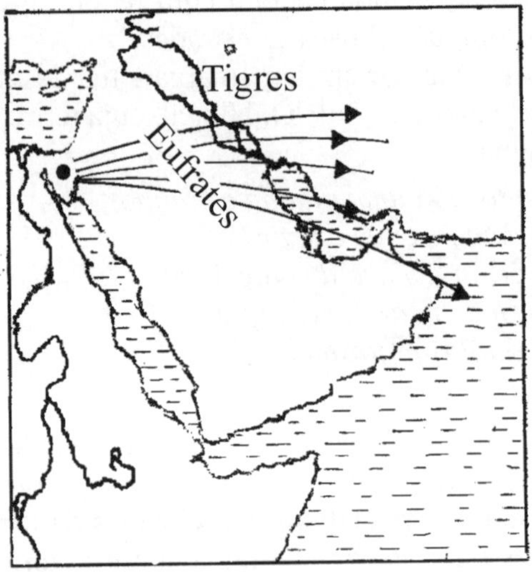

Figura 37

O jornal científico, *Science*, dedicou sua edição de 27 de abril de 2001 ao paleoclima mundial. Na seção que lida com os eventos na Mesopotâmia, ele se refere à evidência de Iraque, Kuwait e Síria de que o "abandono generalizado da planície aluvial" entre os rios Tigres e Eufrates foi decorrente das tempestades de poeira "iniciadas em 4025 A.P." ("Antes do Presente"). O estudo não explica a causa da "mudança climática" abrupta, mas adota a mesma data para ela: 4025 antes de 2001 d.C..

O ano fatal, a ciência moderna confirma, foi 2024 a.C..

7

O Destino Tinha Cinquenta Nomes

A utilização de armas nucleares no final do século XXI a.C. conduziu – "com um *boom*", pode-se dizer – à Era de Marduk. Foi, em quase todos os aspectos, verdadeiramente uma Nova Era, mesmo na maneira que entendemos o termo nos dias atuais. Seu maior paradoxo foi que, enquanto fez com que o homem olhasse para os céus, fez com que os deuses dos céus descessem para a Terra. As mudanças que a Nova Era forjou nos afetam até hoje.

Para Marduk, a Nova Era foi um acerto de contas, uma ambição alcançada, profecias cumpridas. O preço pago – a desolação da Suméria, a saída de seus deuses, a dizimação de seu povo – não havia sido de sua responsabilidade. Se serviu para algo, foi para punir aqueles que ficaram no caminho do Destino. A inesperada tempestade nuclear, o Vento do Mal, e o seu curso que parecia guiado seletivamente por uma mão invisível, apenas confirmaram o que os Céus haviam proclamado: **a Era de Marduk, a Era de Áries, havia chegado**.

A mudança da Era do Touro para a Era de Áries foi celebrada e marcada especialmente na terra natal de Marduk, o Egito. Descrições astronômicas dos céus (tais como o templo de Denderah, veja figura 20) mostravam a constelação de Áries como o ponto focal do ciclo zodiacal. Listas das constelações zodiacais começam não com a de Touro, como na Suméria, mas sim com a de Áries (Figura 38). As manifestações mais impressionantes eram as fileiras de esfinges com cabeça de carneiro que flanqueavam o trajeto da procissão aos grandes templos de Karnak (Figura 39), cuja construção, pelos faraós do recente estabelecido Médio Império, começou assim que Rá/Marduk atingiu a supremacia. Esses faraós tinham nomes teofóros que veneravam Amon/

1.Áries
2.Touro
3.Gêmeos
4.Câncer
5.Leão
6.Virgem
7.Libra
8.Escorpião
9.Sagitário
10.Capricórnio
11.Aquário
12.Peixes

Figura 38

Figura 39

Amém, de forma que tanto os templos como os reis fossem dedicados a Marduk/Rá como **Amon**, *O Invisível*, tendo em vista que Marduk se ausentara do Egito, selecionando a Babilônia, na Mesopotâmia, como sendo sua Cidade Eterna.

Ambos, Marduk e Nabu, sobreviveram sem danos ao vórtice nuclear. Apesar de Nabu ter sido o alvo pessoal de Nergal/Erra, ele aparentemente se escondeu em uma das ilhas mediterrâneas e conseguiu sair ileso. Textos subsequentes indicam que ele recebeu seu próprio centro de culto na Mesopotâmia, chamado de Borsippa, uma nova cidade situada próxima à Babilônia de seu pai, mas continuou vagando e venerando suas favoritas terras do Ocidente. Sua veneração, tanto lá como na Mesopotâmia, é confirmada pelos lugares sagrados nomeados em sua honra – tais como o Monte Nebo, próximo ao Rio Jordão (onde Moisés morreu posteriormente) – e os nomes teóforos reais (tais como Nabo-pol-assar, Nebo-chad-nezzar e muitos outros) pelos quais os famosos reis da Babilônia eram chamados. E seu nome, como já observamos, tornou-se sinônimo de "profeta" e profecia por todo o antigo Oriente Médio.

O próprio Marduk, como recordaremos, perguntava-se: "Até quando?", do seu posto de comando em Harran, quando ocorreram os eventos fatais. Em seu texto autobiográfico, *A Profecia de Marduk*, ele previu a vinda do Tempo Messiânico, quando os deuses e os homens reconheceriam sua supremacia, quando a paz reinaria e a abundância iria banir o sofrimento, quando um rei de sua escolha "fará da Babilônia a mais importante", com o templo *Esagil* (palavra para "templo") erguendo-se ao céu –

Um rei na Babilônia surgirá;
na minha cidade Babilônia, em seu centro,
meu templo ao céu ele erguerá;
como uma montanha Esagil ele renovará,
o plano terreno do Céu-Terra,
pois como uma montanha Esagil ele planejará;
o Portal do Céu se abrirá.
Na minha cidade, Babilônia, um rei surgirá;
em abundância ele residirá;
minha mão ele pegará,
ele me guiará em procissões...
Em minha cidade e em meu templo Esagil
na eternidade deverei entrar.

Aquela nova Torre de Babel, no entanto, não foi feita com a intenção (como foi no caso da primeira) de servir como torre de lançamento. A sua supremacia, reconhecia Marduk, estava agora sendo impulsionada não pela posse de uma conexão espacial física, mas pelos Signos do Céu – pelo Tempo Celestial zodiacal, pela posição e movimento dos corpos celestes, o *Kakkabu* (estrelas/planetas) do céu.

Consequentemente, ele previu o futuro Esagil como o observatório astronômico do reino, fazendo com que o Eninnu de Ninurta e os vários *stonehenges* construídos por Toth se tornassem redundantes. Quando o Esagil foi eventualmente construído, era um zigurate erguido de acordo com os planos detalhados e precisos (Figura 40): sua altura, seu espaçamento entre sete estágios e sua orientação eram de tal forma que seu topo apontava diretamente para a estrela *Iku* – a estrela-guia da constelação de Áries – cerca de **1960 a.C.**

O apocalipse nuclear e suas consequências despropositais resultaram em um final abrupto do debate sobre a quem pertencia a era zodiacal; o Tempo Celestial passara a ser o Tempo de Marduk. Mas o planeta dos deuses, Nibiru, ainda estava orbitando e controlando o Tempo Divino – e a atenção de Marduk se voltara para isso. Como seu texto *Profecia* deixa claro, agora ele havia previsto os sacerdotes

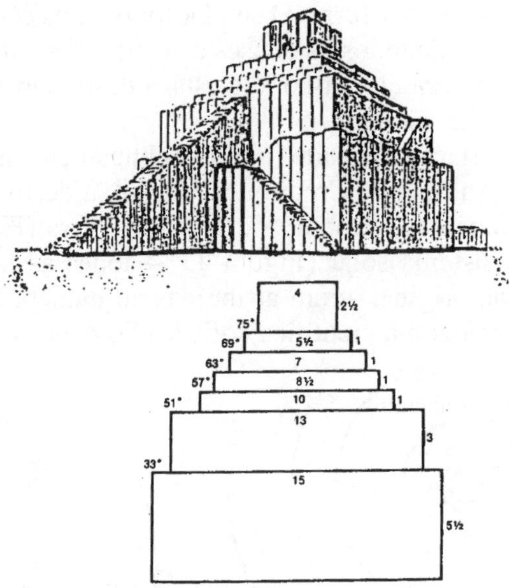

Figura 40

astrônomos vasculhando os céus das posições do zigurate em busca do "**planeta correto de Esagil**":

Conhecedores de presságio, colocados a postos,
devem então subir ao seu centro.
Esquerda e direita, em lados opostos,
eles devem permanecer separados.
O rei então se aproximará;
O correto Kakkabu *de Esagil*
sobre a terra [ele observará].

Nascia uma Religião-Estrela. O deus – Marduk – tornara-se uma estrela; uma estrela (que nós chamamos de planeta) – Nibiru – tornara-se "Marduk". A religião tornara-se Astronomia, a Astronomia tornara-se Astrologia.

De acordo com a nova Religião Estrela, o Épico da Criação, *Enuma Elish*, fora revisado em sua versão babilônica para conceder a Marduk uma dimensão celestial: ele não só viera de Nibiru – ele *era* Nibiru. Escrito em "babilônico", um dialeto vindo do acadiano (a língua-mãe semita), Marduk ficou sendo o mesmo que Nibiru, o planeta natal dos anunnakis, e deu o nome de "Marduk" à Grande Estrela/Planeta que tinha vindo do espaço longínquo para vingar tanto o Ea celestial como o Ea da Terra (Figura 41). Logo, fez de "Marduk" o

"Senhor" no Céu como na Terra. O seu Destino – nos céus, sua órbita – era maior do que o de todos os deuses celestiais (os outros planetas) (veja figura 1); em paralelo a isso, ele estava destinado a ser o maior dos deuses anunnakis na Terra.

O Épico da Criação revisado foi lido publicamente na quarta noite do festival de Ano Novo. Creditou a Marduk a derrota do "monstro" Tiamat na Batalha Celestial, a criação da Terra (Figura 42) e a remodelação do sistema solar (Figura 43) – todas as façanhas que, na versão suméria original, eram atribuídas ao planeta Nibiru como parte de uma cosmogonia científica sofisticada. A nova versão agora

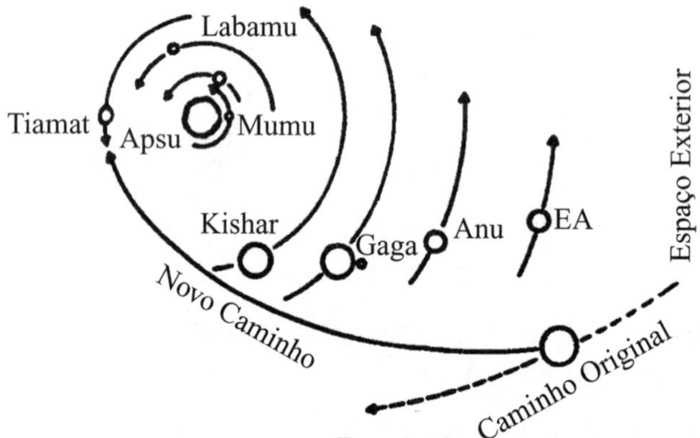

Figura 41

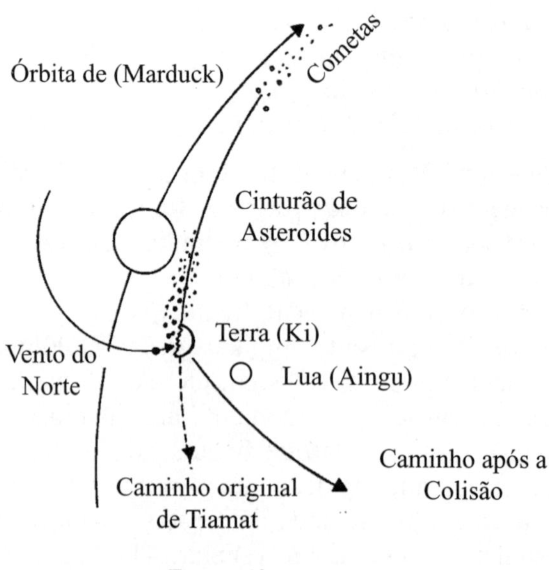

Figura 42

era de Marduk, incluindo a "adaptação artística" do "homem", com o desenvolvimento do calendário e a escolha da Babilônia como sendo o "Umbigo da Terra".

O festival de Ano Novo – o evento religioso mais importante do ano – começou no primeiro dia do mês Nissan [sétimo mês do calendário hebraico], coincidindo com o Equinócio Vernal. Chamado na Babilônia de "festival *Akiti*", desenvolvia-se ali uma celebração que durava 12 dias do festival de dez dias sumérios A.KI.TI ("Na Terra Gere Vida"). Era conduzido de acordo com cerimônias definidas de forma bem elaborada e rituais prescritos que encenavam (na Suméria) o conto de Nibiru e a vinda dos anunnakis à Terra, assim como (na Babilônia) a história da vida de Marduk. Incluía episódios das

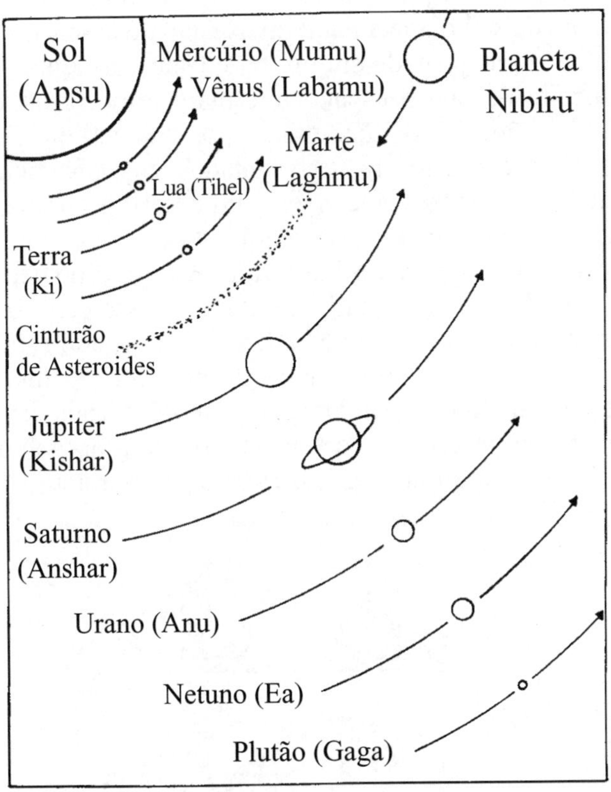

Figura 43

Guerras das Pirâmides, quando ele foi sentenciado a morrer em uma tumba selada, e sua "ressurreição" quando foi trazido de volta à vida; seu exílio, para se tornar o invisível; e o seu retorno vitorioso final. Procissões, idas e vindas, aparições e desaparições, incluindo uma paixão representada por atores que visual e vividamente apresentavam Marduk ao povo como um deus sofredor – sofrendo na Terra, mas finalmente vitorioso ao ganhar a supremacia por meio de uma contraparte celestial. (A história de Jesus do Novo Testamento era tão parecida que estudiosos e teólogos na Europa debateram no século passado se Marduk era o "*Protótipo de Jesus*".)

As cerimônias consistiam em duas partes. A primeira envolvia uma jornada solitária de barco feita por Marduk, subindo e cruzando o rio em direção a uma estrutura chamada *Bit Akiti* ("Casa de Akiti"); a outra, acontecia dentro da própria cidade. É evidente que a parte solitária simbolizava a jornada celestial de Marduk vindo da localização distante de seu planeta natal no espaço até entrar no interior do sistema solar – uma jornada em um barco sobre as águas, de acordo com o conceito de que o espaço interplanetário era uma primitiva "profundeza aquática" a ser atravessada por "barcos celestiais" (naves espaciais). Esse conceito era representado geograficamente na arte egípcia, em que os deuses celestiais eram descritos como atravessando os céus em "barcos celestiais" (Figura 44).

As festividades populares baseavam-se no retorno bem-sucedido de Marduk do distante e solitário Bit Akiti . Essas cerimônias públicas e alegres se iniciavam com Marduk no cais sendo saudado pelos outros deuses, e o seu acompanhamento pelo rei e pelos sacerdotes na Procissão Sagrada, assistidas por multidões cada vez maiores. As descrições da procissão e o seu trajeto eram tão detalhados que ajudaram a guiar os arqueólogos que escavaram a antiga Babilônia.

Figura 44

Dos textos inscritos nas tábuas de argila e da topografia escavada da cidade, constatou-se que havia sete estações, nas quais a procissão sagrada fazia parada para os rituais prescritos. As estações apresentavam nomes sumérios e acadianos e simbolizavam (em sumério) as jornadas dos anunnakis dentro do sistema solar (de Plutão à Terra, o sétimo planeta) e (em babilônico) as "estações" na história da vida de Marduk: seu nascimento divino no "Lugar Puro"; como seu direito de primogenitura, seu direito à supremacia, foi negado; como ele foi sentenciado à morte; como foi enterrado (vivo, na Grande Pirâmide); como foi resgatado e ressuscitado; como foi banido e forçado ao exílio; como, no final, mesmo os grande deuses, Anu e Enlil, curvaram-se ao destino e o proclamaram supremo.

O Épico da Criação sumério original se estende por seis tábuas (comparado com os seis dias bíblicos da criação). Na Bíblia, Deus descansou no sétimo dia, usando este para rever Sua obra. A revisão babilônica do Épico culminou com o acréscimo da sétima tábua que estava totalmente devotada à glorificação de Marduk ao concedê-lo 50 nomes – um ato que simbolizava que ele havia assumido a Graduação de Cinquenta, que até então pertencera a Enlil (e à qual Ninurta também se candidatara).

Começando com seu nome tradicional MAR.DUK, "Filho do Lugar Puro", os nomes – alternando entre sumérios e acadianos – concediam a ele epítetos que iam de "Criador de Tudo" a "Senhor que moldou o Céu e a Terra" e outros títulos relacionados à batalha celestial com Tiamat e a criação da Terra e da Lua: "À frente de todos os deuses"; "Distribuidor de tarefas aos igigis e aos anunnakis" e o Comandante deles; "O deus que mantém a vida... o deus que revive os mortos"; "Senhor de todas as terras", o deus cujas decisões e benevolência sustentam a humanidade, o povo que ele moldou; "Concedente do cultivo", que faz chover para enriquecer as plantações, que distribui os campos e que "colhe abundância", tanto para os deuses como para o povo.

Finalmente, a ele foi concedido o nome de NIBIRU, "Aquele que deterá a posse da Travessia do Céu e da Terra":

O Kakkabu *que nos céus é brilhante...*
Aquele que a Profundeza Aquática incessantemente percorre –
Deixai que "Travessia" seja teu nome!
Que ele controle os cursos das estrelas no céu,
que ele conduza os deuses celestiais como rebanho de ovelhas.

"Com o título 'Cinquenta' os grandes deuses o proclamaram; aquele cujo nome é 'Cinquenta' os deuses tornaram supremo", o longo texto declara no final.

Quando a leitura das sete tábuas terminou, após durar a noite toda – provavelmente já ao amanhecer –, os sacerdotes que conduziram o ritual fizeram os seguintes pronunciamentos prescritos:

Permiti que os Cinquenta Nomes sejam mantidos na mente...
Permiti que o sábio e o conhecedor discutam sobre eles.
Permiti que o pai recite-os ao seu filho,
Permiti que os ouvidos dos pastores de ovelhas e vaqueiros fiquem abertos.
Permiti-lhes que se regozijem com Marduk, o "Enlil" dos deuses,
aquele cuja ordem é firme, cujo comando é inalterável;
a palavra da sua boca ninguém poderá mudar.

Quando Marduk apareceu diante das pessoas, ele estava vestido em trajes magníficos que sobrepujavam os simples trajes de lã dos antigos deuses da Suméria e Acádia (Figura 45).

Figura 45

Apesar de Marduk ser um deus invisível no Egito, sua veneração e aceitação acabaram chegando por lá de forma rápida. Um hino para Rá-Amon que glorificava o deus por meio de uma variedade de nomes simulando os Cinquenta Nomes acadianos chamava-o de "Senhor dos Deuses, que o Contemplam no Horizonte" – um deus celestial – "Aquele que Fez Toda a Terra", assim como um deus na Terra "que criou a humanidade e fez as bestas, que criou as árvores frutíferas, fez as ervas e deu vida ao gado" – um deus "para quem o sexto dia é celebrado". Os retalhos de similaridades entre os contos da criação mesopotâmico e bíblicos são claros.

De acordo com estas expressões de fé, na Terra, no Egito, Rá/ Marduk era um deus invisível porque a sua principal moradia era em outro lugar – um longo hino na realidade se refere à Babilônia como o lugar onde os deuses estão em júbilo por sua vitória (estudiosos, no entanto, sugerem que a referência não está relacionada à Babilônia mesopotâmica, mas a uma cidade pelo mesmo nome localizada no Egito). Nos céus, ele era invisível porque "está distante no céu", porque ele foi "para *trás dos horizontes*... à altura do céu". O símbolo do reino do Egito – um disco alado geralmente flanqueado por serpentes – é, na maioria das vezes, explicado com um disco solar "porque Rá era o Sol", mas, de fato, era o símbolo antigo de Nibiru (Figura 46) que se encontrava em toda parte do mundo, e era Nibiru que havia se tornado uma distante "estrela" invisível.

Figura 46

O fato de Rá/Marduk ter ficado fisicamente ausente do Egito fez com que sua Religião Estrela fosse expressa na sua forma mais clara naquela civilização. Lá, **Aten**, a "Estrela de Milhões de Anos", representando Rá/Marduk em seu aspecto celestial, tornou-se *A Invisível* porque estava "distante no céu", porque havia ido "para trás do horizonte".

A transição para a Nova Era de Marduk e a nova religião não foram aceitas de forma tão suave nas terras enlilitas. Primeiro, o sul da Mesopotâmia e as terras ocidentais que estavam no trajeto do vento venenoso tinham que se recuperar do seu impacto.

A calamidade que se sucedeu na Suméria, como recordaremos, não foi por causa da explosão nuclear em si, mas sim pelo subsequente vento radioativo. As cidades foram esvaziadas de seus residentes e rebanhos, mas fisicamente não haviam sofrido danos. As águas estavam envenenadas, mas a corrente dos dois grandes rios logo corrigiu isso. O solo absorveu o veneno radioativo, e levou mais tempo para se recuperar; mas isso também melhorou com o passar do tempo. Assim, foi possível que as pessoas lentamente voltassem a repovoar e reabitar a terra desolada.

O primeiro registro de um governante administrativo no Sul devastado foi um ex-governador de Mari, uma cidade situada no extremo noroeste do Rio Eufrates. Descobrimos que "ele não era uma semente suméria"; seu nome, Ishbi-Erra, era, na realidade, um nome semita. Ele estabeleceu suas bases na cidade de Isin, e de lá coordenou os esforços para ressuscitar as outras principais cidades, mas o processo era lento, difícil e, às vezes, caótico. Seus esforços para a reabilitação foram continuados por vários sucessores, que também traziam nomes semitas, a reconhecida "Dinastia de Isin". Juntando todos, levaram quase um século para restaurar Ur, o centro econômico da Suméria, e finalmente Nippur, o tradicional coração religioso da região; mas até então esse processo de uma cidade por vez encontrara desafios de outros governantes de cidades locais, sendo que a Suméria de outrora continuou sendo uma terra fragmentada e falida.

Mesmo a própria Babilônia, apesar de ter ficado fora da trajetória direta do Vento do Mal, precisava de um país restaurado e repovoado se quisesse reerguer-se ao tamanho e ao *status* imperial, e não obteve a grandiosidade das profecias de Marduk por um bom tempo. Mais de um século se passou até que uma dinastia formal, chamada por estudiosos de Primeira Dinastia da Babilônia, fosse instaurada no trono (cerca de 1900 a.C.). Ainda assim, outro século se passou até que um rei viveu à altura da grandeza profetizada e sentou no trono da Babilônia; seu nome era Hammurabi. Ele é mais conhecido pelo código de leis que proclamou – leis registradas em uma estela de pedra que os arqueólogos descobriram (e que está agora no Louvre de Paris).

Ainda assim, levou uns dois séculos até que a visão profética de Marduk relacionada à Babilônia pudesse se concretizar. As fracas evidências do período pós-calamidade – alguns estudiosos referem-se ao período que seguiu a morte de Ur como sendo a Época das Trevas na história mesopotâmica – sugerem que Marduk permitiu que outros deuses – incluindo seus adversários – cuidassem da recuperação e do repovoamento de seus antigos centros de culto, mas é duvidoso que tenham aceito seu convite. A recuperação e reconstrução que foram iniciadas por Ishbi-Erra começou em Ur, mas não há menção alguma de que Nannar/Sin e Ningal tenham retornado a Ur. Há uma citação da presença ocasional de Ninurta na Suméria, especialmente no que diz respeito ao seu guarnecimento pelas tropas de Elam e Gutium, mas não há registro de que ele ou sua esposa, Bau, tenham jamais retornado à sua querida Lagash. Os esforços feitos por Ishbi-Erra e seus sucessores em restaurar os centros de culto e seus templos culminaram – depois da passagem de 72 anos – em Nippur, mas não há menção de que Enlil e Ninlil tenham retomado sua residência por lá.

Para onde eles foram? Um caminho para chegar nesse assunto intrigante seria apurar o que o próprio Marduk – agora o supremo e julgando que devia dar ordens a todos os anunnakis – havia planejado para eles.

As evidências textuais e outras evidências daquele tempo mostram que a subida de Marduk à supremacia não havia posto fim ao politeísmo – as crenças religiosas em vários deuses. Pelo contrário, sua supremacia dependia da continuação do politeísmo, pois, para ser supremo sobre os outros deuses, era necessário que houvesse a existência de outros deuses. Ele estava satisfeito em deixá-los como estavam, contanto que suas prerrogativas fossem sujeitas ao seu controle; uma tábua babilônica registrou (na sua porção não danificada) a seguinte lista de atributos divinos que haviam sido, a partir de então, associados a Marduk:

Ninurta	é	Marduk da enxada
Nergal	é	Marduk do ataque
Zababa	é	Marduk do combate

Enlil	é	Marduk do senhorio e do conselho
Sin	é	Marduk, o iluminador da noite
Shamash	é	Marduk da justiça
Adad	é	Marduk das chuvas

Os outros deuses haviam permanecido, assim como seus atributos, mas agora tinham os atributos que *ele* havia concedido a eles. Ele permitiu que suas venerações continuassem; o próprio nome do governante/administrador interino no sul, Ishbi-Erra ("Sacerdote de Erra", isto é, de Nergal) confirma sua política tolerante. Mas o que Marduk esperava era que eles viessem e ficassem com ele em sua contemplada Babilônia – prisioneiros em gaiolas douradas, poder-se-ia dizer.

Em suas *Profecias* autobiográficas, Marduk mostra claramente suas intenções em relação aos outros deuses, incluindo seus adversários: era para eles irem e morarem ao lado dele, no distrito sagrado da Babilônia. Santuários ou pavilhões para Sin e Ningal, onde residiriam – "junto com seus tesouros e posses"! –, foram especificamente mencionados. Textos descrevendo a Babilônia, e escavações arqueológicas na região mostram que, de acordo com os desejos de Marduk, o distrito sagrado da Babilônia também incluía santuários residenciais dedicados a Ninmah, Adad, Shamas e até Ninurta.

Quando a Babilônia finalmente se elevou a potência imperial – sob Hammurabi – seu templo-zigurate de fato alcançou os céus; o grande rei profetizado se sentou no trono no tempo correto; mas para o seu distrito sagrado e repleto de sacerdotes, os outros deuses não foram. Essa manifestação de Nova Religião não se realizou.

Figura 47

Observando o registro estelar do Código de Leis de Hammurabi (Figura 47), nós o vemos recebendo as leis não de outro que não fosse Utu/Shamash – o próprio, de acordo com a lista indicada acima, cujas prerrogativas como Deus da Justiça pertenciam agora a Marduk; e o preâmbulo inscrito na estela invocava Anu *e Enlil* – aquele cujos "Senhorio e Conselho" haviam sido presumidamente tomados por Marduk – como os deuses a quem Marduk agradecia por seu *status*:

Eminente Anu,
Senhor dos deuses que do céu à Terra veio,
e Enlil, Senhor do Céu e da Terra
que determina os destinos da Terra,
determinou a Marduk, o primogênito de Enki,
as funções de Enlil sobre toda a humanidade.

Esses reconhecimentos do contínuo fortalecimento dos deuses enlilitas, dois séculos depois que a Era de Marduk havia começado, refletem o que estava acontecendo: eles não se recolheram no distrito sagrado de Marduk. Dispersos da Suméria, alguns acompanharam seus seguidores para terras longínquas nos quatro cantos da Terra; outros permaneceram nas proximidades, reunindo seus seguidores, antigos e novos, para renovarem o desafio contra Marduk.

O sentimento de que a Suméria não era mais uma terra natal está claramente expresso nas instruções divinas passadas a Abrão de Nippur – no momento da revolta nuclear – para "semitizar" seu nome para Abraão (e o da sua esposa, de Sarai para Sarah), e para fixar sua permanente residência em Canaã. Abraão e sua esposa não eram os únicos sumérios em busca de um novo refúgio. A calamidade nuclear despertara movimentos migrantes em uma escala nunca vista antes. A primeira onda de pessoas estava *longe* das terras afetadas; seu aspecto mais significativo, e aquele com os efeitos mais duradouros, foi a dispersão dos remanescentes da Suméria para longe da própria Suméria. A seguinte onda de migrantes foi para *o interior* daquela terra abandonada, vinda de ondas de todas as direções.

Seja qual for a direção que essas ondas de migração tomaram, os frutos de 2 mil anos da civilização suméria foram adotados por outras pessoas nos dois milênios seguintes. De fato, apesar de a Suméria como uma entidade física ter sido esmagada, as realizações alcançadas por sua civilização ainda permanecem conosco até hoje – basta olhar para o seu calendário de *12 meses*, ver a hora no *seu relógio* que mantém o sistema sexagesimal sumério ("base sessenta"), ou dirigir o seu aparelho mecânico sobre *rodas* (um carro).

A evidência de uma diáspora suméria que se espalhou com sua linguagem, escrita, símbolos, costumes, conhecimento celestial, crenças e deuses surge em várias formas. À parte as generalidades – religião baseada em um panteão de deuses que vieram dos céus, hierarquia divina, epíteto para deuses que significam o mesmo em diferentes idiomas, conhecimento astronômico que inclui um planeta natal dos deuses, zodíaco com suas 12 casas, contos sobre a criação virtualmente idênticos e memórias de deuses e semideuses que os estudiosos tratam como "mitos" – há uma gama de incríveis similaridades específicas que não podem ser explicadas de outra forma que não seja por meio da real presença dos sumérios. Foram expressas na disseminação na Europa do símbolo da Águia Dupla de Ninurta (Figura 48); o fato de que três idiomas europeus – o húngaro, o finlandês e o basco – eram parecidos apenas com o sumério; a descrição que se espalhou por todo o mundo – inclusive na América do Sul – de Gilgamesh combatendo dois ferozes leões com as próprias mãos (Figura 49).

Figura 48

No Extremo Oriente, há uma clara similaridade entre as escritas cuneiforme sumérias e os manuscritos da China, da Coreia e do Japão. A similaridade não está apenas na escrita: muitos hieróglifos são identicamente pronunciados e apresentam também os mesmos significados. No Japão, a civilização tem sido atribuída a uma enigmática tribo antepassada chamada AINU. A família do imperador é considerada como sendo de uma linhagem de semideuses que desceram do deus-Sol, e as cerimônias de posse de um novo rei incluem uma secreta estadia noturna solitária com a deusa do Sol – uma cerimônia ritual que de forma fantástica segue o mesmo passo dos rituais de Casamento

Figura 49

Sagrado na antiga Suméria, quando o novo rei passava a noite com Inanna/Ishtar.

Nas Quatro Regiões antigas, as ondas migratórias de diversos povos despertados pela calamidade nuclear e a Nova Era de Marduk, muito parecido com enchentes e transbordamento de rios e riachos depois de chuvas torrenciais, enchiam as páginas de subsequentes séculos com a subida e a queda de nações, Estados e cidades-Estado. No vácuo sumério, recém-chegados vinham das proximidades e de regiões longínquas; suas arenas, seus palcos principais, permaneceram o que pode ser corretamente chamado de as Terras da Bíblia. De fato, até o advento da Arqueologia moderna, muito pouco ou nada se sabia sobre a maioria deles, exceto pelas menções feitas na Bíblia hebraica; ela proporcionou não apenas um registro sobre aqueles vários povos, mas também sobre os seus "deuses nacionais" – e sobre as guerras combatidas em nome daqueles deuses.

Mas então, nações como as hititas, Estados como Mitanni, ou capitais reais como Mari, Carchemish ou Susa, que eram quebra-cabeças repletos de dúvidas, foram literalmente escavadas pela Arqueologia; nas suas ruínas foram encontrados não apenas artefatos intrigantes, mas também centenas de tábuas de argila inscritas que trouxeram à luz sua existência e também a extensão de suas dívidas para com o legado sumério. Virtualmente em qualquer lugar, encontramos "primeiro" os sumérios em ciência e tecnologia, literatura e arte, reinado e sacerdócio, servindo como base sobre a qual as subsequentes culturas foram desenvolvidas. Na Astronomia, a terminologia, as fórmulas orbitais, as listas planetárias e os conceitos zodiacais sumérios foram todos retidos. A escrita cuneiforme suméria manteve-se em uso por mais mil anos, e em seguida mais ainda. O idioma sumério foi estudado, os léxicos compilados e os contos épicos sumérios sobre deuses e heróis foram copiados e traduzidos. Assim que os diversos idiomas daquelas nações foram decifrados, descobriu-se que seus deuses eram, acima de tudo, membros do antigo panteão anunnaki.

Será que os próprios deuses enlilitas acompanharam seus seguidores quando tal replantio de conhecimento e de crenças sumérias ocorreu em terras bem mais distantes? Os dados não são conclusivos. Mas o que é historicamente certo é que, dentro de dois ou três séculos da Nova Era, nas terras que fazem fronteira com a Babilônia, aqueles que supostamente deveriam ter se tornado os convidados de Marduk, embarcaram em tipo renovado de afiliações religiosas: *As Religiões de Estados Nacionais*.

Marduk pode ter ostentado os Cinquenta nomes divinos; mas isso não evitou que, dali em diante, nação lutasse contra nação e homens matassem homens "em nome de Deus" – o deus *deles*.

8

Em Nome de Deus

Se as profecias e as expectativas messiânicas que se encarregavam da Nova Era do século XXI a.C. parecem algo familiar para nós nos dias atuais, os clamores de guerra nos subsequentes séculos também não soariam de forma estranha. Se, no terceiro milênio a.C., deus combateu deus usando exércitos de homens, no segundo milênio a.C., os homens combateram homens "em nome de deus".

Levou apenas alguns séculos, depois do início da Nova Era de Marduk, para se entender que a realização de suas grandiosas profecias não seria tão fácil. De forma significativa, a resistência veio não tanto por parte dos deuses enlilitas dispersos, mas sim do povo, das massas de seus leais veneradores!

Mais de um século se passou depois do feito nuclear até que a Babilônia (a cidade) emergisse na etapa da história como Babilônia (o Estado) sob sua Primeira Dinastia. Durante esse intervalo, o sul da Mesopotâmia – a Suméria de antigamente – foi deixado para ser restaurado nas mãos de governantes temporários alocados em Isin e, em seguida, em Larsa; seus nomes teofóricos – Lipit-*Ishtar*, Ur-*Ninurta*, Rim-*Sin*, *Enlil*-Bani – exibiam suas lealdades enlilitas. O feito de suas coroações foi a restauração do templo de Nippur exatamente 72 anos depois da devastação nuclear – outra indicação de onde se encontravam suas lealdades e da aderência à contagem do tempo zodiacal.

Aqueles governantes não babilônios, que falavam o idioma semita, eram descendentes de membros da realeza da cidade-Estado chamada Mari. Ao observar o mapa que mostra as nações-Estado da primeira metade do segundo milênio a.C. (Figura 50), torna-se claro que os estados não madukitas formavam uma formidável região ao redor da Grande Babilônia, começando com Elam e Gutium no sudeste e no leste; Assíria e Hatti no norte; e como a âncora ocidental na corrente, Mari, no meio do Eufrates.

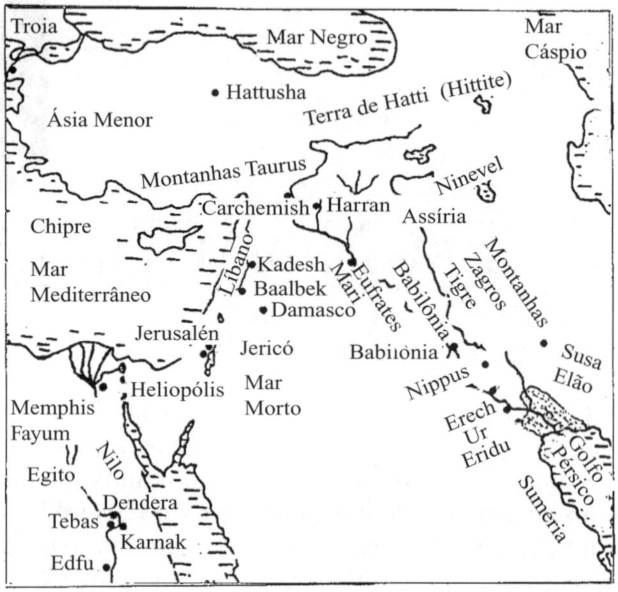

Figura 50

De todas elas, Mari era a mais "suméria", mesmo tendo servido no passado como a capital da Suméria, a décima cumprindo aquela função rotativa entre as principais cidades da Suméria. Antiga cidade portuária no Rio Eufrates, servia como o principal ponto de travessia de pessoas, bens de consumo e cultura entre a Mesopotâmia ao leste, as terras mediterrâneas a oeste e a Anatólia, a noroeste. Seus monumentos exibiam os mais finos exemplos da escrita suméria, e seu enorme palácio central era decorado com murais, com um impressionante talento artístico, venerando Ishtar (Figura 51). (Um capítulo sobre Mari e a visita que eu fiz às suas ruínas pode ser lido em *The Earth Chronicles Expeditions* [Expedições das Crônicas da Terra].)

O seu arquivo real, com centenas de tábuas de argila, revela como a riqueza e as conexões internacionais de Mari com muitas outras cidades-Estado foram usadas pela primeira vez e, em seguida, desviadas para a emergente Babilônia. Depois da primeira conquista, a restauração do sul da Mesopotâmia pelos nobres de Mari, os reis da Babilônia (fingindo paz e sem provocação) passaram a tratar a cidade como uma inimiga. Em **1760 a.C.**, o rei babilônico Hammurabi atacou, saqueou e destruiu Mari, seus templos e seus palácios. Foi destruída, vangloriou-se Hammurabi em seus anais, "pela força poderosa de Marduk".

Figura 51

Depois da queda de Mari, líderes vindos das "Terras do Mar" – as áreas pantanosas da Suméria que faziam fronteira com o Mar Baixo (Golfo Persa) – conduziram incursões pelo norte e, pouco a pouco, passaram a controlar a cidade sagrada de Nippur. No entanto, essas vitórias eram temporárias, e Hammurabi estava certo de que sua conquista de Mari poria fim ao domínio político e religioso da Babilônia da antiga Suméria e Acádia. A dinastia a que ele pertencia, nomeada por estudiosos como a Primeira Dinastia da Babilônia, começara um século antes dele, continuando com seus descendentes por mais dois séculos. Naqueles períodos turbulentos, isso foi uma realização e tanto.

Historiadores e teólogos concordam que, em 1760 a.C., Hammurabi, que se autointitulava o "Rei dos Quatro Cantos", "pôs a Babilônia no mapa mundial" e **lançou a distinta Religião da Estrela de Marduk**.

Quando a supremacia política e militar da Babilônia foi estabelecida, foi chegada a hora de afirmar e intensificar seu domínio religioso. Em uma cidade cujo esplendor foi exaltado na Bíblia e cujos jardins foram considerados uma das maravilhas do mundo antigo, o distrito sagrado, com o templo-zigurate de Esagil ao centro, foi protegido por suas próprias muralhas e portões de proteção; dentro, os caminhos para as procissões eram planejados de modo a acomodar as cerimônias religiosas, sendo que os santuários haviam sido construídos para os outros deuses (os quais Marduk esperava receber, ainda que eles se negassem a ir). Quando os arqueólogos escavaram a Babilônia, eles não encontraram apenas as ruínas da cidade, mas também as "tábuas arquitetônicas" que a descreviam e a mapeavam; apesar de muitas das estruturas terem sido resquícios de tempos posteriores, esta concepção artística do centro sagrado do distrito (Figura 52) nos dá uma ideia do magnífico centro de comando de Marduk.

Compatível com um "Vaticano", o distrito sagrado estava também repleto de uma impressionante quantidade de sacerdotes cujas tarefas religiosas, cerimoniais, administrativas, políticas e subalternas podiam ser organizadas em uma variedade de agrupamentos, classificações e designações.

Na parte inferior da hierarquia estava o pessoal de serviço, os *abalu* ("encarregados"); eles limpavam o templo e os prédios adjacentes, forneciam as ferramentas e os utensílios que os outros sacerdotes exigiam e atuavam como encarregados do fornecimento geral e do estoque – exceto para as fiações de lã, que eram confiadas apenas aos sacerdotes *shu'uru*. Sacerdotes especiais, como *mushshipu* e *mulillu*, eram encarregados dos serviços do ritual de purificação, exceto pela exigência de que fosse um *mushlahhu* o responsável pelas infestações de cobras. Os *umannu*, os artesãos-mestres, trabalhavam em oficinas para a criação de objetos religiosos artísticos; os *zabbu* eram um grupo de sacerdotisas, chefes de cozinha e cozinheiras que preparavam as refeições. Outras sacerdotisas atuavam como carpideiras profissionais em funerais; as *bakate* sabiam como derramar lágrimas profundamente tristes. E, em seguida, havia os *shangu* – simplesmente "os sacerdotes" – que monitoravam as funções gerais do templo, cuidando para que os rituais tivessem um andamento suave, além de receberem e manusearem oferendas e serem os responsáveis pelas vestimentas dos deuses; e assim por diante.

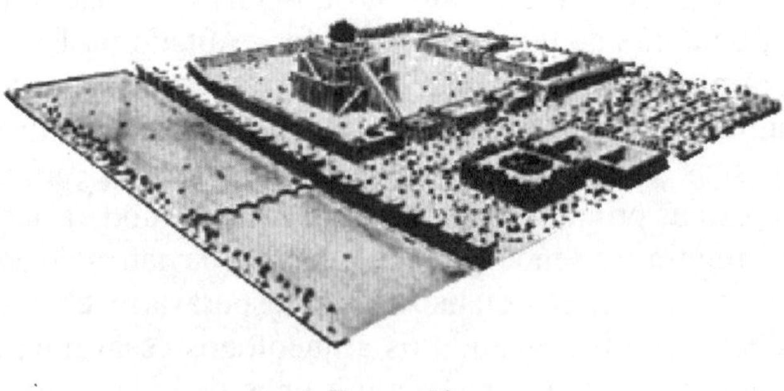

Figura 52

A provisão de serviços de "mordomo" pessoal aos deuses residentes era realizada por um pequeno e bem selecionado grupo de elite de sacerdotes. Havia o *ramaqu*, que cuidava dos rituais de purificação com água (honrado por banhar o deus) e o *nisaku*, que jogava fora a água usada. A unção do deus com o "Óleo Sagrado" – uma delicada mistura de óleos aromáticos específicos – era feita por mãos especializadas, começando com a *abaraku*, que misturava os óleos, e incluía o *pashishu*, que realizava a unção (no caso de uma deusa, os sacerdotes eram todos eunucos). E havia, no geral, outros sacerdotes e sacerdotisas, incluindo o Coro Sagrado – os *naru*, que cantavam, os *lallaru*, que eram cantores e músicos, e os *munabu*, cuja especialidade eram as lamentações. Em cada grupo havia o *rabu* – o chefe, aquele que comandava.

Como foi contemplado por Marduk, assim que seu templo-zigurate Esagil foi erguido em direção ao céu, sua função principal era observar constantemente os céus; de fato, o segmento sacerdotal mais importante do templo era aquele que tinha como tarefa observar os céus, acompanhar o movimento das estrelas e dos planetas, registrar fenômenos especiais (tais como uma junção planetária ou uma eclipse) e verificar se os céus indicavam profecias e, se fosse o caso, interpretar o que elas anunciavam.

Os sacerdotes-astrônomos, geralmente chamados *mashmashu*, incluíam diversas especialidades; um sacerdote *kalu*, por exemplo, era especialista em observar a Constelação de Touro. Era tarefa do *lagaru* manter um registro diário detalhado sobre as observações celestiais e transmitir a informação a um grupo de sacerdotes-intérpretes. Estes – que compunham o topo da hierarquia sacerdotal – incluíam os *ashippu*, especialistas em Profecias, os *Mahhu*, "que conseguiam ler os sinais", e os *baru* – "adivinhos" – que "entendiam os sinais divinos e misteriosos". Um sacerdote especial, o *zaqiqu*, era responsável por transmitir as palavras divinas ao rei. Em seguida, liderando os sacerdotes astrônomos-astrólogos, estava o *urigallu*, o Grande Sacerdote, que era um homem sagrado, um mago, um médico, cujas vestimentas brancas apresentavam adornos coloridos nas bainhas de forma bem elaborada.

A descoberta de quase 70 tábuas, que formavam uma série contínua de observações e seus significados, nomeados com base na frase inicial, *Enuma Anu Enlil*, revelavou tanto a transição da astronomia suméria como a existência de fórmulas proféticas que ditavam o que significavam os fenômenos. No tempo apropriado, uma gama de adivinhadores, intérpretes de sonhos, cartomantes e outros haviam se juntado à hierarquia, mas estavam a serviço do rei em vez de servirem aos deuses. Em um determinado momento, as observações celestiais se degradaram em profecias astrológicas para o rei e para o país – prevendo guerra, tranquilidade, queda de governos, vida longa ou morte, abundância ou pestes, bênçãos divinas ou ira de deus. Porém, no início, as observações celestiais eram puramente astronômicas, e eram de grande importância ao interesse principal do deus (Marduk), sendo de importância apenas secundária ao rei e ao povo.

Não era por acaso que o sacerdote Kalu era especializado em observar a Constelação de Touro de Enlil e quaisquer fenômenos progressivos, pois o objetivo principal do Esagil-observatório era rastrear os céus zodiacalmente e manter atenção ao Tempo Celestial. O fato de que os eventos importantes antes da explosão nuclear aconteciam em intervalos de 72 anos, e continuaram inalterados posteriormente (veja os capítulos anteriores), sugere que o relógio zodiacal, no qual levou 72 anos para que ocorresse a mudança progressiva de um grau, continuava a ser observado e acompanhado de perto.

Está claro que, partindo de todos os textos astronômicos (e astrológicos) da Babilônia, seus sacerdotes-astronômos mantinham a divisão suméria dos céus em três caminhos ou trajetórias, cada um ocupando 60 graus do arco celestial: o Caminho de Enlil nos céus do norte, o Caminho de Ea nos céus do sul, e o Caminho de Anu, como sendo a banda central (Figura 53). Foi neste último que as constelações zodiacais foram localizadas, e era ali que a "Terra se encontrava com o Céu" – no horizonte.

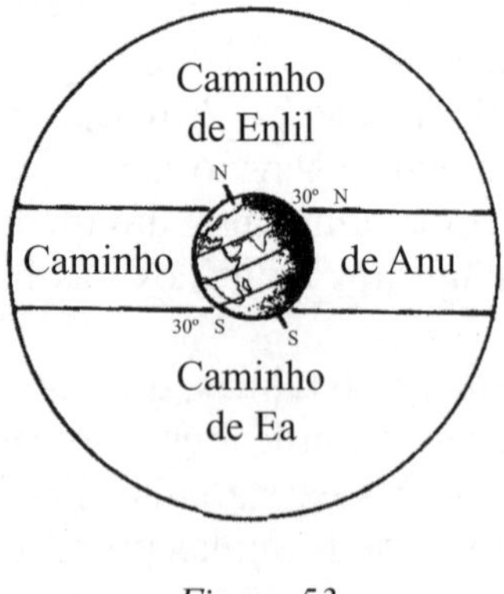

Figura 53

Marduk havia obtido a supremacia de acordo com o Tempo Celestial, o Relógio Zodiacal, e talvez fosse por isso que seus sacerdotes-astrônomos continuavam a vasculhar os céus no horizonte, o AN.UR sumério, a "Base do Céu". Não havia porque observar o AN.PA sumério, o "Topo do Céu", o zênite, pois Nibiru, que era Marduk em forma de "estrela", já havia desaparecido e não podia mais ser visto.

Era, porém, um planeta em órbita, e, apesar de agora estar invisível, estava prestes a retornar. Expressando o equivalente do tema Marduk é Nibiru, a versão egípcia da Religião-Estrela de Marduk prometia abertamente ser fiel ao original, de que o tempo viria quando seu deus-estrela ou estrela-deus *reaparecesse* como o ATEN.

Era esse aspecto da Religião da Estrela de Marduk – o eventual Retorno – que desafiou diretamente os adversários enlilitas da Babilônia, e mudou o foco do conflito para renovadas expectativas messiânicas.

Dos atores pós-sumérios no palco do Antigo Mundo, quatro que se ergueram ao *status* imperial deixaram a mais profunda das impressões na história: Egito e Babilônia, Assíria e Hatti (a terra dos hititas); e cada um deles tinha seu próprio "deus nacional".

Os dois primeiros pertenciam ao campo de Enki-Marduk-Nabu; os outros dois eram de Enlil, Ninurta e Adad. Seus deuses nacionais eram chamados de Rá-Amon e Bel/Marduk, Ashur e Teshub, e foi em nome desses deuses que guerras contínuas, prolongadas e cruéis haviam sido travadas. As guerras, como os historiadores podem explicar, eram causadas pelos motivos comuns de uma guerra: recursos, território, necessidade ou ambição; mas os anais reais que as detalhavam e as expedições militares apresentavam-nas como *guerras religiosas*, nas quais um deus era glorificado e a divindade oposta humilhada. Entretanto, as crescentes expectativas quanto ao Retorno transformavam essas guerras em *campanhas territoriais* que tinham *locais específicos como alvos*.

De acordo com os anais reais de todas aquelas terras, as guerras eram iniciadas pelo rei "sob o comando do meu deus" e assim por diante; a campanha era conduzida "de acordo com uma profecia" deste ou daquele deus; e a vitória era frequentemente obtida com a ajuda de armas sem oposição ou outra ajuda direta proporcionada por deus. Um rei egípcio escreveu nos seus registros de guerra que haviam sido "Rá que me ama, Amon que me favorece" que o haviam instruído para que marchasse "contra aqueles inimigos a quem Rá abominava". Um rei assírio, registrando a derrota de um rei inimigo, vangloriou-se por ter substituído, no templo da cidade, as imagens dos deuses da cidade "com imagens dos meus deuses, e declaro-os os deuses do país daqui por diante".

Um claro exemplo do aspecto religioso daquelas guerras – e da deliberada escolha dos alvos – pode ser encontrado na Bíblia hebraica, em II Reis, Capítulos 18-19, no qual está descrito o cerco a Jerusalém pelo exército do rei assírio, Senaqueribe. Tendo cercado e isolado a cidade, o comandante assírio deu início a uma guerra psicológica para fazer com que os defensores da cidade se rendessem. Falando em hebraico, para que todos os muros da cidade compreendessem, ele gritou a eles as palavras do rei da Assíria: Não sejam enganados pelos seus líderes que dizem que o seu deus Yahweh os protegerá; "Alguns deuses de nações já conseguiram alguma vez resgatar suas terras das mãos do rei de Ashur? Onde estão os deuses de Hamath e de Arpad? Onde estão os deuses de Sepharvaim, Hena e Avva? Onde estão os deuses da Samária? Quais dos deuses de todas essas terras já conseguiram resgatá-las de minhas mãos? Irá, então, Yahweh resgatar Jerusalém das minhas mãos?" (Yahweh, os registros históricos mostram, conseguiu.)

Quais eram os motivos daquelas guerras religiosas? As guerras, e os deuses nacionais em cujo nome elas eram travadas, não fazem sentido algum, exceto quando notamos que, no centro dos conflitos, encontrava-se aquilo que os sumérios haviam denominado de DUR. AN.KI – "Ligação Céu-Terra". Repetidamente, os textos antigos falavam da catástrofe "quando a Terra foi separada do Céu" – quando o porto espacial que as ligava foi destruído. A pergunta decisiva no rastro da calamidade nuclear era esta: **Quem – que deus e sua nação – reivindicaria ser aquele na Terra que agora possuía a ligação com os Céus?**

Para os deuses, a destruição do porto espacial na península do Sinai fora a perda material de uma instalação que precisava ser substituída. Mas poderia alguém imaginar o impacto – espiritual e religioso – na humanidade? *De repente, os deuses venerados do Céu e da Terra haviam sido separados do Céu...*

Com o porto espacial no Sinai agora destruído, apenas três locais relacionados ao espaço permaneceram no Antigo Mundo: o Local de Aterrissagem nas montanhas de cedro, o Centro de Controle da Missão pós-diluviana que substituiu Nippur, e as Grandes Pirâmides no Egito que ancoravam o Corredor de Aterrissagem. Com a destruição do porto espacial, teriam esses outros locais uma função celestial útil, e, consequentemente, algum significado religioso?

Até certo ponto nós sabemos a resposta, porque todos os três locais ainda permanecem na Terra, desafiando a humanidade com seus mistérios e deuses voltados para os céus.

O mais familiar dos três é a Grande Pirâmide e suas parceiras em Giza (Figura 54); seu tamanho, precisão geométrica, complexidade interna, alinhamentos celestiais e outros impressionantes aspectos por muito tempo puseram em dúvida a atribuição de sua construção a um faraó chamado Quéops – uma atribuição apoiada exclusivamente na descoberta de um hieróglifo com seu nome, dentro da pirâmide. Em *A Escada para o Céu*, eu apresento provas de que aquelas marcas não passam de uma falsificação moderna, e aquele livro, bem como

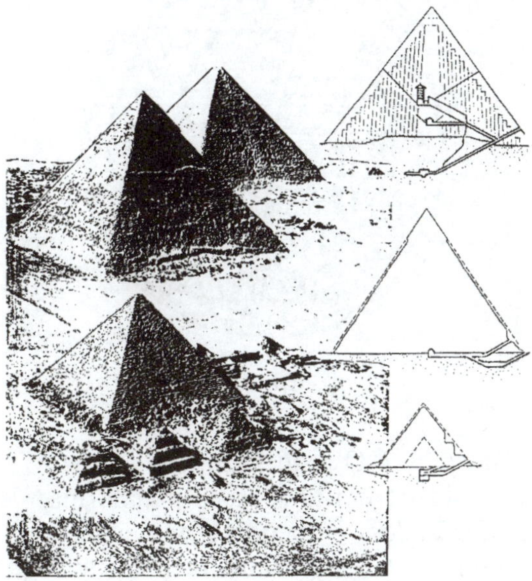

Figura 54

outras volumosas evidências textuais e ilustradas, proporciona uma explicação de como e por que os anunnakis desenvolveram e construíram aquelas pirâmides. Tendo sido desprovida dos seus equipamentos de direcionamento radiante durante as guerras dos deuses, a Grande Pirâmide e suas parceiras continuaram servindo como faróis físicos para o Corredor de Aterrissagem. Sem o porto espacial, elas simplesmente permaneceram como testemunhas silenciosas de um passado que desapareceu; não há indício algum de que elas jamais serviram como objetos religiosos sagrados.

O Local de Aterrissagem na Floresta de Cedro apresenta um registro diferente. Gilgamesh, que havia ido até lá quase um milênio antes da calamidade nuclear, testemunhou ali o lançamento de um foguete espacial; e os fenícios da cidade vizinha de Biblos, na costa do Mediterrâneo, descreveram o evento em uma moeda (Figura 55): um foguete espacial posicionado em base especial dentro de uma área cercada exatamente no mesmo local – quase mil anos depois do evento nuclear. Portanto, com ou sem o porto espacial, **o Local de Aterrissagem continuou a ser operacional**.

Figura 55

O local, *Ba'albek* ("O vale fissurado de Ba'al"), no Líbano, consistia na Antiguidade em uma vasta plataforma (cerca de cinco milhões de pés quadrados) de pedras pavimentadas na extremidade noroeste da qual uma enorme estrutura de pedra se erguia em direção ao céu. Construída com blocos maciços de pedra perfeitamente moldados, pesando 600 a 900 toneladas cada um, sua parede ocidental era especialmente fortificada com os blocos de pedra mais pesados já encontrados na Terra, especialmente três que pesavam incríveis 1.100 toneladas cada um e que são conhecidos como Trilithon (Figura 56). Um espantoso fato sobre esses blocos colossais de pedra é que eles foram escavados a umas duas milhas de distância no vale, onde um bloco, cuja escavação não foi concluída, ainda se destaca do solo (Figura 57).

Os gregos veneravam o lugar desde o tempo de Alexandre como Heliópolis (Cidade do deus Sol); os romanos construíram ali o maior templo para Zeus. Os bizantinos o converteram em uma grande igreja; depois deles, os muçulmanos construíram uma mesquita; nos dias atuais, os cristãos maronitas reverenciam o lugar como uma relíquia dos Tempos dos Gigantes. (Uma visita a este lugar e suas ruínas, e como funcionava a torre de lançamento, estão descritas em *The Earth Chronicles Expeditions* [Expedições das Crônicas da Terra].)

Figura 56

Mais sagrado e glorificado até os dias de hoje tem sido o local que serviu como o Centro de Controle da Missão – *Ur-Shalem* ("Cidade do Deus Compreensivo"), **Jerusalém**. Lá também, como em Baalbek, mas em escala reduzida, uma plataforma com uma grande pedra repousa em uma fundação de pedra e pedras cortadas, incluindo a sólida muralha ocidental com três blocos colossais que pesam aproximadamente 600 toneladas *cada um* (Figura 58). Foi sobre esta plataforma preexistente que o Templo para Yahweh foi construído pelo rei Salomão, o Santo dos Santos, com a Arca da Aliança repousando sobre uma pedra sagrada acima de uma câmara subterrânea. Os romanos, que construíram o maior templo jamais visto para Júpiter em Baalbek, planejavam também construir um para Júpiter em Jerusalém, em vez de construir um para Yahweh. O Templo do Monte é hoje dominado pela Cúpula da Rocha (Figura 59) de construção muçulmana; sua cúpula dourada originalmente superava o santuário muçulmano em Baalbek – evidência de que a ligação entre os dois locais relacionados ao espaço é frequentemente notada.

Figura 57

Figura 58

Durante os difíceis tempos após a calamidade nuclear, poderia o *Bab'Ili* de Marduk, seu "Portal dos Deuses", substituir os antigos locais de Ligação Céu-Terra? Poderia a nova Religião da Estrela de Marduk oferecer uma resposta às massas perplexas?

A antiga busca por uma resposta, ao que tudo indica, continua até a nossa própria época.

O mais persistente adversário da Babilônia foram os assírios. Sua província, na região superior do Rio Tigre, era chamada de Subartu nos tempos sumérios, e se estendia pelo extremo norte da Suméria e Acádia. No idioma e nas origens raciais, eles aparentavam parentesco com Sargão da Acádia, a tal ponto que, quando a Assíria se tornou

Figura 59

um reino e uma potência imperial, alguns de seus reis mais famosos adotaram o nome de *Sharru-kin* – Sargão – com seus nomes reais.

Tudo isso, em conjunto com as descobertas arqueológicas nos últimos dois séculos, corroboram as sucintas declarações da Bíblia (Gênesis, Capítulo 10) que incluem os assírios entre os descendentes de Shem, e a capital da Assíria, Nínive, e outras cidades principais, como "tendo saído de" – uma consequência natural, uma extensão de – Shine'ar (Suméria). Seu panteão era o panteão sumério – seus deuses eram os anunnakis da Suméria e Acádia; e os nomes teóforos dos reis assírios e dos oficiais de alto escalão indicavam reverência aos deuses Ashur, Enlil, Ninurta, Sin, Adad e Shamash. Havia templos para eles, assim como para a deusa Inanna/Ishtar, que também era muito venerada; uma das suas melhores descrições, como um piloto de capacete (Figura 60), foi encontrada em seu templo em Ashur (a cidade).

Documentos históricos da época indicam que foram os assírios do norte que primeiro desafiaram militarmente a Babilônia de Marduk. O primeiro registro do rei assírio, Ilushuma, mostra-o liderando, cerca de 1900 a.C., uma bem-sucedida expedição militar descendo todo o trajeto do Rio Tigre até chegar ao sul na fronteira com Elam. Suas inscrições declaram que o seu objetivo era "libertar Ur e Nippur", e que ele havia tido sucesso em tirar das mãos de Marduk essas cidades, por algum tempo.

Essa foi apenas a primeira batalha entre Assíria e Babilônia em um conflito que se prolongou por mais de mil anos e durou até que ambas chegassem ao fim. Era um conflito no qual os reis assírios eram geralmente os agressores. Vizinhos um do outro, falando o mesmo idioma acadiano, e ambos herdando a fundação suméria, os assírios e os babilônios eram distinguíveis apenas por uma diferença-chave: seus deuses nacionais.

A Assíria se autodenominava a "Terra do Deus Ashur", ou simplesmente *ASHUR*, seguindo o nome do seu deus nacional, tendo em vista que seus reis e o povo consideravam este aspecto religioso como aquilo que realmente importava. A sua primeira capital era também

Figura 60

chamada de a "Cidade de Ashur", ou simplesmente *Ashur*. O nome significava "Aquele Que Vê" ou "Aquele Que É Visto". Ainda assim, com todos os incontáveis hinos, orações e outras referências ao deus Ashur, ainda é incerto quem exatamente, no panteão sumério-acadiano, ele era. Nas listas dos deuses, era o equivalente a Enlil; outras referências às vezes sugerem que era Ninurta, o filho e herdeiro de Enlil; porém, sempre que a esposa era listada ou mencionada, ela sempre era chamada de Ninlil, a conclusão tende a levar que o "Ashur" assírio era Enlil.

O registro histórico da Assíria é aquele de conquistas e agressões contra muitas outras nações e seus respectivos deuses. Suas incontáveis campanhas militares iam longe e eram abrangentes, além de levadas a cabo, é claro, "em nome de deus" – o deus deles, Ashur: "Sob o comando do meu deus Ashur, o grande senhor", era geralmente a declaração inicial dos registros dos reis assírios sobre uma campanha militar. Porém, quando veio a guerra com a Babilônia, um aspecto impressionante sobre os ataques da Assíria era o seu objetivo principal: **não era apenas abater a influência da Babilônia – mas sim a remoção real e física do próprio Marduk de seu templo na Babilônia!**

A façanha de capturar a Babilônia e levar Marduk para o cativeiro foi primeiramente alcançada não pelos assírios, mas sim pelos seus vizinhos do norte – os hititas.

Em cerca de 1900 a.C., os hititas começaram a se espalhar de suas fortalezas na parte norte-central da Anatólia (hoje Turquia), tornaram-se uma grande potência militar e juntaram-se à corrente de estados-nação enlilitas que se opunham à Babilônia de Marduk. Em um curto período, relativamente, eles alcançaram *status* imperial e seus domínios se estenderam até o sul, incluindo grande parte da Canaã bíblica.

A descoberta arqueológica dos hititas, de suas cidades, registros, idioma e história é um conto impressionante e excitante de trazer à vida e corroborar com a existência de um povo e lugares até então conhecidos apenas por intermédio da Bíblia hebraica. Os hititas são repetidamente mencionados na Bíblia; porém, sem o desdém ou o desprezo reservados aos adoradores de deuses pagãos. Refere-se à sua presença por todas as terras onde a narração e história dos Patriarcas Hebreus se desenrolaram. Eles eram vizinhos de Abraão em Harran, e foi de proprietários de terra hititas em Hebron, sul de Jerusalém, que ele comprou a caverna funerária de Machpelá. Bathsheba, a que o rei Davi cobiçou em Jerusalém, era a esposa de um capitão hitita em seu exército; e foi dos agricultores hititas (que usavam o local para a sova do trigo) que Davi comprou a plataforma para o Templo no Monte Moriah. O rei Salomão comprou cavalos de carruagens dos príncipes hititas, e foi com uma de suas filhas que ele se casou.

A Bíblia considerava os hititas como pertencentes, genealógica e historicamente, aos povos da Ásia Ocidental; estudiosos contemporâneos acreditam que eles migraram à Ásia Menor vindos de outros lugares – provavelmente além das montanhas do Cáucaso. O fato de acharem que o idioma hitita, assim que foi decifrado, pertencesse ao grupo indo-europeu (como o grego de um lado e o sânscrito do outro), eles foram considerados como sendo "indo-europeus" não semitas. Apesar disso, depois que se assentaram, eles adicionaram a escrita cuneiforme suméria ao seu distinto alfabeto, incluíram palavras "emprestadas" do sumério em suas terminologias e estudaram e copiaram os "mitos" e contos épicos sumérios, além de adotarem o panteão sumério – incluindo a contagem de 12 "olímpicos". De fato, alguns dos primeiros contos dos deuses de Nibiru, e vindos de Nibiru, foram descobertos apenas nas suas versões hititas. Os deuses hititas eram, sem dúvida, os deuses sumérios, sendo que os monumentos e os selos reais invariavelmente os mostravam acompanhados pelo símbolo que encontramos em todos os lugares do Disco Alado (veja figura 46), o símbolo de Nibiru. Estes deuses eram às vezes chamados nos textos hititas por seus nomes sumérios ou nomes acadianos – encontramos Anu, Enlil, Ea, Ninurta, Inanna/Ishtar e Utu/Shamash repetidamente mencionados. Em outras instâncias, os deuses eram chamados pelos nomes hititas; liderando-os, estava o deus nacional hitita **Teshub** – "o Soprador do Vento" ou o "Deus das Tempestades". Ele era ninguém menos que o filho caçula de Enlil, ISHKUR/ Adad. Suas descrições o mostravam segurando um relâmpago como arma, geralmente sentado em um touro – o símbolo da constelação celestial de seu pai (Figura 61).

Figura 61

As referências bíblicas quanto ao extenso poder de alcance e proeza militar dos hititas foram confirmadas pelas descobertas arqueológicas, tanto nos locais hititas como em registros de outras nações. De modo significativo, o alcance dos hititas em direção ao sul envolveu os dois locais relacionados ao espaço do Local de Aterrissagem (hoje Baalbek) e o Centro de Controle da Missão pós-diluviana (Jerusalém); isso também colocava os hititas enlilitas a uma curta distância do Egito, a terra de Rá/Marduk. Os dois lados, no entanto, tinham tudo o que precisavam para se enfrentar em um conflito armado. De fato, as guerras entre os dois incluíam algumas das mais famosas batalhas do mundo antigo, combatidas "em nome de deus".

Entretanto, em vez de atacarem o Egito, os hititas lançaram uma surpresa. Na primeira, em 1595 a.C., talvez com o objetivo de introduzir carruagens movidas a cavalo nas campanhas militares, o exército hitita desceu de forma totalmente inesperada o Rio Eufrates, capturou a Babilônia **e levou Marduk para o cativeiro**.

Embora fossem necessários registros mais detalhados daquela época e do evento, o que sabemos indica que os agressores hititas não tinham a intenção de tomar o controle e governar a Babilônia; eles se retiraram assim que haviam rompido com as defesas da cidade e entraram em seu distrito sagrado, levando Marduk consigo sem causar-lhe nenhum dano. Ao que parece, mantiveram-no sob guarda em uma cidade chamada Hana (ainda a ser escavada), que fica no distrito de Terka, junto ao Rio Eufrates.

A ausência humilhante de Marduk na Babilônia durou 24 anos – exatamente o mesmo tempo em que Marduk ficara exilado em Harran, cinco séculos antes. Depois de vários anos de confusão e desordem, os reis que pertenciam à dinastia chamada Dinastia Cassita tomaram controle da Babilônia, restauraram o santuário de Marduk, "pegaram a mão de Marduk" e o levaram de volta à Babilônia. Do mesmo modo, o saque hitita na Babilônia é considerado pelos historiadores como o marco do final da gloriosa Primeira Dinastia da Babilônia e do Antigo Período Babilônico.

A inesperada investida hitita na Babilônia e a remoção temporária de Marduk permanecem como um mistério histórico, político e religioso ainda não desvendado. A intenção do ataque era apenas humilhar e diminuir Marduk (esvaziar seu ego, confundir seus seguidores) ou haveria um objetivo de maior alcance, ou causa, por trás disso tudo?

Seria possível que Marduk houvesse sido vítima do provérbio "provou do próprio veneno"?

9

A Terra Prometida

A captura e a remoção de Marduk da Babilônia geraram repercussões geopolíticas, mudando por alguns séculos o centro de gravidade do oeste da Mesopotâmia para as terras ao redor do Mar Mediterrâneo. Em termos religiosos, foi o mesmo que um terremoto: em um único golpe, todas as grandes expectativas de Marduk para que todos os deuses se juntassem sob a sua égide e todas as expectativas messiânicas de seus seguidores desapareceram como fumaça.

Porém, tanto geopolitica como religiosamente, o maior impacto que houve pode ser resumido como o conto das três montanhas – os três locais relacionados ao espaço, que colocaram a Terra Prometida no centro de tudo: o Monte Sinai, o Monte Moriah e o Monte do Líbano.

De todos os eventos que se sucederam ao ocorrido sem precedentes na Babilônia, o principal e mais duradouro foi o êxodo israelita do Egito – quando, pela primeira vez, os locais que até então pertenciam apenas aos deuses foram confiados ao povo.

Quando os hititas, que haviam sequestrado Marduk, se retiraram da Babilônia, eles deixaram para trás a desordem política e um enigma religioso: como isso podia ter acontecido? Por que acontecera? Quando coisas más aconteciam com o povo, eles costumavam dizer que os deuses estavam irados; e agora que as coisas más haviam acontecido aos deuses – com Marduk? *Haveria um Deus supremo para o deus supremo?*

Na própria Babilônia, a eventual libertação e o retorno de Marduk não proporcionou uma resposta; na verdade, aumentou ainda mais o mistério, pois os "cassitas" que haviam saudado o deus capturado de volta à Babilônia eram estrangeiros não babilônios. Eles chamavam a Babilônia de "Karduniash" e tinham nomes do tipo Barnaburiash e

Karaindash, mas pouco mais do que isso é o que se sabe sobre eles ou seu idioma de origem. Até hoje não está claro de onde eles vieram e porque se permitiu que seus reis substituíssem a dinastia Hammurabi, cerca de **1660 a.C.**, e que dominassem a Babilônia de **1560 a.C.** até **1160 a.C.**.

Estudiosos contemporâneos falam do período que sucedeu a humilhação de Marduk como uma "era das trevas" na história da Babilônia, não apenas por causa da desordem que havia sido instaurada, mas por causa da falta de registros babilônicos daquela época. Os cassitas rapidamente se integraram na cultura suméria-acadiana, incluindo o idioma e a escrita cuneiforme; no entanto, não eram meticulosos como eram os sumérios em seus registros, e também não apresentavam o gosto dos escritores babilônios por anais reais. De fato, a maioria dos poucos registros reais dos reis cassitas foi encontrada não na Babilônia, mas sim no Egito – tábuas de argila no arquivo El-Amarna de correspondências reais. De modo considerável, nessas tábuas os reis cassitas chamavam os faraós egípcios de "meu irmão".

A expressão, apesar de figurativa, não era justificável, pois o Egito compartilhava com a Babilônia a veneração por Rá-Marduk e, como a Babilônia, também havia passado por uma "era das trevas" – um período que os estudiosos chamam de o Segundo Período Intermediário. Começou com a queda do Médio Império, cerca de **1780 a.C**. e durou até cerca de **1560 a.C**. Como na Babilônia, destacava-se por um reinado de reis estrangeiros, conhecidos como "hyksos". Aqui, também, não se sabe quem eram eles, de onde haviam vindo, ou como foi que suas dinastias foram capazes de governar o Egito por mais de dois séculos.

As datas do Segundo Período Intermediário (com seus variados aspectos obscuros) se encaixam com as datas da queda da Babilônia, desde o pico das vitórias de Hammurabi (**1760 a.C.**) até a captura e o reinício da devoção a Marduk, na Babilônia (cerca de **1560 a.C.**). É provável que tal fato não seja nem mero acidente nem coincidência: esses acontecimentos similares em um período paralelo nas principais terras de Marduk ocorreram porque Marduk havia "provado do próprio veneno": a mesma justificativa que o levara a reivindicar sua própria supremacia estava agora causando a sua ruína.

O "veneno" era a própria alegação inicial de Marduk de que a era da sua supremacia na Terra havia chegado porque, nos céus, a Era de Áries, a sua era, havia chegado. Entretanto, à medida que o relógio zodiacal continuava batendo, a Era de Áries começava vagamente a escapulir. As evidências físicas desses perplexos tempos ainda existem, e podem ser vistas em Tebas, a antiga capital egípcia no Alto Egito.

Independentemente das grandes pirâmides de Giza, os monumentos mais impressionantes e majestosos do antigo Egito são os templos colossais de Karnak e Luxor, ao sul do (Alto) Egito. Os gregos chamavam o local de Thebai, do qual o seu nome deriva – Tebas; os antigos egípcios a chamavam de Cidade de Amon, considerando que fora esse deus invisível a que esses templos haviam sido dedicados. A escrita hieroglífica e as ilustrações encontradas em suas paredes, obeliscos, portões e colunas (Figura 62) glorificam o deus e prestam homenagem aos faraós que construíram, ampliaram e expandiram – e continuaram mudando – os templos. Foi lá que a chegada da Era de Áries foi anunciada pelas fileiras de esfinges com cabeças de carneiro (veja figura 39); e é ali que o próprio *layout* dos templos revela as incertezas secretas dos seguidores egípcios de Rá-Amon/Marduk.

Figura 62

Uma vez, ao visitar os locais com um grupo de pessoas, parei no meio de um templo e comecei a mover minhas mãos como um guarda de trânsito; os espectadores espantados, perguntavam-se: "Quem é este maluco?". O que eu estava fazendo era tentando mostrar ao meu grupo o fato de que os templos de Tebas, construídos por uma sucessão de faraós, ficavam mudando de orientação (Figura 63). Foi *sir* Norman Lockyer que, em 1890, entendeu o significado desse aspecto arquitetônico, criando uma disciplina chamada Arqueoastronomia.

Os templos que estavam orientados com os equinócios, como o templo de Salomão em Jerusalém (Figura 64) (e a antiga Basílica de São Pedro no Vaticano, em Roma), mantinham a face permanentemente voltada ao leste, saudando o nascer do sol no dia do equinócio, ano após ano, sem precisar de reorientação. No entanto, os templos orientados com os solstícios, como os templos do Egito em Tebas, ou o Templo do Céu da China em Pequim, precisavam de reorientação periódica em função da mudança de rumo, quando o Sol se eleva no dia do solstício apresenta uma leve alteração durante os séculos – como pode ser ilustrada pela Stonehenge, onde Lockyer aplicou suas descobertas (veja figura 6). Os próprios templos que os seguidores de

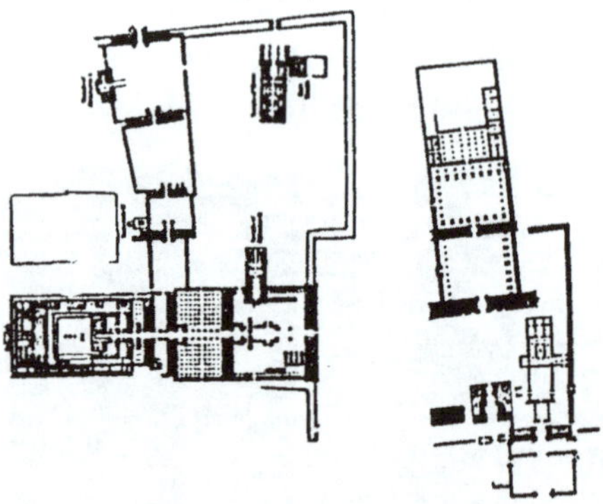

Figura 63

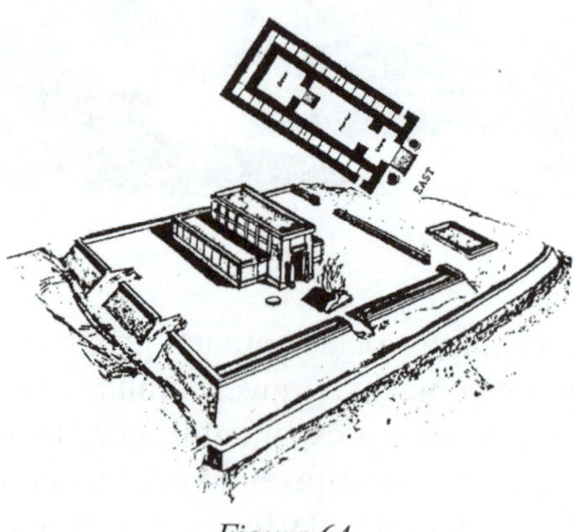

Figura 64

Rá/Marduk construíram para lhe glorificar mostram que os céus estavam incertos quanto à permanência do deus e de sua Era.

O próprio Marduk – tão atento ao relógio zodiacal, quando reivindicou no milênio anterior que sua era havia chegado – tentou mudar o foco religioso introduzindo a Religião da Estrela em que "Marduk é Nibiru". Porém, a sua captura e humilhação agora levantavam questões sobre este deus celestial invisível. A questão: "até quando irá durar a Era de Marduk?", mudara para a pergunta: "se, celestialmente, Marduk é a invisível Nibiru, quando ela irá se revelar, reaparecer, ***retornar***?".

Os eventos que se desdobravam mostravam a mudança de foco, tanto no âmbito geopolítico como no religioso, na metade do segundo milênio, que ia até a porção de terra que a Bíblia chamava de **Canaã**. Como o ***retorno de Nibiru*** começava a se erguer como um foco religioso, os locais relacionados ao espaço também emergiam com um foco mais afiado, e era na "Canaã" geográfica que se encontravam o Local de Aterrissagem e o antigo Centro de Controle da Missão.

Historiadores falam dos subsequentes eventos em termos do auge e da queda das nações-Estado e o choque de impérios. Foi cerca de 1460 a.C. que os esquecidos reinados de Elão e Anshan (conhecidos posteriormente como a Pérsia, leste e sudeste da Babilônia) se uniram para formar um novo Estado poderoso, com Susa (a Shushan bíblica) sendo a capital nacional e Ninurta, o deus nacional, como *Shar Ilani* – "Senhor dos Deuses"; essa renovada e assertiva nação-Estado viria para desempenhar um papel decisivo e acabar com a supremacia da Babilônia e de Marduk.

Provavelmente não era coincidência alguma que, na mesma época, um novo Estado poderoso crescia na região do Eufrates, onde Mari havia dominado antes. Lá, os horeus (os estudiosos os chamam hurritas) formaram um poderoso Estado chamado **Mitanni** ("A Arma de Anu") e capturaram as terras que agora pertencem à Síria e ao Líbano, impondo um desafio geopolítico e religioso ao Egito. Esse desafio foi enfrentado, de forma mais feroz, pelo faraó egípcio Tutmés III, a quem os historiadores descrevem como um "Napoleão Egípcio".

Interligado com tudo isso estava o ***êxodo israelita do Egito***, o evento seminal daquele período, senão por outro motivo, por conta dos efeitos duradouros até os dias de hoje nas religiões da humanidade, nos códigos sociais e morais e na centralidade de Jerusalém. O momento não foi acidental, pois todos aqueles acontecimentos estavam ligados à questão de ***quem deveria controlar os locais relacionados ao espaço quando do retorno de Nibiru***.

Como foi mostrado nos capítulos anteriores, Abraão não se tornou o patriarca hebreu por acaso, mas foi um participante escolhido nos assuntos internacionais mais importantes; e os lugares onde sua história nos leva – Ur, Harran, Egito, Canaã, Jerusalém, o Sinai, Sodoma e Gomorra – eram os principais locais da história universal dos deuses e dos homens nas épocas anteriores. O êxodo israelita do Egito, relembrado e celebrado pelo povo judeu durante o feriado da Páscoa, era do mesmo modo um aspecto integral dos eventos que estavam até então se desdobrando pelas terras antigas. A própria Bíblia, longe de tratar o Êxodo como mero relato "israelita", coloca-o claramente em contexto com a história egípcia e os eventos internacionais da época.

A Bíblia hebraica começa a história do êxodo israelita do Egito no seu segundo livro, Êxodo, lembrando o leitor de que a presença israelita no Egito havia começado quando Jacó (que foi chamado pelo novo nome, *Israel*, por um anjo) e seus outros 11 filhos se juntaram no Egito a outro filho de Jacó, José, em 1833 a.C. Toda a história de como José, separado da sua família, deixou de ser um escravo e subiu ao posto de vice-rei e de como salvou o Egito da fome devastadora é contada na Bíblia nos últimos capítulos do Gênesis; e a minha versão de como José salvou o Egito e qual é a evidência disso que existe até os dias de hoje, é contada em *The Earth Chronicles Expeditions* [Expedições das Crônicas da Terra].

Tendo lembrado ao leitor de como e quando a presença israelita se iniciou no Egito, a Bíblia deixa claro que tudo isso já era passado e esquecido na época do Êxodo: "José e todos os seus irmãos, além de toda aquela geração, já haviam morrido". Não apenas eles, mas inclusive a dinastia dos reis egípcios ligados àquela época também já havia morrido. Uma nova dinastia havia subido ao poder: "Então, surgiu no Egito um noivo rei, que não conhecia José".

De forma precisa, a Bíblia descreve a mudança de governo no Egito. As dinastias do Médio Império, com base em Memphis, haviam desaparecido, e, depois da desordem do Segundo Período Intermediário, os príncipes de Tebas lançaram a dinastia do Novo Império. De fato, surgiram novos reis no Egito, de modo geral – novas dinastias em uma nova capital, "e eles não conheciam José".

Esquecendo-se da contribuição israelita à sobrevivência do Egito, um novo faraó agora sentia o perigo da presença daquele povo. Ele ordenou uma série de medidas opressivas a serem tomadas contra eles, incluindo a matança de todos os bebês de sexo masculino. Estes eram os seus motivos:

E ele disse ao seu povo:
"Observai; uma nação, Crianças de Israel, é maior e
mais poderosa do que nós;
lidemos sabiamente com eles, para que eles
não se multipliquem
e, quando a guerra for clamada, eles se juntarão
aos nossos inimigos,
e lutarão contra nós, e deixarão a terra".

Êxodo I: 9-10

Estudiosos bíblicos sempre inferiram que a temida nação das "Crianças de Israel" eram os israelitas residindo temporariamente no Egito. Porém, isso não está de acordo nem com os números fornecidos, nem com o uso literal das palavras na Bíblia. O Êxodo começa com uma lista de nomes de Jacó e de seus filhos que tinham vindo, como seus filhos, para se unirem a José no Egito, e declara que "todos aqueles que descendiam da carne de Jacó, excluindo José, que já estava no Egito, somavam 70". (Juntando esses com Jacó e José, o número total de 72 é um detalhe intrigante a ponderar.) A "estadia" durou quatro séculos e, de acordo com a Bíblia, a soma de todos os israelitas que deixaram o Egito era de 600 mil; nenhum faraó jamais consideraria tal grupo "maior e mais poderoso do que nós". (Para saber a identidade daquele faraó e da "Filha do Faraó" que criara Moisés, veja *Encontros Divinos*.)

A construção das palavras da narrativa registra o temor do faraó de que, em tempos de guerra, os israelitas se "juntariam aos nossos inimigos, e lutariam contra nós *e deixariam a terra*". Não era o temor de uma "Quinta Coluna" dentro do Egito, mas dos indigentes "Filhos de Israel" do Egito saindo para fortalecer uma nação inimiga com quem se relacionavam – todos eles sendo, aos olhos egípcios, "Filhos de Israel". Mas qual outra nação dos "Filhos de Israel" e de qual guerra o rei do Egito estava falando?

Graças às descobertas arqueológicas dos registros reais de ambos os lados daqueles antigos conflitos e a sincronização dos seus conteúdos, nós agora sabemos que os faraós do Novo Império estavam engajados em uma prolongada guerra contra **Mitanni**. Começando por volta de **1560 a.C.** com o faraó Ahmés, continuou com os faraós Amenófis I, Tutmés I e Tutmés II, e intensificou-se sob Tutmés III, até **1460 a.C.**. Durante todo esse período, exércitos egípcios arremeteram contra Canaã e avançaram em direção ao norte contra Mitanni. As crônicas egípcias sobre essas batalhas mencionam frequentemente

Naharin como o alvo derradeiro – a área do Rio Khabur, que a Bíblia chamava de *Aram-Naharayim* ("A Terra Ocidental dos Dois Rios"); seu principal centro urbano era Harran!

Estudiosos da Bíblia se lembrarão, que foi ali que Nahor, o irmão de Abraão, ficara quando Abraão prosseguiu para Canaã; foi dali que viera Rebeca, a noiva do filho de Abraão, Isaac – ela era de fato a neta de Nahor. E foi em Harran que Jacó (que recebera o nome de Israel), filho de Isaac, fora buscar uma noiva – e terminou casando com suas primas, que eram as duas filhas (Lea e Raquel) de Labão, irmão de sua mãe Rebeca.

Estes laços diretos de família entre os "Filhos de Israel" (ou seja, de Jacó) que estavam no Egito e os que estavam em Naharin-Naharayim são destacados nos primeiros versos do Êxodo: a lista dos filhos de Jacó que foram ao Egito com ele incluía o caçula, *Ben-Yamin* (Benjamin), o único irmão de pai e mãe de José, porque ambos eram filhos de Jacó com Raquel (os outros eram filhos de Jacó com sua esposa Lea e duas concubinas). Nós agora sabemos, pelas tábuas mitannias, que a tribo mais importante da região do Rio Khabur era chamada de *Ben-Yamins*! O nome do irmão de pai e mãe de José era, portanto, o nome de uma tribo mitannia; assim, não é de se estranhar que, na época, os egípcios considerassem que os "Filhos de Israel" no Egito e os "Filhos de Israel" em Mitanni eram uma nação unificada, "maior e mais poderosa do que nós".

Aquela era a guerra com que os egípcios estavam preocupados, e o motivo do interesse militar egípcio era esse – e não o pequeno número de israelitas que ficassem no Egito, mas a ameaça que seria se eles "deixassem a terra" e ocupassem o território ao norte do Egito. De fato, *evitar* que os israelitas saíssem parece ter sido o tema central do drama que se desenvolve no Êxodo – houve repetidos apelos feitos por Moisés ao faraó governante para que "deixasse o povo partir", e repetidas recusas do faraó em conceder esse pedido – mesmo após dez punições divinas consecutivas. Por quê? **Para se ter uma resposta plausível, precisamos inserir uma conexão espacial no drama que se desenvolve.**

Em suas incursões em direção ao norte, os egípcios marchavam pela península do Sinai, via Caminho do Mar (posteriormente chamada pelos romanos de *Via Maris*), uma rota que significava a passagem pela Quarta Região dos Deuses junto à costa mediterrânea. Assim, não precisavam entrar propriamente dentro da península. Em seguida, avançando para o norte por Canaã, os egípcios repetidamente alcançaram as Montanhas de Cedro do Líbano e travaram batalhas em *Kadesh*, "O Local Sagrado". Supomos que essas batalhas tivessem como objetivo controlar dois locais relacionados ao espaço – o antigo Centro de Controle da Missão (Jerusalém) em Canaã e o Local de Aterrissagem no Líbano. O Faraó Tutmés III, por exemplo, em seus anais de guerra, referia-se a Jerusalém ("*Ia-ur-sa*"), que ele guarnecia, como o "*lugar que alcançava o extremo exterior da Terra*" – um "Umbigo da Terra". Descrevendo suas campanhas no extremo norte, ele registrou batalhas em Kadesh e Naharin e falou em ocupar as Montanhas de Cedro, as "*Montanhas da Terra de Deus*" que "*suportavam os pilares do céu*". A terminologia identifica indiscutivelmente os dois locais e seus atributos relacionados ao espaço que ele afirmava haver capturado, "para o grande deus, meu pai Rá/Amon".

E o propósito do Êxodo? Era, nas palavras do próprio Deus bíblico, para manter a promessa que jurara a Abraão, Isaac e Jacó de conceder aos seus descendentes "uma Herança Eterna" (Êxodo 6: 4-8); "do Rio do Egito ao Rio Eufrates, o grande rio"; "toda a Terra de Canaã" (Gênesis 15:18, 17:8); "ao Monte Ocidental... a Terra de Canaã e Líbano" (Deuteronômio 1: 7); "do deserto do Líbano, do Rio Eufrates até o Mar Ocidental" (Deuteronômio 11: 24). E mesmo os "lugares fortificados que alcançam os céus", no lugar onde os "descendentes de Anakim" (os anunnakis) ainda residiam (Deuteronômio 9: 1-2).

A promessa a Abraão foi renovada na primeira parada dos israelitas, em *Har Ha-Elohim*, o "Monte dos Elohim/deuses". E a missão era apossar-se dos dois outros locais relacionados ao espaço, que a Bíblia repetidamente associa um ao outro (como em Salmos 48:3). Chama, por exemplo, o Monte Sião, em Jerusalém, de *Har Kodshi*, "Meu Sagrado Monte", e o outro no topo do Líbano, *Har Zaphon*, "O Monte Secreto do Norte".

A Terra Prometida claramente abrange ambos os locais relacionados ao espaço; sua divisão entre as 12 tribos concedeu a área de Jerusalém às tribos de Benjamin e Judá, e o território que agora pertence ao Líbano ficou com a tribo de Asher. Em suas palavras de despedida às tribos antes de morrer, Moisés lembrou à tribo de Asher que o local ao norte relacionado ao espaço estava nas terras deles; assim, disse ele, teriam o privilégio de ver o "***cavaleiro das nuvens levantando voo em direção ao céu***" (Deuteronômio 33: 26), como nenhuma outra tribo. Além da distribuição territorial, **as palavras de Moisés implicavam que o local seria funcional e usado para levantar voo em direção ao céu no futuro**.

De forma clara e enfática, os Filhos de Israel deveriam ter a custódia dos dois locais relacionados ao espaço que haviam sobrado dos anunnakis. Essa Aliança com o povo escolhido para a tarefa foi renovada, na maior teofania que já foi registrada, no **Monte Sinai.**

Certamente não foi por acaso que a teofania ocorreu ali. Desde o início do conto do Êxodo – quando Deus chamou Moisés e lhe conferiu a missão do Êxodo – esse lugar na península do Sinai seria o palco central. Lemos em Êxodo 3:1 que isso aconteceu no "Monte de *Elohim*" – a montanha associada aos anunnakis. A rota do Êxodo (Figura 65) era divinamente determinada, pois para a multidão de israelitas o caminho fora mostrado por uma "coluna de nuvens durante o dia e uma coluna de fogo durante a noite". Os Filhos de

Figura 65

Israel "viajaram pela imensidão do Sinai de acordo com as instruções de Yahweh", a Bíblia declara isso de forma clara; no terceiro mês da jornada, "chegaram e acamparam do lado oposto do Monte"; e no terceiro dia, desde então, Yahweh, em *Kavod*, "desceu o Monte Sinai à vista de todas as pessoas".

Era o mesmo monte que Gilgamesh, chegando ao local onde as naves espaciais decolavam e aterrissavam, chamou de "Monte *Mashu*". Era o mesmo monte com "as portas duplas para o céu", pelas quais os faraós egípcios saíam em suas jornadas pós-vida para se juntarem aos deuses no "planeta de milhões de anos". Era o Monte que mantinha o antigo Porto Espacial – e foi ali que a Aliança foi renovada com o povo escolhido, para que fossem os guardiões dos dois locais restantes relacionados ao espaço.

* * *

Enquanto os israelitas se preparavam, após a morte de Moisés, para cruzar o Rio Jordão, as fronteiras da Terra Prometida foram estabelecidas em nome do novo líder, Josué. Abrangendo as localizações dos locais relacionados ao espaço, as fronteiras enfaticamente incluíam o Líbano. Falando a Josué, o Deus bíblico disse:

Agora levanta-te e atravessa este Jordão,
tu e todo este povo, os Filhos de Israel,
à terra que eu lhes concedi.
Cada lugar onde as solas de vossos pés
pisarem
fui eu que concedi, assim como eu disse a Moisés:
Do Deserto do Líbano,
e do grande rio, o Rio Eufrates,
no país dos hititas,
até o Grande Mar, onde o sol se põe –
deverá ser vossa fronteira.

Josué I: 2-4

Com todo o atual tumulto político, militar e religioso ocorrendo nas Terras da Bíblia, e com a própria Bíblia servindo como chave para o passado e o futuro, podemos destacar o aviso inserido pelo Deus bíblico em relação à Terra Prometida. As fronteiras, que se estendiam da imensidão no sul, alcançando o Líbano ao norte, e do Eufrates a leste ao Mar Mediterrâneo a oeste, foram passadas a Josué. Essas, disse Deus, eram as fronteiras *prometidas*. Mas para se tornar uma terra concedida de verdade, ela deveria ser obtida por meio da *posse*. Do mesmo modo que os exploradores "fincavam uma bandeira" em um passado recente, os israelitas poderiam se apossar e manter as terras onde haviam colocado os pés – "pisarem com as solas dos seus pés"; portanto, Deus comandou que os israelitas, sem mais demora ou atraso, cruzassem o Jordão e colonizassem sem medo e sistematicamente a Terra Prometida.

Entretanto, quando as 12 tribos sob a liderança de Josué haviam completado a conquista e a colonização de Canaã, apenas parte das áreas a leste do Jordão havia sido ocupada; nem todas as terras a oeste do Jordão haviam sido tomadas e/ou colonizadas. No que se refere aos dois locais relacionados ao espaço, suas histórias são totalmente diferentes: Jerusalém – que foi especificamente indicada (Josué 12: 10, 18: 28) – estava solidamente nas mãos de Benjamin. No entanto, não se sabe se o avanço ao norte obteve o Local de Aterrissagem no Líbano. As subsequentes referências bíblicas ao local chamavam-no de a "Crista de *Zaphon*" ("O Lugar Secreto do Norte"), nome que lhe davam também os habitantes da região, os canaanitas-fenícios (os épicos canaanitas consideravam que esse era o santuário do deus Adad, filho caçula de Enlil).

A travessia do Rio Jordão (feito alcançado com a ajuda de vários milagres) ocorreu "no lado oposto de Jericó", e a cidade fortificada de Jericó (oeste do Jordão) foi o primeiro alvo dos israelitas. A história da queda das muralhas e de sua captura inclui uma referência bíblica da Suméria (*Shin'ar* em hebraico): apesar do comando para que não saqueassem, um dos israelitas não resistiu à tentação e "ficou com uma vestimenta valiosa de Shin'ar".

A captura de Jericó e da cidade de Ai, ao sul dali, abriu caminho para o alvo mais importante e imediato dos israelitas: Jerusalém, onde estava a plataforma de Controle da Missão. As missões de Abraão e seus descendentes e as alianças de Deus com eles nunca perderam o foco sobre a centralidade daquele local. Como Deus disse a Moisés, ***é em Jerusalém que Sua moradia terrena deveria ser***; agora, a promessa-profecia poderia ser cumprida.

A captura das cidades a caminho de Jerusalém, junto aos povoados que a rodeavam na colina, mostrou-se formidável desafio, especialmente porque algumas delas, em particular Hebron, eram habitadas pelos "filhos de *Anakim*" – descendentes dos anunnakis. Como mencionamos anteriormente, Jerusalém não operava mais como o Centro de Controle da Missão quando o porto espacial no Sinai fora destruído há mais de seis séculos. Mas, de acordo com a Bíblia, os descendentes dos anunnakis que ali estavam posicionados ainda residiam naquela parte de Canaã. E foi "Adoni-Zedek, o rei de Jerusalém" quem formou uma aliança com quatro outras cidades-reino para tentar impedir o avanço dos israelitas.

A batalha que sucedeu, em Gibeão, no Vale de Aijalom, justamente ao norte de Jerusalém, ocorreu em um dia exclusivo – ***o dia em que a Terra parou***. Na melhor parte daquele dia, "o Sol parou e a Lua permaneceu imóvel" (Josué 10: 10-14), permitindo que os israelitas vencessem aquela batalha crucial. (Uma ocorrência paralela, mas contrária, quando a noite durou mais 12 horas, ocorreu do outro lado do mundo, nas Américas; discutimos o assunto em *Os Reinos Perdidos.*) Na visão bíblica, foi então o próprio Deus que garantiu que Jerusalém caísse nas mãos dos israelitas.

Assim que o reino foi estabelecido sob o comando de Davi, ele foi conduzido por Deus para limpar a plataforma no topo do Monte Moriah e santificá-lo como sendo o Templo de Yahweh. E desde que Salomão construiu ali esse Templo, Jerusalém/Monte Moriah, o Templo do Monte tem permanecido como exclusivamente sagrado. De fato, não há outra explicação de por que Jerusalém – uma cidade que não se situa em nenhum cruzamento principal de vias, longe de canais de água e sem recursos naturais – tem sido cobiçada e sagrada desde a Antiguidade, além de considerada como uma cidade única, um "Umbigo da Terra".

As Montanhas de Cedro no Líbano percorrem duas direções: o Líbano a oeste e o Antilíbano a leste, separados pela *Bekka* – a "fissura", um vale do tipo Grand Canyon, conhecido desde o período dos canaanitas como a "Fissura de Deus" ou *Ba'al-Bekka*. Daí deriva Ba'albek, nome do lugar onde se localiza atualmente o Local de Aterrissagem (na extremidade leste da cadeia de montanhas, voltada ao vale). Os reis do "Monte do Norte" estão citados no Livro de Josué como tendo sido derrotados; um lugar chamado *Ba'al Gad,* "no vale do Líbano", foi citado como tendo sido capturado; mas não se sabe ao certo se Ba'al Gad "no vale do Líbano" é apenas outro nome para Ba'al-Bekka. Fomos informados (Juízes 1:33) que a Tribo de Naphtali "não deserdou os moradores de Beth-Shemesh" ("Moradia de Shamash", o deus Sol), e que isso poderia ser uma referência ao local, tendo em vista que posteriormente os gregos denominaram o lugar como Heliópolis, a "Cidade do Sol". (Embora posteriormente os territórios sob o comando dos reis Davi e Salomão houvessem se estendido até incluir Beth-Shemesh, foi de forma apenas temporária.)

O fracasso inicial em estabelecer a hegemonia israelita sobre o norte do local relacionado ao espaço, tornou-o "disponível" a outros. Um século e meio depois do Êxodo, os egípcios tentaram tomar posse do Local de Aterrissagem "disponível", mas se depararam com um exército dos inimigos hititas. A batalha épica é descrita em palavras e ilustrações (Figura 66) nas muralhas dos templos de Karnak. Conhecida como a Batalha de Kadesh, terminou com a derrota egípcia; entretanto, a guerra e a batalha esgotaram ambos os lados a tal ponto que o Local de Aterrissagem foi deixado nas mãos dos reis fenícios

Figura 66

locais de Tiro, Saida e Biblos (a Gebal bíblica). (Os profetas Ezequiel e Amós, que o chamavam "o lugar dos deuses" e "a Moradia do Éden", reconheceram que pertencia aos fenícios.)

Os reis fenícios do primeiro milênio a.C. estavam totalmente cientes do significado e do objetivo do local – veja a descrição em uma moeda fenícia de Biblos (veja figura 55). Nela, o profeta Ezequiel (28: 2, 14) desaprovava o rei de Tiro por arrogantemente acreditar que, tendo estado no local sagrado dos *Elohim*, ele próprio havia se tornado um deus:

> *Vós que estivestes no monte sagrado,*
> *como se fostes um deus, movendo-vos por entre pedras em brasa...*
> *E ficastes arrogante, dizendo:*
> *"Um deus sou eu, no lugar dos* Elohim *eu estive",*
> *mas vós sois apenas um homem, não um deus.*

Foi naquela época que o profeta Ezequiel – no exílio no "antigo país", próximo a Harran no Rio Khabur – teve visões divinas de uma carruagem celestial, um "disco voador"; mas essa história deve ser deixada para um capítulo mais adiante. O importante aqui é indicar que, dos dois locais relacionados ao espaço, apenas Jerusalém foi tomada pelos seguidores de Yahweh.

Os primeiros cinco livros da Bíblia hebraica, conhecidos como o *Torá* ("Os Ensinamentos"), cobrem da história da Criação, Adão e Noé aos Patriarcas e José, no Gênesis. Os outros quatro livros – Êxodo, Levítico, Números e Deuteronômio – contam a história do Êxodo de um lado e, por outro, enumeram as leis e as regulamentações da nova religião de Yahweh. Essa nova religião abrangendo um novo estilo de vida "eclesiástico" foi promulgada, o que foi deixado explícito: "No lugar ao qual eu vos conduzo, vós não deveis fazer o que foi feito na terra do Egito, onde habitastes, nem o que estais habituados a fazer na Terra de Canaã; não deveis comportar-vos como eles, nem seguir seus estatutos" (Levítico 18: 2-3).

Após o estabelecimento dos fundamentos da fé ("Não deveis ter outro Deus além de mim") e seu código moral e ético em apenas Dez Mandamentos, seguem-se páginas e páginas de exigências detalhadas quanto à alimentação, às regras para os rituais e vestimentas eclesiásticas, aos ensinamentos médicos, às diretrizes agrícolas, às instruções arquitetônicas, às regulamentações de conduta familiar e sexual, às leis criminais e assim por diante. Elas revelam um extraordinário conhecimento em virtualmente cada disciplina científica, especialidades com metais e tecidos, familiaridade com os sistemas judiciais e assuntos relacionados à sociedade, conhecimento de terras, história, costumes e deuses de outras nações – e algumas preferências numéricas.

O tema dos *12* – como as 12 tribos de Israel ou os 12 meses do ano – é óbvio. Óbvia, também, é a predileção pelo número *sete*, de forma mais proeminente no domínio dos festivais e dos rituais, e ao estabelecer uma semana de sete dias, consagrando o sétimo dia como o Sabá. *Quarenta* é um número especial, como os 40 dias e as 40 noites que Moisés passou no Monte Sinai, ou os 40 anos que os israelitas foram obrigados, por decreto, a vagar pela imensidão do Sinai. Esses são os números com que estamos familiarizados decorrentes dos contos sumérios – os 12 do sistema solar e os 12 meses do calendário de Nippur; o sete como o número planetário da Terra (quando os anunnakis contaram do lado de fora) e de Enlil, como o Comandante da Terra; o 40, como o grau numérico de Ea/Enki.

O número *50* é também representado. Cinquenta, como o leitor já sabe, era um número com aspectos "sensíveis" – era o número do grau de Enlil e do grau substituto de seu suposto herdeiro, Ninurta;

de forma mais significativa, na época do Êxodo, denotava um simbolismo com Marduk e seus Cinquenta Nomes. Uma atenção especial é, portanto, invocada quando descobrimos que ao "50" foi concedido uma importância extraordinária – *foi usado para criar uma nova Unidade de Tempo, o* ***Jubileu*** *de 50 anos.*

Enquanto o calendário de Nippur era claramente adotado como o calendário pelos quais festivais e outros rituais religiosos israelitas deveriam ser cumpridos, regulamentações especiais eram ditadas para o 50º ano; a ele foi dado um nome especial, o de Ano do *Jubileu*: "Um abençoado ano do Jubileu estará convosco" (Levítico, Capítulo 25). Em tal ano, liberdades sem precedentes deveriam ocorrer. A contagem deveria ser feita contando o Dia da Expiação do Novo Ano por sete vezes em sete anos, 49 vezes. Em seguida, no Dia da Expiação, no ano seguinte, o 50º ano, a chamada da trombeta de um chifre de carneiro deveria ser soada por toda a terra, e a liberdade deveria ser proclamada para a terra e todos aqueles que nela moravam; as pessoas deveriam retornar às suas famílias; as propriedades deveriam ser devolvidas aos seus genuínos donos – todas as vendas de terra e de casas deveriam ser resgatáveis e desfeitas; os escravos (que eram tratados todo o tempo como ajudantes contratados!) deveriam ser soltos e a liberdade deveria ser dada à própria terra para que repousasse naquele ano.

Na mesma medida em que o conceito de "Ano de Liberdade" é novo e único, a escolha de 50 como uma unidade de calendário pode parecer algo estranho (nós adotamos cem – um século – como unidade conveniente de tempo). Logo, o nome dado para um ano uma vez a cada 50 anos é ainda mais intrigante. A palavra traduzida como "Jubileu" é originalmente *Yovel* na Bíblia hebraica, e significa "um carneiro". Portanto, podemos dizer que o que havia sido decretado era um "***Ano do Carneiro***", que deveria se repetir a cada 50 anos e ser anunciado ao soar de um *chifre de carneiro*. Ambas as escolhas de 50 para a nova unidade de tempo e seu nome trazem uma pergunta inevitável: haveria algum aspecto oculto nisso, relacionado a Marduk e à sua Era de Áries?

Será que alguém havia dito aos israelitas que continuassem contando "50 anos", até que ocorresse algum evento divino significante, relacionado à Era de Áries ou ao detentor do Grau de Cinquenta – *quando tudo deveria retornar a um novo começo?*

À medida que uma resposta clara não foi oferecida nesses capítulos bíblicos, não podemos evitar a busca por pistas, partindo de um ano-unidade significante e muito parecido no outro lado do mundo: não

50, mas 52. Era o Número Secreto do deus mesoamericano, Quetzalcoatl, que, de acordo com as lendas dos maias e dos astecas, foi quem lhes trouxe a civilização, incluindo três calendários. Em *Os Reinos Perdidos*, identificamos Quetzalcoatl como sendo o deus egípcio Toth, cujo número secreto era 52 – um calendário baseado em números, que representava as 52 semanas de sete dias no ano solar.

O mais antigo dos três calendários mesoamericanos é conhecido como a Contagem Longa: contava o número de dias do "Dia Um", que os estudiosos identificaram como sendo 13 de agosto de 3113 a.C. Junto a este calendário contínuo e linear havia dois calendários cíclicos. O primeiro, o *Haab*, era um calendário de ano-solar de 365 dias, dividido em 18 meses de 20 dias cada, mais um adicional de 5 dias especiais no final do ano. O outro era o *Tzolkin*, um Calendário Sagrado de apenas 260 dias, composto de uma unidade de 20 dias que se repetia 13 vezes. Os dois calendários cíclicos eram, então, misturados, como duas engrenagens de rodas (Figura 67), para criar um Ciclo Sagrado de 52 anos, quando essas duas contagens retornavam aos seus pontos de partida comuns e as contagens recomeçavam.

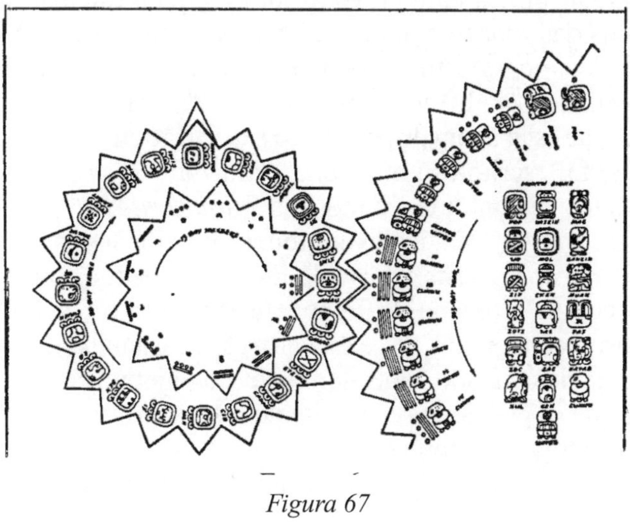

Figura 67

Este "pacote" de 52 anos era a unidade de tempo mais importante, porque estava ligada à promessa de Quetzalcoatl de que, em algum momento, deixou a Mesoamérica, para retornar no seu Ano Sagrado. Os povos mesoamericanos, portanto, costumavam se reunir nas montanhas a cada 50 anos para aguardar o prometido Retorno de

Quetzalcoatl. (Em um determinado Ano Sagrado, 1519 a.C., um espanhol barbudo de cara branca, Hernán Cortés, desembarcou na costa mexicana do Yucatan e foi bem recebido pelo rei asteca Montezuma, que acreditava que Cortés fosse o deus que havia retornado – um engano que lhe custou caro, como sabemos hoje.)

Na Mesoamérica, o "ano empacotado" servia como uma contagem regressiva para o prometido "Ano do Retorno", e a questão é: teria o *"ano do Jubileu" a intenção de servir ao mesmo propósito?*

Buscando por uma resposta, descobrimos que, quando a unidade de tempo de 50 anos é misturada com a unidade cíclica zodiacal de 72 – o tempo que requer a mudança de um grau – chegamos a 3.600 (50 x 72 = 3.600), que era o período de órbita (matemática) de Nibiru.

Ao ligar o calendário de Jubileu e o calendário zodiacal com a órbita de Nibiru, estaria o Deus bíblico dizendo: "quando entrarem na Terra Prometida, comecem a contagem regressiva para o Retorno"?

Por volta de 2 mil anos atrás, durante um período de grande fervor messiânico, reconheceu-se que o Jubileu era uma unidade de tempo divinamente inspirada para prever o futuro – para calcular quando as engrenagens das rodas de tempo misturadas anunciariam o Retorno. Esse reconhecimento é fundamental em um dos livros pós-bíblicos mais importantes, conhecido como *O Livro dos Jubileus*.

Apesar de estar agora disponível na sua versão em grego e traduções posteriores, foi escrito originalmente em hebraico, como confirmam os fragmentos encontrados junto aos *Manuscritos do Mar Morto*. Baseado em antigos tratados extrabíblicos e tradições sagradas, reescreveu o Livro do Gênesis e parte do Êxodo de acordo com um calendário baseado na Unidade de Tempo Jubileu. Era o resultado, todos os estudiosos concordam, de expectativas messiânicas na época em que Roma havia ocupado Jerusalém, e o seu objetivo era fornecer um meio para que se pudesse prever quando o Messias iria vir – quando o **Fim dos Tempos** iria acontecer.

É a mesma tarefa em que nós estamos empenhados agora.

10

A Cruz no Horizonte

Cerca de 60 anos depois do êxodo israelita, muitos acontecimentos religiosos raros ocorreram no Egito. Alguns estudiosos veem esses acontecimentos como uma tentativa de adotar o monoteísmo – talvez sob a influência das revelações no Monte Sinai. O que eles têm em mente é o reino de Amenhotep (às vezes chamado de Amenophis), que construiu Tebas e seus templos, abandonou o culto a Amon e declarou ATEN o único deus criador.

Como veremos, não é um eco do monoteísmo, mas outro anunciador de um Retorno aguardado – o retorno, no caso, do Planeta da Cruz.

O faraó em questão é mais conhecido pelo novo nome que adotou – *Akhen-Aten* ("O servo/venerador de Aten"). A nova capital e centro religioso que ele estabeleceu, *Akhet-Aten* ("Aten do Horizonte"), é mais conhecida pelo nome moderno do lugar, Tell el-Amarna (onde o famoso arquivo antigo da correspondência real internacional foi descoberto).

Descendente da famosa XVIII Dinastia do Egito, Akhenaten, reinou de 1379 a 1362 a.C., e sua revolução religiosa não durou muito. O sacerdócio de Amon em Tebas liderou a oposição, presumidamente, porque estava privado de seus postos de poder e riqueza; no entanto, é possível que as objeções fossem genuinamente ao campo religioso, pois os sucessores de Akhenaten (dos quais o mais famoso foi Tut-Ankh-Amen) concluíram a inclusão de Rá/Amon em seus nomes teofóricos. Assim que Akhenaten morreu, a nova capital, seus templos e seus palácios foram sistematicamente derrubados e destruídos. No entanto, os resquícios que os arqueólogos encontraram foram o suficiente para elucidar Akhenaten e sua religião.

A noção de que a veneração a Aten era uma forma de monoteísmo – louvação a um único criador universal – parte primariamente de alguns dos hinos a Aten que foram descobertos; eles incluem versos do tipo "*Ó deus único*... como não há outro... O mundo foi gerado pela tua mão". Em um claro afastamento dos costumes egípcios, a representação deste deus em forma antropomórfica foi estritamente proibida. Tal fato é muito parecido com a proibição de Yahweh, nos Dez Mandamentos, contra criar qualquer tipo de "imagens entalhadas" para veneração. Além disso, algumas porções dos Hinos a Aten parecem clonagens dos Salmos bíblicos –

Ó Aten vivo,
Quão inúmeras são vossas obras!
Elas estão ocultas da visão dos homens.
Ó deus único, além de vós não há outro!
Vós, que criastes a terra de acordo com vosso desejo
enquanto estavas só.

O famoso egiptólogo James H. Breasted (*The Dawn of Conscience* [O Alvorecer da Consciência]) compara os versos acima com o Salmo 104, começando com o verso 24 –

Ó Senhor, muitas são as vossas obras!
Em sabedoria fizestes todas elas;
A Terra está repleta de vossas riquezas.

A similaridade, no entanto, aumenta não porque os dois, o hino egípcio e o salmo bíblico, copiam um ao outro, mas porque ambos falam do mesmo deus celestial do Épico da Criação sumério – de Nibiru – que deu forma aos Céus e criou a Terra, transmitindo a ela a "semente da vida".

Virtualmente, cada livro sobre o antigo Egito nos contará que o disco "Aten", que Akhenaten fez como sendo o principal objeto de veneração, representava o benevolente Sol. Se o caso era esse, é muito estranho que em uma saída marcada da arquitetura do templo egípcio, que orientava os templos de acordo com os solstícios no eixo sudeste-noroeste, Akhenaten tenha orientado seu templo de Aten em um eixo leste-oeste – mas o colocou com a face para o oeste, *longe* do Sol no amanhecer. Se ele estava aguardando uma reaparição celeste de uma direção *oposta* àquela onde o Sol nascia, ela não poderia ser o Sol.

Uma leitura mais detalhada dos hinos revela que o "deus estrela" de Akhenaten não era Rá como sendo o Amon "o Invisível", mas um tipo de Rá diferente: era o deus celestial que "existiu desde os primórdios (...) *Aquele que se renovava*" assim como *reaparecia* em toda a sua glória, um deus celestial que estava "*indo para longe e retornando*". No dia a dia, essas palavras poderiam de fato ser aplicadas ao Sol, mas, a longo prazo, a descrição se encaixava a Rá apenas como Nibiru: tornou-se invisível, dizem os hinos, porque estava "longe no céu", porque havia ido "para a parte de trás do horizonte, à altura do céu". E agora, Akhenaten anunciava que estava voltando com toda a sua glória. Os hinos para Aten profetizavam sua reaparição, o seu retorno "belo no horizonte do céu (...) Esplêndido, belo, poderoso", conduzindo *um período de paz e benevolência para todos*. Essas palavras expressam claras expectativas messiânicas que nada têm a ver com o Sol.

Apoiando a explicação de que "Aten é o Sol", Akhenaten oferece várias descrições; elas o mostram (Figura 68) sendo abençoado com sua esposa, ou orando para uma estrela irradiante; é o Sol, dizem a maioria dos egiptólogos. Os hinos se referem a Aten como sendo uma manifestação de Rá, que os egiptólogos consideram como sendo o Sol que significa Aten, que também representa o Sol; mas se Rá era Marduk e o Marduk celestial era Nibiru, logo, Aten também representava Nibiru e não o Sol. Evidências adicionais provenientes dos mapas celestiais, algumas pintadas nas tampas dos caixões (Figura 69), mostravam claramente as 12 constelações zodiacais, o Sol irradiado e outros membros do sistema solar; mas o planeta de Rá, o "Planeta de Milhões de Anos", é mostrado como sendo um planeta a mais em seu *próprio grande barco celestial separado e além do Sol*, com o hieróglifo ilustrado com o "deus" nele – o "Aten" de Akhenaten.

Qual foi, então, a inovação de Akhenaten, ou melhor, o desvio de rumo da linha oficial religiosa? No centro disso tudo, sua "transgressão" se referia ao mesmo e antigo debate que tinha ocorrido 720 anos antes sobre o *momento*. Logo, a questão era: haveria chegado a época da supremacia de Marduk/Rá, haveria começado a Era de Áries nos céus? Akhenaten contornou a questão do Tempo Celestial (o relógio do zodíaco) para O Tempo Divino (o tempo orbital de Nibiru), mudando-a para: *Quando é que o deus celestial* ***Invisível*** *reaparecerá* e irá se tornar visível – "belo, no horizonte do céu"?

Sua maior heresia, aos olhos dos sacerdotes de Rá/Amon, pode ser julgada pelo fato de ele ter construído um monumento especial reverenciando *Ben-Ben* – um objeto que era venerado anteriormente como sendo o veículo no qual Rá havia chegado à Terra vindo dos Céus

Figura 68

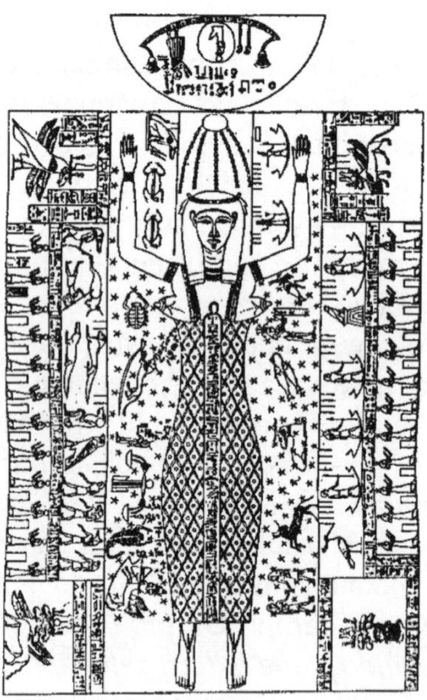

Figura 69

(Figura 70). Acreditamos que era uma indicação de que ele aguardava a Reaparição de Aten, um Retorno não apenas do Planeta dos Deuses, mas outra chegada, ***uma Nova Vinda dos próprios deuses***!

Podemos concluir que isto era uma inovação, a diferença apresentada por Akhenaten. Desacatando a elite eclesiástica, e sem dúvida prematuramente, na opinião deles, ele estava anunciando a vinda de uma nova era messiânica. Esta heresia foi agravada pelo fato de que as declarações de Akhenaten vinham acompanhadas por uma reivindicação pessoal: cada vez mais Akhenaten se referia a si mesmo como *o filho-profeta de deus*, "*aquele que foi gerado do corpo de deus*", a quem os planos da divindade haviam sido exclusivamente revelados:

Figura 70

Não há outro que o conheça
exceto teu filho Akhenaten;
tu que o fizestes sabedor de teus planos.

E isso também era inaceitável para os sacerdotes tebanos de Amon. Assim que Akhenaten morreu (e é incerto como...), eles restauraram o culto a Amon – o deus Invisível – e esmagaram e destruíram tudo o que Akhenaten havia construído.

O episódio de Aten no Egito, como a introdução do Jubileu – o "Ano do Carneiro" – serviu para criar uma expectativa mais abrangente quanto ao Retorno de um "deus estrela" celestial. Isso fica evidente partindo-se de uma outra referência bíblica ao Carneiro, mais uma manifestação da ***Contagem para o Retorno***.

É o registro de um raro incidente que ocorreu no final do Êxodo. É um episódio repleto de aspectos intrigantes que termina com uma visão divinamente inspirada de coisas que estavam porvir.

A Bíblia repetidamente declarava que as profecias feitas por meio de exame das entranhas de um animal, consulta aos espíritos, adivinhação, encantamentos, invocações e leitura de cartas eram "abominações para com Yahweh" – todas as formas de feitiçaria praticadas por outras nações que os israelitas deveriam evitar. Ao mesmo tempo, afirmava – citando o próprio Yahweh – que os sonhos, os oráculos e as visões poderiam ser maneiras legítimas de comunicação divina. É essa distinção que explica porque o Livro dos Números devota três longos capítulos (22-24) para contar – com aprovação! – a história de um profeta e vidente não israelita. O seu nome era Bil'am, conhecido nas Bíblias como Balaão.

Os eventos descritos nesses capítulos ocorreram quando os israelitas ("Filhos de Israel" na Bíblia), tendo deixado a península do Sinai, circundaram o Mar Morto no lado leste, avançando em direção ao norte. Quando encontraram os pequenos reinados que ocupavam as terras ao leste do Mar Morto e do Rio Jordão, Moisés pediu permissão aos reis para que pudessem fazer a travessia de forma pacífica; a maioria recusou. Os israelitas, tendo apenas derrotado os amonitas, que não permitiram a passagem pacificamente, agora se encontravam "acampados na planície de Moabe, no lado do Jordão que fica oposto a Jericó", aguardando a permissão do rei de Moabe para atravessar sua terra.

Recusando-se a deixar que "a multidão" atravessasse, e temendo enfrentá-los, o rei de Moabe – Balaque, o filho de Zipor – teve uma brilhante ideia. Ele enviou emissários para trazer um vidente internacionalmente renomado, Balaão o filho de Beor, e fazer com que ele "amaldiçoasse aquele povo, por mim", para que fosse possível derrotá-los e mandá-los para longe dali.

Tiveram que implorar várias vezes a Balaão até que ele aceitasse a tarefa. Primeiro, na casa de Balaão (em algum lugar próximo ao Rio Eufrates?) e, em seguida, no caminho para Moabe, um anjo de Deus (a palavra em hebraico, *Mal'ach*, literalmente significava "emissário") aparece e se envolve no procedimento; ele se apresenta às vezes visível e às vezes invisível. O anjo permite que Balaão aceite a tarefa somente depois de se certificar de que Balaão compreende que deve proferir apenas os presságios inspirados divinamente. De forma intrincada, Balaão chama Yahweh de "meu Deus" quando repete esta condição, primeiro para os embaixadores do rei e, em seguida, para o próprio rei de Moabe.

Uma série de providências proféticas são então postas em prática. O rei leva Balaão ao topo da montanha, de onde consegue ver todo o acampamento israelita; seguindo as instruções do vidente, ele monta sete altares, sacrifica sete bois e sete carneiros, e aguarda o oráculo; mas da boca de Balaão saem palavras não de acusação, mas sim de enaltecimento aos israelitas.

O persistente rei moabita, em seguida, leva Balaão para outro monte, do qual apenas uma ponta do acampamento israelita pode ser avistada, e o procedimento é repetido pela segunda vez. Porém, novamente, o oráculo de Balaão abençoa os israelitas em vez de amaldiçoá-los: "Eu os vejo vindo do Egito, protegidos por um deus com chifres compridos de carneiro", diz ele – é uma nação destinada a reinar, uma nação que se levantará como um leão.

Determinado a tentar mais uma vez, o rei leva agora Balaão para o topo de uma montanha voltada para o deserto, olhando para longe do acampamento israelita: "Talvez os deuses permitam que tu proclames as maldições para aquele lado", diz ele. Sete altares são montados novamente, no qual sete bois e sete carneiros são sacrificados. Mas Balaão começa a ver os israelitas no futuro não com os olhos humanos, mas por meio de "uma visão divina". Pela segunda vez ele vê a nação protegida, assim como vieram do Egito, por um deus com chifres de carneiro compridos, e antevê Israel como uma nação que "como um leão se levantará".

Quando o rei moabita protesta, Balaão explica que não importa a quantidade de ouro ou prata que lhe ofereça, ele consegue apenas pronunciar as palavras que Deus pôs na boca dele. Com isso, os frustrados reis desistem e deixam Balaão ir embora. Só que, agora, Balaão oferece um conselho gratuito ao rei: "Permita-me contar o que o aguarda no futuro, aquilo que ocorrerá a esta nação e ao seu povo no fim dos tempos" – e continuou descrevendo a visão divina sobre o futuro ao relacioná-lo com uma "estrela":

Eu vejo, mas não agora;
Eu contemplo, mas não está claro:
uma Estrela de Jacó está a caminho.
Um Cetro de Israel se erguerá –
os quarteirões de Moabe ele esmagará,
todos os Filhos de Seth deslocará.

Números 24: 17

Balaão voltou então o olhar aos edomitas, os amalequitas, os quenitas e outras nações canaanitas e proferiu um oráculo: Aqueles que sobreviverem à ira de Jacó cairão nas mãos da Assíria; em seguida, será a vez de a Assíria cair, perecida para sempre. E tendo proferido essa profecia, "Balaão ergueu-se e voltou ao seu lugar; e Balaque também seguiu seu caminho".

Apesar do episódio de Balaão ter sido naturalmente o objeto de discussão e debate dos estudiosos bíblicos e teólogos, ele ainda permanece confuso e não resolvido. O texto alterna facilmente as referências feitas a *Elohim* – "deuses" no plural – e a Yahweh, o Deus único, como a Presença Divina. Transgride gravemente a proibição mais básica da Bíblia ao apresentar uma imagem física do Deus que trouxe os israelitas do Egito e, em seguida, aumenta a transgressão ao visualizá-Lo na imagem de "um carneiro de largos chifres" – uma imagem que havia servido como a descrição para Amon (Figura 71)!

Figura 71

A atitude de aprovar um vidente profissional na Bíblia que proibia adivinhação, invocação e assim por diante, acrescenta a sensação de que todo o episódio era, originalmente, um conto não israelita que, ainda assim, a Bíblia incorporou. Ela lhe devota um espaço substancial, pois o incidente e sua mensagem devem ter sido considerados um prelúdio muito importante para a posse israelita da Terra Prometida.

O texto sugere que Balaão era um arameu que residia em algum lugar na parte alta do Rio Eufrates; seus oráculos proféticos não se limitaram ao destino dos filhos de Jacó até o local de Israel entre as nações, mas a profecias relacionadas ao futuro dessas outras nações – até da distante Assíria, ainda por se tornar um império. Os oráculos eram, portanto, uma expressão de expectativas não israelitas mais abrangentes naquela época. ***Ao incluir o episódio, a Bíblia combinou o destino israelita com as expectativas universais da humanidade.***

Como mostra o conto de Balaão, essas expectativas eram canalizadas junto a duas direções – o ciclo zodiacal, de um lado, e o curso da Estrela que Retorna, do outro.

As referências zodiacais estão fortemente relacionadas à Era do Carneiro (e seu deus!) na época do Êxodo, e se tornam proféticas à medida que o vidente Balaão prevê o Futuro, quando os símbolos da constelação zodiacal do Touro e de Áries ("sete bois e sete carneiros para os sacrifícios") e o Leão ("quando a Trombeta Real deverá ser ouvida em Israel") são invocados (Números, Capítulo 23). E é quando prevê esse futuro distante que o texto de Balaão emprega o termo significativo, ***No Fim dos Tempos***, como o momento em que os oráculos proféticos se aplicariam (Números 24: 14).

O termo liga diretamente essas profecias não israelitas ao destino dos descendentes de Jacó, porque foi usado pelo próprio Jacó quando este se deitou em seu leito de morte e reuniu seus filhos para ouvirem os oráculos sobre o futuro deles (Gênesis, Capítulo 49). "Ajuntai-vos", disse ele, para "que vos conte o que vos há de acontecer ***no Fim dos Tempos***". Os oráculos declarados, separadamente, para cada uma das 12 futuras Tribos de Israel, são considerados por muitos como sendo relacionados às 12 constelações zodiacais.

E o que dizer da Estrela de Jacó – uma visão explícita de Balaão?

Em discussões bíblicas acadêmicas, é geralmente considerada dentro do contexto astrológico em vez de no contexto astronômico, na melhor das hipóteses. Geralmente, a tendência tem sido considerar a referência à "Estrela de Jacó" como algo puramente figurativo. Mas e se a referência fosse de fato relacionada a uma "estrela" orbitando em seu curso – um planeta visto profeticamente, apesar de ainda não estar visível?

E se Balaão, como Akhenaten, estivesse falando do retorno, da reaparição, de Nibiru? Devemos acrescentar que tal retorno seria um evento extraordinário que ocorre uma vez em vários milênios, um evento que repetidamente significou o mais profundo divisor de águas nos assuntos dos deuses e dos homens.

Não se trata de uma pergunta retórica. De fato, os eventos que se desdobravam indicavam cada vez mais que um acontecimento incrivelmente importante estava a caminho. No espaço de mais ou menos um século de preocupações e previsões relacionadas ao Planeta que Retorna que encontramos nos contos do Êxodo, Balaão e Akhenaten, a própria Babilônia começou a fornecer evidências de expectativas extremamente abrangentes, e a pista mais proeminente era o **Sinal da Cruz**.

Na Babilônia, a época era da dinastia cassita, da qual já falamos antes. Pouco sobrou do seu reinado na própria Babilônia e, como foi indicado anteriormente, aqueles reis não eram os melhores em termos de manter os registros reais. Mas deixaram para trás descrições: correspondência internacional de cartas em tábuas de argila.

Foi nas ruínas de Akhet-Aten, a capital de Akhenaten – um local conhecido nos dias atuais como Tell el-Amarna, no Egito –, que as famosas "Cartas de el-Amarna" foram descobertas. Das 380 tábuas de argila, todas, exceto três, eram inscritas no idioma acadiano, que era o idioma da diplomacia internacional. Enquanto algumas representam cópias de cartas reais enviadas à corte egípcia, a maior parte eram cartas originais recebidas de reis estrangeiros.

O local de armazenagem era o arquivo diplomático real de Akhenaten, e a maioria das tábuas eram correspondências que ele havia recebido dos reis da Babilônia!

Será que Akhenaten usou essas trocas de cartas com seus parceiros na Babilônia para contar sobre a sua nova religião Aten? Realmente não sabemos, pois tudo o que temos são as cartas do rei da Babilônia para Akhenaten, nas quais ele reclamava que o ouro que lhe havia sido enviado estava com o peso abaixo da medida, que seus embaixadores haviam sido roubados no caminho ao Egito, ou que o rei do Egito fracassara em informar sobre sua saúde. Ainda assim, a frequente troca de embaixadores e outros emissários, incluindo ofertas de casamentos entre parentes, assim como o rei da Babilônia chamando o rei do Egito de "meu irmão", certamente nos leva à conclusão de que a hierarquia na Babilônia estava totalmente ciente sobre os acontecimentos religiosos no Egito; e se a Babilônia perguntou a si mesma: "Que comoção é esta de 'Rá como uma Estrela que Retorna'"? A Babilônia deveria ter percebido que era uma referência a "Marduk como o Planeta que Retorna" – *Nibiru orbitando de volta*.

Com uma tradição de observações celestiais muito mais antiga e muito mais avançada na Mesopotâmia do que no Egito, é óbvio que é possível que os astrônomos reais da Babilônia já tivessem chegado a conclusões em relação ao retorno de Nibiru sem precisar da ajuda do Egito, e estando muito mais à frente dos egípcios. Seja como for, foi no século XIII a.C. que os reis cassitas da Babilônia começaram a sinalizar, de várias formas, suas próprias mudanças religiosas fundamentais.

Em **1260 a.C.**, um novo rei subiu ao trono na Babilônia e adotou o nome de Kadashman-Enlil – um nome teofórico venerando Enlil de forma extraordinária. Não foi um gesto passageiro, pois foi sucedido no trono, no século seguinte, por reis cassitas adotando nomes teofóricos que homenageavam não apenas Enlil, mas também Adad – um gesto surpreendente sugerindo um desejo de reconciliação divina. Mais adiante, ficou evidente que algo raro era previsto nos monumentos comemorativos chamados *kudurru* – "pedras arredondadas" – arranjados como marcadores fronteiriços. Inscrito com um texto declarando os termos do tratado de fronteira (ou concessão de terras) e os juramentos sendo confirmados, o kudurru era santificado por símbolos de deuses celestiais. Os símbolos divinos zodiacais – todos os 12 deles – eram frequentemente descritos (Figura 72); os emblemas do Sol, da Lua e de Nibiru orbitavam sobre eles. Em outra descrição (Figura 73), Nibiru era mostrada junto à Terra (o sétimo planeta) e à Lua (e o símbolo de corte umbilical de Ninmah).

De modo significativo, Nibiru não era mais descrita com o símbolo do disco alado, mas de uma nova forma: como um planeta de **cruz radiante**. Isso combinava com sua descrição feita pelos sumérios na "Antiguidade" como um planeta radiante pronto para se tornar o "Planeta da Cruzada".

Esta forma de mostrar Nibiru, há muito tempo não observado, como símbolo de uma cruz radiante, começou a se tornar mais comum, e não demorou muito para que os reis cassitas da Babilônia simplificassem o símbolo para apenas um **Sinal da Cruz**, substituindo o símbolo do disco alado em seus selos reais (Figura 74). Este símbolo da cruz, que se parece muito como a "Cruz de Malta" cristã que surgiu muito tempo depois, é conhecido nos estudos de hieróglifos antigos como uma "Cruz Cassita". Como outra descrição indica, o símbolo da cruz era para um planeta que *claramente não era o Sol*, que é mostrado separadamente junto à Lua crescente e à estrela de seis pontas simbolizando Marte (Figura 75).

Assim que o primeiro milênio se iniciou, o Sinal da Cruz de Nibiru se espalhou da Babilônia para desenhos de selos em terras das proximidades. Na ausência da religião cassita ou de textos literários,

Figura 72

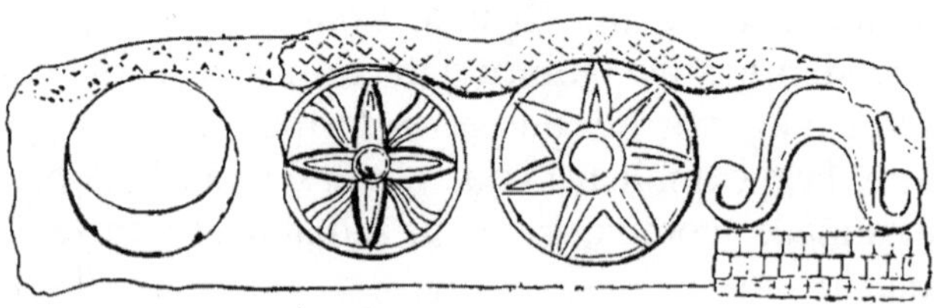

Figura 73

havia uma questão de conjectura em relação ao que as expectativas messiânicas poderiam ter acompanhado nas descrições dessas mudanças. Não importava o que fossem, elas intensificaram a ferocidade dos ataques feitos pelos estados enlilitas – Assíria, Elão – na Babilônia e em sua oposição contra a hegemonia de Marduk. Esses ataques atrasaram, mas não evitaram, a eventual adoção do Sinal da Cruz na própria Assíria. Como os monumentos reais revelam, elas eram usadas conspicuamente pelos reis da Assíria no peito, próximo ao coração (Figura 76) – do mesmo modo como católicos devotos usam a cruz nos dias atuais. Religiosa e astronomicamente, foi o gesto mais significativo. Era também uma manifestação muito comum, o que é sugerido pelo fato de que também foram encontradas no Egito, em um rei-deus que estava usando o sinal da cruz no peito, como seus parceiros assírios da época (Figura 77).

A adoção do Sinal da Cruz como um emblema de Nibiru na Babilônia, Assíria e outros lugares, não foi uma inovação surpreendente. O sinal já havia sido usado antes – pelos sumérios e pelos acadianos. "*Nibiru – permiti que a 'Cruz' seja vosso nome*" declarava o Épico da Criação; de acordo com seu símbolo, a cruz havia sido empregada em

Figura 74

hieróglifos sumérios para denotar Nibiru, mas desde então passou *a significar sempre o seu* ***Retorno à visibilidade****.*

Figura 75

Enuma elish, o Épico da Criação, afirma claramente que, após a Batalha Celestial com Tiamat, o Invasor fez uma grande órbita ao redor do Sol e retornou à cena da batalha. Considerando que Tiamat orbitou o Sol em um plano chamado o Eclíptico (como outros membros da nossa família planetária fazem), foi para aquele lugar nos céus que o Invasor teve que retornar; e, quando o faz, órbita após órbita após órbita, é lá que ele *cruza o plano do eclíptico*. Uma forma simples de ilustrar isso seria mostrar a trajetória orbital do conhecido Cometa Halley (Figura 78), que copia em uma escala bem reduzida a órbita de Nibiru: sua órbita inclinada o traz, à medida que se aproxima do Sol, do sul, abaixo do eclíptico, próximo a Urano. Ele faz um arco acima do eclíptico e gira ao redor do Sol, dizendo "Olá" para Saturno, Júpiter e Marte; em seguida, desce e cruza o eclíptico próximo ao local da Batalha Celestial de Nibiru com Tiamat – a Cruzada (marcada com "**X**") – e vai embora, apenas para retornar quando seu destino orbital prescrever.

Esse ponto, nos céus e no tempo, é A Cruzada – é então que, como afirmou o *Enum elish*, o planeta dos anunnakis se torna o **Planeta da Cruz**:

Figura 76

Planeta NIBIRU:
As Cruzadas do Céu e da Terra
ele ocupará...
Planeta NIBIRU:
a posição central ele mantém...
Planeta NIBIRU:
é ele que, sem cansaço algum,
em meio a Tiamat continua cruzando;
permiti que a "Cruz" seja seu nome!

Os textos sumérios que lidam com os eventos marcantes da saga da humanidade proporcionam indicações específicas sobre as aparições periódicas do planeta dos anunnakis – aproximadamente a cada 3.600 anos – e sempre em junções cruciais da história da Terra e da Humanidade. Foi em um desses períodos que o planeta foi chamado de Nibiru, e suas descrições hieroglíficas – mesmo nos tempos sumérios mais remotos – eram em forma de Cruz.

Esse registro começou com o Dilúvio. Vários textos que tratam do Dilúvio associavam a catastrófica divisa de águas com a aparição de um deus celestial, Nibiru, na Era do Leão (cerca de 10900 a.C.) – era "a constelação de Leão que media a profundeza das águas", afirma um texto. Outros textos descrevem a aparição de Nibiru na época do Dilúvio como uma estrela radiante, da seguinte maneira (Figura 79):

Quando eles gritarem "Enchente!"
É o deus Nibiru...
Senhor cuja ***coroa radiante*** *é carregada de terror;*
Diariamente dentro do Leão ***ele está em chamas****.*

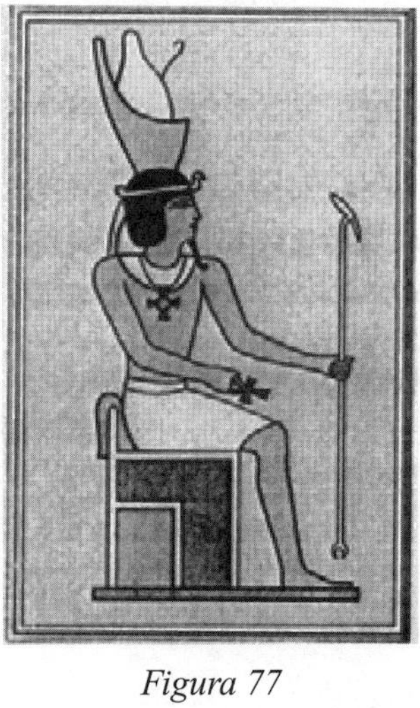

Figura 77

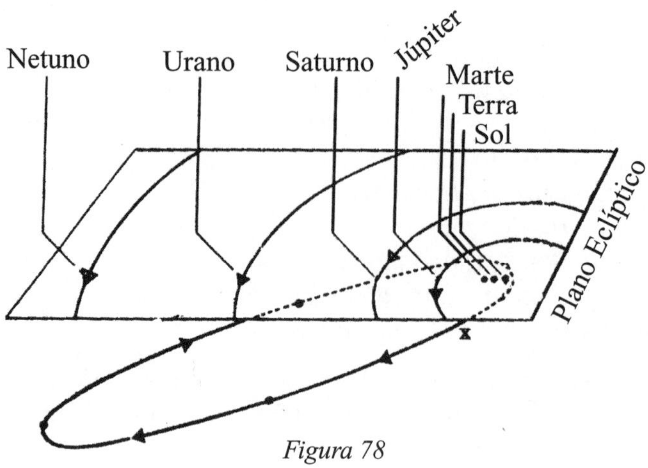

Figura 78

O planeta retornou, reapareceu e de novo se tornou "Nibiru" quando à humanidade haviam sido concedidos o cultivo e a agricultura, em meados do oitavo milênio a.C.; descrições (em selos cilíndricos), ilustrando o começo da agricultura, usavam o Sinal da Cruz para mostrar Nibiru visível nos céus da Terra (Figura 80).

Figura 79

Finalmente, e mais memorável para os sumérios, o planeta ficou visível novamente quando Anu e Antu vieram à Terra em uma visita de Estado, cerca de 4000 a.C., na Era de Touro (Taurus). A cidade, que depois ficou conhecida por milênios como Uruk, foi estabelecida em sua honra. Um zigurate foi construído, e de suas plataformas era observada a aparição de planetas no horizonte, quando o céu da noite escurecia. Quando Nibiru apareceu, um grito ecoou: "Surgiu a imagem do Criador!", e todos os presentes se puseram a cantar hinos em louvor ao "planeta do Senhor Anu".

O surgimento de Nibiru no início da Era de Touro significava que, na época do nascer helíaco – quando começa o amanhecer mas o horizonte ainda está escuro o suficiente para se ver as estrelas –, a

Figura 80

constelação naquele fundo era a de Touro. Mas o ligeiro Nibiru, arqueando nos céus à medida que circundava o Sol, em seguida descia de volta para cortar a planície planetária ("eclíptica") até o ponto da Cruzada. Ali, a travessia era observada contra o fundo da constelação de Leão. Várias descrições, nos selos cilíndricos e nas tábuas astronômicas, usavam o símbolo da cruz para indicar a chegada de Nibiru quando a Terra entrava na Era de Touro, e sua cruzada era observada na constelação de Leão (descrição do selo cilíndrico, figura 81, e ilustrada na figura 82).

Figura 81

A troca do símbolo de disco alado para o Sinal da Cruz, no entanto, não era uma inovação; estava se revertendo à maneira como o Senhor Celestial fora descrito nas épocas anteriores – mas apenas

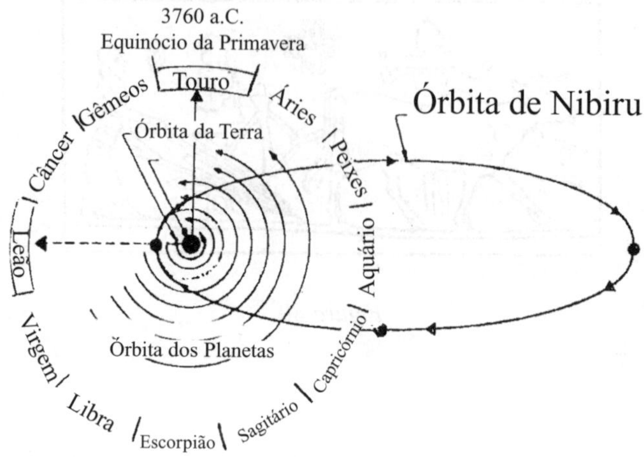

Figura 82

quando em sua grande órbita ele cruzava o eclíptico e se tornava "Nibiru".

Como no passado, a renovada exibição do Sinal da Cruz significava a reaparição, voltando a ser visto, o RETORNO.

11

O Dia do Senhor

Assim que o último milênio a.C. se iniciou, a aparição do Sinal da Cruz serviu como um anunciador do Retorno. Foi então que também um templo para Yahweh, em Jerusalém, uniu para sempre seu local sagrado ao curso dos eventos históricos e às expectativas messiânicas para a humanidade. O momento e o local não poderiam ser uma coincidência: o iminente Retorno ditava o ato de guardar como relíquia o Centro de Controle da Missão de outrora.

Comparado com as potências imperiais poderosas e conquistadoras de antigamente – Babilônia, Assíria, Egito – o reino hebraico era um anão. Comparada com grandiosas capitais, como Babilônia, Nínive e Tebas – com seus distritos sagrados, zigurates, templos, rotas de procissão, portões ornamentados, palácios majestosos, jardins suspensos, lagoas sagradas e portos fluviais – Jerusalém era uma pequena cidade com muralhas construídas às pressas e um inconstante suprimento de água. Ainda assim, um milênio depois, tornou-se Jerusalém, uma cidade cheia de vida, que está em nossos corações e nas manchetes dos noticiários, enquanto as grandiosas capitais das outras nações transformaram-se em pó e em ruínas esfarelando-se.

O que fez a diferença? O Templo de Yahweh construído em Jerusalém e também seus profetas, cujos oráculos se provaram verdadeiros. Suas profecias, como se pode portanto acreditar, ainda guardam a chave do futuro.

A associação hebraica a Jerusalém, e em particular com o Monte Moriah, remonta desde a época de Abraão. Quando ele cumpriu sua missão de proteger o porto espacial, durante a Guerra dos Reis, foi recebido por Melquisedeque, o rei de *Ir-Shalem* (Jerusalém), "que era um sacerdote do Altíssimo Deus". Ali, Abraão foi abençoado, e, ao retornar, fez um juramento "pelo Altíssimo Deus, senhor do Céu e da

Terra". E foi ali novamente, quando a devoção de Abraão foi testada, que a ele foi concedida uma Aliança com Deus. Ainda assim, passou-se mais um milênio até que chegassem a circunstância e o momento oportunos para que o Templo pudesse ser construído.

A Bíblia expressou que o templo de Jerusalém era único – e de fato era: foi concebido para preservar a "Ligação Céu-Terra", papel que já havia sido do DUR.AN.KI de Nippur, na Suméria.

E aconteceu
no quatrocentésimo octogésimo ano
depois que Filhos de Israel saíram do Egito,
no quarto ano do reinado de Salomão,
no segundo mês,
que ele começou a construir a Casa do Senhor.

Portanto, a Bíblia registra, no primeiro Livro dos Reis (6:1), o memorável início da construção do Templo de Yahweh em Jerusalém, pelo rei Salomão, fornecendo-nos a data exata do evento. Foi um passo crucial e decisivo, cujas consequências ainda nos acompanham nos dias de hoje; e ***o momento, deve ser frisado, foi quando a Babilônia e a Assíria adotaram o Sinal da Cruz como o anunciador do Retorno...***

A dramática história do Templo de Jerusalém não começa com Salomão, mas com o rei Davi, o pai de Salomão; o episódio sobre como ele se tornou o rei de Israel revela um plano divino: **a preparação para o Futuro ressuscitando-se o Passado.**

O legado de Davi (depois de um reinado de 40 anos) incluía um imenso domínio, que alcançava o norte chegando até Damasco (incluindo o Local de Aterrissagem!), além de muitos Salmos magníficos e a estrutura do templo de Yahweh. Três emissários divinos tiveram papéis importantes na formação deste rei e do seu lugar na história; a Bíblia os lista como sendo "Samuel, o Vidente; Nathan, o profeta; e Gad, o Visionário". Foi Samuel, o sacerdote custódio da Arca da Aliança, que foi instruído por Deus para "pegar o jovem Davi, filho de Jessé, e fazê-lo abandonar a função de pastor de ovelhas para ser o pastor de Israel". A Samuel, instruiu para "que pegasse o chifre cheio de óleo e ***ungisse*** Davi para que ele reinasse em Israel".

A escolha do jovem Davi, que estava cuidando do rebanho de seu pai, para ser o pastor de Israel, era duplamente simbólica, pois ecoa lá atrás na era dourada da Suméria. Seus reis eram chamados LU.GAL, "Grandioso Homem", mas eles se esforçavam para conseguir o apreciado título de EN.SI, "Digno Pastor". Isso, como veremos, era apenas o começo da ligação de Davi e do Templo com o passado sumério.

Davi começou seu reinado em Hebron, sul de Jerusalém, o que também foi uma escolha repleta de simbolismo histórico. O antigo nome de Hebron, como a Bíblia indica repetidas vezes, era *Kiryat Arba*, "a fortificada cidade de Arba". E quem foi Arba? "Ele era um *Grandioso Homem* de *Anakim*" – dois termos bíblicos em hebraico que substituem LU.GAL e ANUNNAKI. Começando com passagens no livro dos Números e, em seguida, em Josué, Juízes e Crônicas, a Bíblia registra que Hebron era um centro de descendentes de "Anakim, que como os nefilins são contados", portanto, ligando-os aos nefilins do Gênesis 6, que se casaram com as filhas de Adão. Ainda habitavam em Hebron, na época do Êxodo, os três filhos de Arba, e foi Caleb, o filho de Jefoné, quem capturou a cidade e acabou com todos em nome de Josué. ***Ao escolher ser rei em Hebron, Davi estabelecia seu reinado como sendo uma continuação direta dos reis ligados aos anunnakis da doutrina suméria.***

Ele reinou em Hebron por sete anos e, em seguida, mudou sua capital para Jerusalém. O local onde ficava o trono de seu reinado – a "Cidade de Davi" – foi construído no Monte Sião, justamente ao sul, separado por um pequeno vale do Monte Moriah (onde estava a plataforma construída pelos anunnakis, figura 83).

Ele construiu o *Miloh*, o Complemento, para diminuir a distância entre as duas montanhas, como o primeiro passo para a construção para o templo de Yahweh na plataforma; mas só lhe foi permitido construir um altar no Monte Moriah. A palavra de Deus, por meio do profeta Nathan, era que o fato de Davi ter derramado muito sangue em suas numerosas guerras fazia com que seu filho Salomão, e não Davi, fosse quem deveria construir o templo.

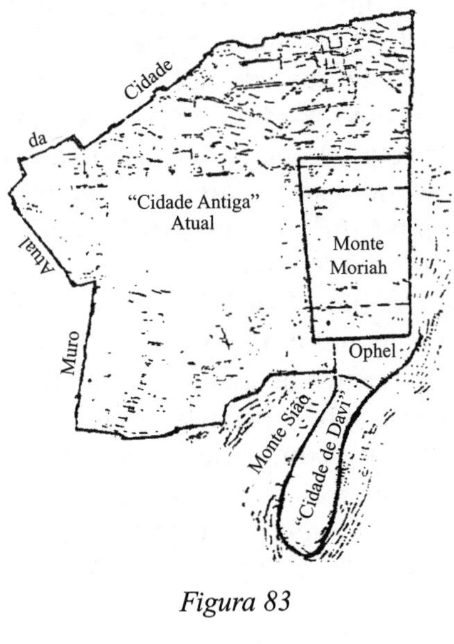

Figura 83

Arrasado pela mensagem do profeta, Davi foi e "sentou-se diante de Yahweh", na frente da Arca da Aliança (que ainda estava guardada em uma tenda portátil). Ao aceitar a decisão de Deus, ele pediu uma recompensa por sua devota lealdade a Ele: uma afirmação, um sinal, de que seria de fato a Casa de Davi que construiria o Templo, e que este seria abençoado para sempre. Nessa mesma noite, sentado diante da Arca da Aliança, onde Moisés havia se comunicado com o Senhor, ele recebeu um sinal divino: um *Tavnit* – ***um modelo em escala*** – do futuro templo!

Qualquer um pode duvidar da veracidade do episódio. Mas o que aconteceu naquela noite ao rei Davi e ao projeto de seu templo, como naquela série de televisão *Twilight Zone*, parecia-se com a história de Gudea, rei sumério que mais de mil anos antes havia recebido do mesmo jeito, na visão de um sonho, uma tábua com o plano arquitetônico e um molde de tijolo para a construção de um templo em Lagash, para o deus Ninurta.

Quando estava próximo aos seus últimos dias de vida, o rei Davi reuniu em Jerusalém todos os líderes de Israel, incluindo os chefes tribais e os comandantes militares, os sacerdotes e os oficiais reais, e lhes contou sobre a promessa de Yahweh. Diante de todos ali reunidos, entregou ao seu filho Salomão "o *Tavnit* do templo e todas as suas partes e câmaras (...) o Tavnit que havia recebido do Espírito". Havia mais, pois Davi também entregou a Salomão "tudo o que Yahweh, escrito com Sua própria mão, dera-lhe para que compreendesse as obras do Tavnit": Um conjunto de instruções complementares, divinamente escrito (I Crônicas, Capítulo 28).

O termo hebraico *Tavnit* é traduzido na Bíblia inglesa do rei James como "padrão", mas é considerado como um "plano" nas traduções mais recentes, sugerindo que Davi havia recebido algum tipo de desenho arquitetônico. No entanto, a palavra hebraica para "plano" é *Tokhnit*. *Tavnit*, entretanto, é derivado da raiz do verbo, que significa "construir, edificar, erguer"; portanto, o que Davi recebeu e entregou ao seu filho Salomão foi um "modelo construído" – na linguagem de hoje, um modelo em escala (descobertas arqueológicas, feitas em toda a região do antigo Oriente Médio, de fato desenterraram modelos em escala de carruagens, vagões, navios, trabalhos de oficina e até de santuários com vários andares).

Os livros bíblicos de Reis e Crônicas fornecem medições e detalhes estruturais precisos do Templo e de seus desenhos arquitetônicos. Seu eixo percorre o sentido leste-oeste, fazendo com que um "templo eterno" fique alinhado com o equinócio. Consistindo em três partes (veja figura 64), adotou os planos do templo sumério na parte frontal (*Ulam* em hebraico), um grande saguão central (*Hekhal* em hebraico, derivando do E.GAL sumério, "Grande Moradia"), e o Santo dos Santos para a Arca da Aliança. Essa seção na parte mais interna era chamada de *Dvir* (o "Orador") – pois foi diante da Arca da Aliança que Deus falou com Moisés.

Como nos zigurates sumérios, que haviam sido tradicionalmente construídos para expressar o conceito de "base 60" do sexagésimo, o Templo de Salomão também adotou o conceito de 60 na sua construção: a seção principal (o Saguão) era de 60 cúbitos (cerca de 100 pés) de comprimento, 20 cúbitos (60:3) de largura e 120 (60 x 2) cúbitos de altura. O Santo dos Santos era de 20 por 20 cúbitos – o suficiente para guardar a Arca da Aliança com os dois querubins dourados no topo dela ("suas asas se tocando"). Tradição, evidência textual e pesquisa arqueológica indicam que a Arca foi colocada precisamente sobre a extraordinária pedra na qual Abraão estivera pronto a sacrificar seu filho Isaac; sua designação hebraica, *Even Shatiyah*, significa "Pedra Fundamental", e lendas judaicas contam que é desta pedra que o mundo será recriado. Atualmente, está coberta e rodeada pela Cúpula da Rocha (Figura 84). (Os leitores poderão saber mais sobre a rocha sagrada e sua caverna enigmática e passagens subterrâneas em *The Earth Chronicles Expeditions* [As Expedições das Crônicas da Terra].)

Figura 84

Apesar de não serem medidas monumentais se comparadas aos zigurates arranha-céus, o Templo, quando ficou pronto, era realmente magnífico; era também diferente de qualquer outro templo contemporâneo naquela parte do mundo. Não se usou ferro, nem ferramentas de ferro para a sua construção sobre a plataforma (e nem em sua operação – todos os utensílios eram de cobre ou bronze). ***O edifício era revestido de ouro na parte interna***; até os pregos que prendem as placas douradas eram feitos de ouro. A quantidade de ouro usada (apenas "para o Santo dos Santos, 600 talentos; para os pregos, cinquenta shekels") era enorme – tanto que Salomão arranjou navios especiais para trazer o ouro de Ophir (acredita-se que fosse em algum lugar no sudeste da África).

A Bíblia não oferece explicação alguma, nem sobre a proibição de usar qualquer coisa feita de ferro no lugar, nem sobre o revestimento com ouro em tudo o que está no interior do templo. Podemos apenas especular que o ferro foi evitado por causa de suas propriedades magnéticas, e o ouro porque é o melhor condutor elétrico.

É interessante que os dois únicos outros casos de santuários tão revestidos de ouro estejam do outro lado do mundo. Um é o grande templo em Cuzco, a capital inca no Peru, onde o grande deus da América do Sul, Viracocha, era venerado. Era chamado de *Coricancha* ("Grande Recinto Dourado"), pois o seu Santo dos Santos era completamente revestido de ouro. O outro fica em Puma-Punku, às margens do Lago Titicaca, na Bolívia, próximo às famosas ruínas de Tiwanaku. As ruínas ali consistem em destroços das edificações de pedra, que eram câmaras, cujas paredes, pisos e tetos haviam todos sido cortados de um único bloco colossal de pedra. Os quatro recintos eram completamente revestidos de placas de ouro, presas com pregos dourados. Ao descrever os locais (e como foram saqueados pelos espanhóis) em *Os Reinos Perdidos*, eu sugeri que Puma-Punku foi erguida para a estadia de Anu e Antu quando eles visitaram a Terra, cerca de 4000 a.C.

De acordo com a Bíblia, foram necessários milhares de trabalhadores para essa imensa tarefa por um período de sete anos. Qual era, então, o propósito dessa Casa do Senhor? Quando tudo ficou pronto, com toda pompa e circunstância, a Arca da Aliança foi carregada pelos sacerdotes e colocada no Santo dos Santos. Assim que foi posicionada e as cortinas que separam o Santo dos Santos do grande saguão foram fechadas, "a Casa do Senhor ficou repleta de uma nuvem e os sacerdotes não conseguiam ficar em pé". Em seguida, Salomão ofereceu uma oração de agradecimento, dizendo:

Senhor que escolhestes habitar na nuvem:
eu te construí uma majestosa Casa,
um lugar onde possas habitar para sempre...
Apesar do mais elevado dos céus não conseguir conter a Ti,
escutais nossas súplicas, de Teu assento
no céu.

"E Yahweh apareceu para Salomão naquela noite, e lhe disse: Eu ouvi tua prece; escolhi este local como minha casa de louvação (...) Do céu ouvirei as preces do meu povo e perdoarei suas transgressões (...) Agora eu escolhi e consagrei esta Casa para o meu *Shem* permanecer ali para sempre" (II Crônicas, Capítulos 6-7).

A palavra *Shem* – aqui e anteriormente, como nos versos de abertura do Capítulo 6 do Gênesis – é geralmente traduzida como "Nome". Lá atrás, no meu primeiro livro, *O Décimo Segundo Planeta*, sugeri que o termo originalmente e no contexto relevante se referia ao que os egípcios chamavam de o "Barco Celestial" e os sumérios chamavam de MU ("nave do céu") dos deuses. Consequentemente, o Templo de Jerusalém, construído no topo da plataforma de pedra, com a Arca da Aliança colocada sobre a rocha sagrada, era para servir como uma ligação terrena com uma divindade celestial – tanto para a comunicação como para a aterrissagem de sua nave do céu!

Em todo o Templo não havia estátua, ídolo, nem imagem gravada. O único objeto dentro dele era a santificada Arca da Aliança – e "nada havia dentro de Arca, exceto as duas tábuas que haviam sido dadas a Moisés no Sinai".

Diferentemente dos templos zigurates mesopotâmicos, de Enlil, em Nippur, até Marduk, na Babilônia, esse não era um local de residência para uma divindade, onde ela poderia residir, comer, dormir e tomar banho. **Era uma Casa de Louvor, um lugar de contato com o divino; era um templo para uma Presença Divina do Habitante da Nuvem.**

Diz o ditado que uma imagem vale por mil palavras; é totalmente verdadeiro, quando há apenas algumas palavras pertinentes para muitas imagens relevantes.

Foi justamente na época da finalização do templo de Jerusalém e de sua consagração pelo Habitante da Nuvem que ocorreu uma mudança no hieróglifo sagrado (a descrição do divino) onde tais descrições eram comuns e permissíveis, e (na época) inicialmente na Assíria. Elas mostravam, mais claramente, o deus Ashur como um "habitante das nuvens", com todo o rosto à vista ou exibindo apenas a mão, frequentemente descrita segurando um arco (Figura 85) – uma descrição que se assemelha àquela do episódio bíblico sobre o Arco na Nuvem, que fora um sinal divino ao final do Dilúvio.

Cerca de um século depois, as descrições dos assírios apresentavam uma nova variante do Deus na Nuvem. Era classificado como a "Divindade no Disco Alado", e sua imagem claramente exibia uma divindade dentro do emblema do disco alado, sozinho (Figura 86a) ou à medida que se junta à Terra (sete pontos) e à Lua (crescente) (Figura 86b). Tendo em vista que o disco alado representava Nibiru, deveria ser uma divindade *chegando com Nibiru*. Claramente, então, ***estas descrições indicavam as expectativas da aproximação da chegada não apenas do planeta, mas também dos seus habitantes divinos, provavelmente liderados pelo próprio Anu.***

As alterações nos hieróglifos e nos símbolos, que começaram com o Sinal da Cruz, eram manifestações de expectativas mais profundas, de mudanças decisivas e preparações mais amplas, que eram requeridas para o tão aguardado Retorno. Entretanto, as expectativas e as preparações não eram as mesmas na Babilônia e na Assíria. Em uma, as expectativas messiânicas estavam centradas no(s) deus(es) que já estava(m) lá; na outra, as expectativas estavam relacionadas ao(s) deus(es) prestes a retornar e a reaparecer.

Na Babilônia, as expectativas eram, em sua maioria, religiosas – um renascimento messiânico de Marduk por meio de seu filho Nabu. Grandes esforços estavam sendo feitos para retomar, cerca de **960 a.C.**, as cerimônias sagradas, *Akitu*, na qual era lida publicamente a

Figura 85

Figura 86b

Enuma elish – atribuindo a Marduk a criação da Terra, a remodelagem dos Céus (o sistema solar) e a concepção do homem. A chegada de Nabu do seu santuário em Borsippa (próximo ao sul da Babilônia), para desempenhar um papel importante na cerimônia, era uma parte essencial do renascimento. Consequentemente, os reis babilônios, que reinaram entre 900 a.C. e 730 a.C., pararam de usar nomes relacionados a Marduk e, de forma significativa, nomes relacionados a Nabu.

As mudanças que ocorriam na Assíria eram mais geopolíticas; os historiadores consideram a época, cerca de **960 a.C.**, como o início do período Imperial Neo-Assírio. Além das inscrições nos monumentos e nas paredes dos palácios, a principal fonte de informação sobre a Assíria daquela época eram os anais de seus reis, nos quais eles registravam o que faziam, ano após ano. Julgando por isso, sua principal função era conquistar. Com uma ferocidade sem precedentes, seus reis embarcavam em uma campanha militar após a outra, não apenas para obter o domínio da antiga Suméria e Acádia, mas também para obter o que consideravam essencial para o Retorno: *O controle dos locais relacionados ao espaço.*

É evidente que esse era o propósito das campanhas, não apenas por causa dos alvos, mas também do baixo-relevo gravado nas pedras das muralhas de palácios assírios dos séculos IX e VIII a.C. (alguns podem ser vistos nos museus mais importantes do mundo). Como em alguns selos cilíndricos, os relevos mostram o rei e o alto sacerdote acompanhados por querubins alados – "astronautas" anunnakis – flanqueando a Árvore da Vida enquanto recebem o deus vindo em um disco alado (Figura 87a,b). ***Uma chegada divina era realmente aguardada!***

Os historiadores associam o início deste período neo-assírio ao estabelecimento de uma nova dinastia real na Assíria, quando Tiglath-Pileser II subiu ao trono em Nínive. O padrão de enaltecimento em casa e as conquistas, destruição e anexação de terras no exterior foram empreendidos pelo filho e pelo neto desse rei, que o sucederam no trono da Assíria. O interessante é que seu primeiro alvo foi a região do Rio Khabur, com seu importante centro de comércio e religião – Harran.

Seus sucessores deram continuidade a partir dali. Usando com frequência o mesmo nome dos reis antecessores e glorificados (daí as numerações I, II, III usadas por eles), os sucessivos reis expandiram o controle assírio em todas as direções, mas com ênfase especial dada às cidades costeiras e montanhas de *La-ba-an* (Líbano). Cerca de 860 a.C.,

Figura 87a

Figura 87b

Ashurnasirpal II – que usava o símbolo da cruz no peito (veja figura 76) – vangloriou-se por ter capturado as cidades da costa fenícia, Tiro, Saida e Gebal (Biblos), e subido até a Montanha de Cedros, com o seu local sagrado, o antigo Local de Aterrissagem dos anunnakis.

Shalmaneser III, seu filho e sucessor, registrou a elevação ali de uma estela comemorativa, chamando o local de *Bit Adini*. Literalmente, o nome significava "a Moradia do Éden", e era conhecido pelos profetas bíblicos. O profeta Ezequiel castigou o rei de Tiro por este ter se considerado um deus depois de estar no local sagrado e "entrar dentro de suas pedras ardentes"; e o profeta Amós indicou o local em lista quando falou sobre a vinda do ***Dia do Senhor***.

Como era de se esperar, os assírios então voltaram a atenção para o local relacionado ao espaço. Após a morte de Salomão, seu reino foi dividido por seus herdeiros em disputa na "Judeia" (com Jerusalém sendo a capital) ao sul, e "Israel" e suas dez tribos ao norte. No seu mais conhecido monumento inscrito, o Obelisco Negro, Shalmaneser III registrou o recebimento de um tributo do rei israelita Jehu e, em uma cena dominada pelo emblema do disco alado de Nibiru, descreveu-o ajoelhando-se em reverência (Figura 88). Tanto a Bíblia como os anais assírios registraram a subsequente invasão de Israel por Tiglath-Pileser III (744-727 a.C.), o desmembramento de suas melhores províncias e o exílio parcial de seus líderes. Em seguida, em 722 a.C., seu filho Shalmanaser V passou por cima do que havia sobrado de Israel, exilou todo o seu povo e os substituiu por estrangeiros; as Dez Tribos desapareceram, seus paradeiros permanecem um eterno mistério. (Por que e como, no seu retorno de Israel, Shalmaneser foi punido e bruscamente substituído no trono por outro filho de Tiglath-Pileser é também um outro mistério.)

Figura 88

Com o Local de Aterrissagem já capturado, os assírios estavam agora batendo na porta da recompensa final, Jerusalém; no entanto, mais uma vez, eles aguentaram o ataque final. A Bíblia explica ao atribuir isso à vontade de Yahweh; uma verificação dos registros assírios sugere que o que e como foi feito em Israel e na Judeia estava sincronizado com o que e como eles haviam feito na Babilônia e com Marduk.

Após a captura do local relacionado ao espaço no Líbano – mas antes de lançar as campanhas contra Jerusalém –, os assírios tomaram uma atitude sem precedentes para a reconciliação com Marduk. Em 729 a.C., Tiglath-Pileser III entrou na Babilônia, foi até o seu distrito sagrado e "pegou nas mãos de Marduk". Era um gesto de grande importância religiosa e diplomática; os sacerdotes de Marduk aprovaram a reconciliação convidando Tiglath-Pileser para compartilhar a refeição sacramental do deus. Depois disso, o filho de Tiglath-Pileser, Sargão II, marchou em direção ao sul às antigas regiões da Suméria e Acádia, e, depois de dominar Nippur, voltou e entrou na Babilônia. Em 710 a.C., como seu pai, "pegou nas mãos de Marduk" durante as cerimônias do Ano Novo.

A tarefa de capturar o último local relacionado ao espaço coube ao sucessor de Sargão, Senaqueribe. O ataque a Jerusalém, em 704 a.C., na época do rei Ezequias, está bem registrado, tanto nos anais de Senaqueribe como na Bíblia. No entanto, enquanto Senaqueribe em suas inscrições falava apenas do bem-sucedido ataque nas cidades provincianas da Judeia, a Bíblia apresenta um episódio detalhado sobre o cerco a Jerusalém pelo poderoso exército assírio, que foi milagrosamente varrido pela vontade de Yahweh.

Cercando Jerusalém e capturando seu povo, os assírios empregaram uma guerra psicológica gritando palavras desanimadoras para os defensores das muralhas da cidade, terminando com a difamação de Yahweh. Chocado, o rei Ezequias rasgou suas roupas em pesar e orou no Templo, pedindo ajuda a "Yahweh, o Deus de Israel, que repousa no Querubim, o único Deus de todas as nações". Em resposta, o profeta Isaías transmitiu a ele o oráculo de Deus: o rei assírio jamais entrará na cidade, retornará derrotado para sua casa e lá será assassinado.

E aconteceu que, naquela noite,
surgiu o Anjo de Yahweh,
feriu os assírios no campo,
foram cento e oitenta e cinco mil.
E no amanhecer, eis

que eram todos cadáveres.
E Senaqueribe, o rei da Assíria, partiu
e retornou à sua morada em Nínive

II Reis 19: 35-36

Para se certificar se o leitor percebeu que toda a profecia havia se concretizado, a narrativa bíblica continua: "E Senaqueribe partiu e retornou a Nínive; e foi quando ele estava prostrado em seu templo reverenciando seu deus (...) que Adrameleque e Salezer o golpearam com uma espada e fugiram para a terra de Arará. Seu filho, Esar-Hadom, tornou-se rei em seu lugar".

O proscrito bíblico é um registro incrivelmente informado: Senaqueribe foi de fato assassinado por seus próprios filhos, em 681 a.C. Pela segunda vez, reis assírios que haviam atacado Israel ou a Judeia foram mortos assim que retornaram para casa.

Enquanto a profecia – a previsão do que ainda está por acontecer – é de forma inerente ao que se espera de um profeta, os profetas da Bíblia hebraica iam muito além. Desde o início, foi deixado bem claro em Levítico que um profeta não deveria ser "um mago, um bruxo, um mágico, um feiticeiro ou um vidente de espíritos, um cartomante ou aquele que invoca os mortos" (uma lista bem abrangente de uma variedade de adivinhos das nações vizinhas). A missão deles como *Nabih* – "porta-vozes" – era transmitir aos reis e às pessoas as palavras do próprio Yahweh. E como a oração de Ezequias havia deixado claro, enquanto os Filhos de Israel eram o Seu Povo Escolhido, Ele era o "único Deus *de todas as nações*".

A Bíblia fala de profetas desde Moisés, mas apenas quinze deles têm seus próprios livros na Bíblia. Estão incluídos os três "principais" – Isaías, Jeremias e Ezequiel – e os 12 "menores". Seus períodos proféticos começam com Amós, na Judeia (cerca de **760 a.C.**), e com Oseias, em Israel (750 a.C.), terminando com Malaquias (cerca de 450 a.C.). À medida que as expectativas do Retorno se moldavam, a geopolítica, a religião e os acontecimentos correntes agregavam-se para formar uma base para a profecia bíblica.

Os profetas bíblicos serviam como Guardiões da Fé e como um compasso moral e ético de seus próprios reis e povos; faziam também observações e previsões sobre a arena mundial, pois tinham um fantástico e preciso conhecimento dos acontecimentos em terras longínquas, das intrigas nas cortes das capitais estrangeiras, de quais deuses eram venerados e onde, além de terem um incrível conhecimento de história, geografia, rotas de comércio e campanhas militares. ***Eles***

então combinavam essa percepção do Presente com o conhecimento do Passado para prever o Futuro.

Aos profetas hebreus, Yahweh não era apenas o *El Elyon* – "Deus Supremo" – e não apenas o Deus dos deuses, *El Elohim*, mas um Deus Universal – de todas as nações, de toda a Terra, do universo. Apesar de Sua moradia estar no Céu dos Céus, Ele cuidava de sua criação – a Terra e seu povo. Tudo o que já havia acontecido era por Sua vontade, e Sua vontade era transmitida pelos emissários – fossem eles anjos, o rei ou uma nação. Ao adotarem a distinção suméria entre sina pré-determinada e destino com livre-arbítrio, os profetas acreditavam que o Futuro poderia ser previsto porque já estava tudo planejado; ainda assim, no meio do caminho, as coisas poderiam mudar. A Assíria, por exemplo, às vezes era chamada de a "vara da ira" de Deus com a qual outras nações eram punidas, mas quando escolhia agir com brutalidade desnecessária ou fora do limite, a própria Assíria era então por sua vez sujeita à punição.

Os profetas pareciam estar enviando uma dupla mensagem, não apenas em relação aos eventos atuais, mas também no que se referia ao Futuro. Por exemplo, Isaías profetizou que a humanidade deveria aguardar o Dia da Ira, quando todas as nações (incluindo Israel) viriam a ser julgadas e punidas – assim como se aguarda ansiosamente por uma época idílica quando o lobo habitaria com o cordeiro, os homens usariam suas espadas como lâminas de arado e o Sião seria uma luz para todas as nações.

A contradição têm frustrado gerações de estudiosos bíblicos e teólogos, mas um exame minucioso das palavras dos Profetas nos conduz a uma incrível descoberta: o Dia do Julgamento foi pronunciado como sendo o **Dia do Senhor**; a era messiânica era aguardada no **Fim dos Tempos**; e os dois não eram sinônimos nem previstos como eventos concomitantes. Eram dois eventos separados, prestes a ocorrer em épocas diferentes:

Um, o Dia do Senhor, o dia do julgamento de Deus, estava prestes a acontecer;

O outro, conduzindo a uma era benevolente, que ainda estava por vir, em algum lugar no futuro.

Será que as palavras pronunciadas em Jerusalém ecoaram nos debates em Nínive e na Babilônia, considerando qual ciclo de tempo que deveria se aplicar ao futuro dos deuses e dos homens – o Tempo Divino orbital de Nibiru ou o Tempo Celestial zodiacal? Sem dúvida, à medida que o século VIII a.C. acabava, era óbvio que, em todas as três capitais, os dois ciclos de tempo não fossem idênticos; ***em Jerusalém, ao falarem da chegada do Dia do Senhor, os profetas bíblicos estavam na verdade falando sobre o Retorno de Nibiru.***

Desde que adotou a versão abreviada do Épico da Criação sumério no capítulo inicial do Gênesis, a Bíblia reconheceu a existência de Nibiru e o seu retorno periódico às cercanias da Terra, e o tratou como sendo outra manifestação (neste caso, celestial) de Yahweh como sendo um Deus Universal. Os Salmos e o Livro de Jó falavam de um Senhor Celestial invisível que "nas alturas do céu marcou um percurso". Eles recordavam a primeira aparição do Senhor Celestial – quando colidiu com Tiamat (chamada na Bíblia de *Tehom* e apelidada de *Rahab* ou *Rabah*, A Arrogante), castigou-a, criou os céus e "o Bracelete Fundido" (o Cinturão de Asteroides) e "suspendeu a Terra no vazio"; eles também relembram a época em que esse Senhor celestial causou o Dilúvio.

A chegada de Nibiru e a colisão celestial, conduzindo ao grande percurso orbital de Nibiru, eram celebradas no majestoso Salmo 19:

Os céus apontam à glória do Senhor;
o Bracelete Fundido proclama sua obra...
Ele surge como um noivo do tálamo;
como um atleta, ele se alegra para correr o seu percurso.
Dos confins dos céus ele emana,
e seu percurso vai até seus findares.

A aproximação do Senhor Celestial na época do Dilúvio foi considerada como o anúncio do que viria a acontecer na época seguinte, em que ele retornaria (Salmos 77: 6, 17-19):

Recordarei os feitos do Senhor,
lembrarei suas maravilhas na antiguidade...
As águas te viram, Ó Senhor, e estremeceram.
Teus raios surgiram,
relâmpagos alumiaram o mundo.
O som do teu trovão retumbava,
a Terra foi agitada e trepidou.

Os profetas consideravam esses antigos fenômenos como uma orientação sobre o que esperar. Eles aguardavam o Dia do Senhor (citando o profeta Joel) como sendo o dia em que "a Terra vai balançar, o Sol e a Lua escurecerão e as estrelas ocultarão seu brilho (...) Um dia que será longo e assustador".

Os profetas transmitiram a palavra de Yahweh para Israel e para todas as nações em um período de aproximadamente três séculos. O mais antigo dos 15 Profetas literários era Amós; ele começou como porta-voz de Deus ("*Nabih*") cerca de **760 a.C.**. Suas profecias cobriam três períodos ou fases: ele previu os ataques da Assíria em um futuro próximo, a chegada do Dia do Julgamento e o Fim dos Tempos de paz e fartura. Falando em nome do "Senhor Yahweh que revela Seus segredos aos profetas", ele descreveu o Dia do Senhor como um dia quando "o Sol irá se por ao meio-dia e a Terra escurecerá no meio da tarde". Dirigindo-se àqueles que veneram os "planetas e a estrela de seus deuses", ele comparou a chegada do Dia com os eventos do Dilúvio, quando "o dia ficou escuro como a noite, e as águas dos mares transbordaram sobre a terra"; e ele advertiu aqueles veneradores com uma pergunta retórica (Amós 5: 18):

Ai de vós que desejais o Dia do Senhor!
Qual finalidade tem para vós?
Pois o dia do Senhor é de trevas, e não de luz.

Meio século depois, o profeta Isaías ligou as profecias do "Dia do Senhor" a um local geográfico específico: o "Monte da Era Apontada", que ficava "nas encostas do norte". Ao rei que se assentara sobre o monte, teve isto a dizer: "Escutai, o Dia do Senhor virá com uma fúria e uma ira sem piedade; deixará a terra desolada e destruirá os pecadores sobre ela". Ele também comparou com o que havia ocorrido no Dilúvio, relembrando a época quando o "Senhor veio como uma tempestade destruidora de ondas poderosas", e descreveu (Isaías 13: 10,13) a chegada do Dia como um acontecimento celestial que afetaria a Terra:

As estrelas do céu e suas constelações
não darão mais seu brilho;
o Sol escurecerá já no amanhecer
e a Lua não emitirá sua luz...
Os céus ficarão agitados
e a Terra em seu lugar será estremecida;
quando o Senhor das Multidões estiver cruzando
no dia de sua ira.

O mais notável nesta profecia é a identificação do Dia do Senhor como sendo a época em que "o Senhor das Multidões" – o senhor planetário e celestial – "***estiver cruzando***". Esta é a mesma linguagem usada no *Enuma elish* quando descreve como o invasor que lutou com Tiamat veio a se chamar NIBIRU: "***Cruz*** deverá ser seu nome!"

Depois de Isaías, o profeta Oseias também previu o Dia do Senhor como sendo o dia em que o Céu e a Terra "reagiriam" um ao outro – um dia de fenômenos celestiais ressoando na Terra.

À medida que examinamos as profecias cronologicamente, descobrimos que no século XVII a.C. os pronunciamentos proféticos se tornaram mais urgentes e mais explícitos: o Dia do Senhor deverá ser o Dia do Julgamento sobre as nações. Isso incluía Israel, mas principalmente a Assíria, pelo que já havia feito, e a Babilônia, por aquilo que fará, e ***o Dia está se aproximando, está próximo*** –

O grande Dia do Senhor está se aproximando –
Está próximo!
O som do Dia do Senhor clama de forma poderosa.
Um dia de ira será esse dia,
um dia de confusão e aflição,
um dia de calamidade e desolação,
um dia de trevas e profunda tristeza,
um dia de nuvens e densa neblina.

Sofonias, I: 14-15

Um pouco antes de 600 a.C., o profeta Habacuque orou a "Deus, que ***nos próximos anos irá se aproximar***", e que mostrará misericórdia apesar de Sua ira. Habacuque descreveu o aguardado Senhor Celestial como um ***planeta radiante*** – da mesma maneira como Nibiru foi descrito na Suméria e Acádia. Surgirá, diz o profeta, dos céus do sul:

O Senhor do sul virá...
Cobertos estão os céus com sua auréola,
seu resplendor preenche a Terra.
Seus raios irradiam
de onde seu poder está oculto.
A Palavra segue diante dele,
faíscas emanam debaixo.
Ele pausa para observar a Terra;
ele é visto, e as nações estremecem.

Habacuque, 3: 3-6

A urgência das profecias aumentou assim que o século VI a.C. se iniciou. "***O Dia do Senhor está perto!***", anunciava o profeta Joel; "***O Dia do Senhor está perto!***", afirmava o profeta Obadias. Cerca de 570 a.C., o profeta Ezequiel recebeu a seguinte mensagem divina urgente (Ezequiel 30: 2-3):

Filho do Homem, profetiza e dize:
Assim diz o Senhor Deus:
Chorai e lamentai o Dia!
Pois perto está o Dia –
O Dia do Senhor está perto!

Ezequiel estava fora de Jerusalém, tendo sido levado ao exílio com outros líderes judeus pelo rei babilônio Nabucodonosor. O lugar no exílio, onde as profecias e a famosa visão de Ezequiel da Carruagem Celestial ocorreram, era às margens do Rio Khabur, na região de **Harran**.

A localização não era por acaso, pois **a conclusão da saga do Dia do Senhor – e da Assíria e da Babilônia – deveria se desenrolar onde a jornada de Abraão havia começado.**

12

Trevas ao Meio-Dia

Enquanto os profetas hebreus previam Trevas ao Meio-Dia, o que as "outras nações" estavam esperando à medida que aguardavam o Retorno de Nibiru?

A julgar pelos registros escritos e pelas imagens gravadas, estavam aguardando a resolução dos conflitos dos deuses, além de períodos benevolentes para a humanidade e de uma grande teofania.

Elas mal podiam imaginar, como veremos a seguir, a enorme surpresa que as aguardava.

Antecipando o grande evento, os grupos de sacerdotes, que observavam os céus em Nínive e na Babilônia, se mobilizaram para anotar os fenômenos celestiais e interpretar seus prognósticos. Os fenômenos eram meticulosamente registrados e relatados aos reis. Arqueólogos encontraram, nas ruínas das bibliotecas reais e dos templos, tábuas com esses registros e relatórios que, na maioria dos casos, estavam organizados de acordo com o assunto ou o planeta que estavam observando. Uma renomada coleção na qual se encontram 70 tábuas foi combinada – na Antiguidade – com uma série intitulada *Enuma Anu Enlil*; esta coleção registra observações de planetas, estrelas e constelações classificadas de acordo com o Caminho Celestial de Anu e o Caminho Celestial de Enlil – abrangendo os céus de 30 graus sul, cobrindo todo o trajeto até o zênite no norte (veja figura 53).

No início, as observações eram interpretadas comparando os fenômenos com os registros astronômicos da época suméria. Apesar de estarem escritos em acadiano (o idioma da Babilônia e da Assíria), os registros observacionais faziam um grande uso da terminologia e da matemática sumérias e, às vezes, incluíam uma nota escrita para indicar que haviam sido traduzidos de antigas tábuas sumérias. Tais tábuas serviam como "manuais de astrônomos", contando-lhes mediante experiências passadas qual era o significado profético do fenômeno:

Quando a Lua em seu período calculado não for vista:
haverá uma invasão de uma poderosa cidade.

Quando um cometa alcançar a trajetória do Sol:
o fluxo da corrente de água no campo diminuirá,
uma revolta acontecerá duas vezes.

Quando Júpiter se juntar a Vênus:
as orações da terra chegarão aos deuses.

À medida que o tempo passava, os registros ficavam mais relacionados às observações acompanhadas pelas próprias interpretações proféticas dos sacerdotes: "Na noite, Saturno se aproximou da Lua. Saturno é um planeta do Sol. Este é o significado: é favorável ao rei". A mudança notável incluía prestar atenção especial nos eclipses; uma tábua (que agora está no Museu Britânico), com uma lista de colunas de números como as que são feitas no computador, servia para prever os eclipses lunares com 50 anos de antecipação.

Estudos modernos concluíram que a mudança para o novo estilo da atual Astronomia ocorreu no século VIII a.C., quando, após um período de desordem e revoltas reais na Babilônia e na Assíria, os destinos das duas terras foram postos nas mãos de poderosas realezas: Tiglath-Pileser III (745-727 a.C.), na Assíria, e Nabunassar (747-734 a.C.), na Babilônia.

Nabunassar ("Protegido por Nabu") foi saudado, já na Antiguidade, como inovador e poderoso no campo da Astronomia. Uma de suas primeiras ações foi reparar e restaurar o templo de Shamash em Sippar, o "centro de culto" do deus-Sol na antiga Suméria. Ele também construiu um novo observatório na Babilônia, atualizou o calendário (uma herança de Nippur) e instituiu o relatório diário ao rei sobre os fenômenos celestiais e seus significados. Foi principalmente por causa dessas medidas que uma enorme quantidade de dados astronômicos foi gerada, ajudando a esclarecer os subsequentes eventos.

Tiglath-Pileser III também era ativo, da sua própria maneira. Seus anais descrevem sucessivas campanhas militares e se vangloriam de cidades capturadas, execuções brutais de reis e da nobreza locais, além de exílios em massa. O papel dele e de seus sucessores, Shalmaneser V e Sargão II, no ataque a Israel e no exílio do seu povo (as Dez Tribos Perdidas) e, em seguida, na tentativa de Senaqueribe de ocupar Jerusalém, está descrito no capítulo anterior. Próximo de casa, os reis assírios estavam ocupados anexando a Babilônia "ao pegar nas mãos de Marduk". O próximo rei assírio, Esarhaddon (680-669 a.C.), anunciou que "ambos, Ashur e Marduk, me deram sabedoria", fez juramentos em nome de Marduk e Nabu e começou a reconstruir o templo Esagil na Babilônia.

Nos livros de história, Esarhaddon é mais lembrado pela sua bem-sucedida invasão do Egito (675-669 a.C.). O propósito da invasão, até o ponto que se pode assegurar, era parar as tentativas egípcias de "se intrometer no Canaã" e dominar Jerusalém. Digna de atenção, no meio dos eventos subsequentes, era a rota escolhida: em vez de pegar o trajeto mais curto, rumo ao sudoeste, ele fez um desvio considerável e foi em direção ao norte, para **Harran**. Lá, no antigo templo do deus Sin, Esarhaddon buscou naquele deus a bênção para embarcar na conquista; e Sin, confiando em sua equipe e acompanhado por Nusku (o Mensageiro Divino dos deuses), deu sua aprovação.

Em seguida, Esarhaddon se voltou em direção ao sul, varrendo com toda a força as terras do leste do Mediterrâneo até alcançar o Egito. De forma significativa, ele se desviou do prêmio que Senaqueribe fracassou em conquistar – Jerusalém. É fato importante que essa invasão do Egito e o desvio para longe de Jerusalém – assim como o próprio destino final da Assíria – tenham sido profetizados por Isaías décadas antes (10: 24-32).

Ocupado geopoliticamente como Esarhaddon estava, ele não negligenciou as exigências astronômicas daquela época. Com a orientação dos deuses Adad e Shamash, construiu, em Ashur (a cidade, o centro de culto da Assíria), a "Casa da Sabedoria"(um observatório). Também descreveu em seus monumentos (Figura 89) o sistema solar completo com os 12 membros, incluindo Nibiru . Indo até um recinto mais suntuoso, havia um novo portal monumental, construído – de acordo com as descrições do selo cilíndrico – para copiar o portal de Anu em Nibiru (Figura 90). É uma pista indicando quais eram as expectativas sobre o Retorno na Assíria.

Figura 89

Figura 90

Todas essas ações de cunho religioso e político sugerem que os assírios estavam assegurando-se de que haviam "tocado em todas as bases", pelo menos no que se referia aos deuses. Desse modo, ao chegar ao século VII a.C., a Assíria já estava pronta para o aguardado Retorno do planeta dos deuses. Textos descobertos – incluindo cartas de seus astrônomos-chefes aos reis – revelam a expectativa de uma época idílica e utópica:

Quando Nibiru culminar...
As terras residirão seguramente,
os reis hostis ficarão em paz;
os deuses receberão orações
e ouvirão as súplicas.

Quando o Planeta do Trono do Céu
aumentar o brilho;
haverá enchentes e chuvas.

Quando Nibiru atingir seu perigeu,
os deuses oferecerão a paz.
Os problemas serão varridos,
as complicações serão solucionadas.

É óbvio que a expectativa relacionava-se a um planeta que iria aparecer, elevar-se-ia nos céus, tornar-se-ia mais brilhante e, em seu perigeu, no Cruzamento, tornar-se-ia NIBIRU (o Planeta Cruz). E como o portal e outras construções indicavam, com o retorno do planeta ***uma repetição da visita anterior de Anu à Terra era aguardada***. Cabia agora aos astrônomos-sacerdotes observarem os céus e aguardarem a aparição desse planeta; mas para onde eles deveriam olhar na imensidão celestial, e como reconheceriam o planeta quando ainda estivesse nos céus distantes?

O próximo rei assírio, Assurbanipal (668-630 a.C.), achou uma solução.

Os historiadores consideram Assurbanipal como o mais literato dos reis assírios, pois ele conhecia outros idiomas além do acadiano, incluindo o sumério, e afirmava que teria lido "escritos de antes do Dilúvio". Ele também se vangloriava de haver "aprendido os sinais secretos do Céu e da Terra (...) e estudado os céus com os mestres da adivinhação".

Alguns pesquisadores contemporâneos também o consideram "O Primeiro Arqueólogo", tendo em vista que sistematicamente colecionou tábuas de locais que já eram antigos em sua própria época – como Nippur, Uruk e Sippar, onde antes costumavam ser a Suméria. Ele enviou também equipes especializadas para classificar e saquear tais tábuas das capitais que os assírios haviam dominado. As tábuas iam parar em uma famosa biblioteca onde equipes de escribas estudavam, traduziam e copiavam os textos escolhidos dos milênios anteriores. (Ao visitar o Museu do Antigo Oriente Médio, em Istambul, é possível ver uma exibição dessas tábuas, bem organizadas nas estantes originais – cada uma rotulada com o "catálogo de tábua", que lista todos os textos na estante.)

Enquanto os assuntos nas tábuas acumuladas cobrem muitas áreas, o que foi encontrado indica que uma atenção especial foi dada à informação celestial. Entre os textos puramente astronômicos, havia tábuas que pertenciam a uma série intitulada "**O Dia de *Bel***" – o ***Dia do Senhor!*** Além disso, os contos épicos e as histórias relacionadas às idas e vindas dos deuses eram considerados importantes, especialmente se esclarecessem as passagens de Nibiru. *Enuma elish* – o Épico da Criação que conta como um planeta invasor se juntou ao sistema solar para tornar-se Nibiru – foi copiado, traduzido e copiado de novo, como também o foram as escritas que tratavam do Grande Dilúvio, tais como o *Épico de Atra-Hasis* e o *Épico de Gilgamesh*. Enquanto todos parecem ser partes legítimas de um conhecimento acumulado em uma biblioteca real, ocorre também que *todos tratam de exemplos das aparições de Nibiru no passado* – assim como com a sua próxima aproximação.

Entre os textos exclusivamente astronômicos traduzidos, e sem dúvida alguns cuidadosamente estudados, estavam as orientações sobre como observar a chegada de Nibiru e reconhecer sua aparência. Um texto babilônico que manteve a terminologia original suméria destaca:

> *Planeta do deus Marduk:*
> *Na sua aparição SHUL.PA.E;*
> *Elevando-se trinta graus, SAG.ME.NIG;*
> *Quando estiver no meio do céu: NIBIRU.*

Enquanto que o nome do primeiro planeta (SHAL.PA.E) é considerado como sendo Júpiter (mas poderia ser Saturno), o nome do próximo (SAG.ME.NIG) poderia ser apenas uma variante para Júpiter, mas é considerado por alguns como sendo Mercúrio.[1] Um texto similar de Nippur, que utiliza os nomes planetários sumérios como UMUN.PA.UD.DU e SAG.ME.GAR, sugere que a chegada de Nibiru será "anunciada" pelo planeta Saturno, e que assim que subir 30 graus estará próximo a Júpiter. Outros textos (incluindo uma tábua conhecida como K.3124) afirmam que, assim que passar SHUL.PA.E e SAG. ME.GAR (que acredito significarem Saturno e Júpiter), o "Planeta

[1] Os extensos dados astronômicos atraíram a atenção de acadêmicos já no século XIX e no início do século XX; eles dedicaram tempo e paciência e brilhantemente combinaram a "assiriologia" com o conhecimento de Astronomia. O primeiro livro de As Crônicas da Terra, *O Décimo Segundo Planeta*, cobriu e usou o trabalho das descobertas de pessoas como Franz Kugler, Ernst Weidner Erich Ebeling, Herman Hilprecht, Alfred Jeremias, Morris Jastrow, Albert Schott e Th. G. Pinches, entre outros. A tarefa deles era complicada pelo fato de que o mesmo *kakkabu* (qualquer corpo celestial, incluindo planetas, estrelas fixas e constelações) poderia significar mais de um nome. Eu gostaria de apontar que, bem ali, também houve a maior falha básica nas obras: todos eles presumiam que os sumérios e outros povos antigos não tinham como saber ("a olho nu") sobre a existência de planetas além de Saturno. O resultado era que sempre que um planeta recebia um nome que não fosse os nomes aceitos como os "sete *kakkabani* conhecidos" – Sol, Lua, Mercúrio, Vênus, Marte, Júpiter, Saturno – eles concluíam que se tratava apenas de mais um outro nome para aqueles "sete conhecidos". A principal vítima dessa postura equivocada foi Nibiru; sempre que ele ou seu "planeta Marduk" babilônio equivalente era mencionado, entendeu-se que se tratava de um outro nome para Júpiter, ou Marte, ou (em algumas visões extremas) para o próprio Mercúrio. Incrivelmente, os astrônomos contemporâneos continuam baseando seus trabalhos nessa suposição de "apenas sete" – apesar de inúmeras evidências contrárias mostrarem que os sumérios sabiam do verdadeiro formato e composição do nosso sistema solar. Exemplos são a nomeação dos planetas externos em *Enuma Elish*, a descrição de 4.500 anos do sistema solar completo com 12 membros (o Sol ao centro) no selo cilíndrico VA/243, no Museu de Berlim (Figura 91), ou a descrição dos 12 símbolos planetários nos monumentos assírios e babilônicos, etc.

Marduk" irá "entrar no Sol" (ou seja, atingir Perigeu, o ponto mais próximo do Sol) e "tornar-se Nibiru".

Outros textos fornecem pistas claras relacionadas à trajetória de Nibiru, como também o tempo destinado para a sua aparição:

Figura 91

Da posição de Júpiter,
o planeta passa em direção ao oeste.
Da posição de Júpiter
o planeta aumenta o seu brilho,
e no zodíaco de Câncer se tornará Nibiru.
O grande planeta:
na sua aparição: Vermelho-escuro.
O céu ele divide ao meio
quando se posiciona em Nibiru.

Em seu conjunto, os textos astronômicos da época de Assurbanipal descreviam um planeta surgindo da extremidade do sistema solar, subindo e tornando-se visível quando chega até Júpiter (ou mesmo Saturno antes disso); em seguida, faz uma curva para baixo em direção ao eclíptico. No seu perigeu, quando está na posição mais próxima do Sol (e, portanto, da Terra), o planeta – no Cruzamento – torna-se *Nibiru* "***no zodíaco de Câncer***". Isso, como mostra o diagrama esquemático (e não em escala) anexo, poderia acontecer apenas quando o nascer do sol no dia do Equinócio Vernal ocorresse na Era de Áries – durante a era zodiacal de Áries (Figura 92).

Tais pistas relacionadas à trajetória orbital do Senhor Celestial e sua reaparição, às vezes usando as constelações como mapa celestial, são também encontradas em passagens bíblicas, revelando assim um conhecimento que deve ter sido internacionalmente disponibilizado:

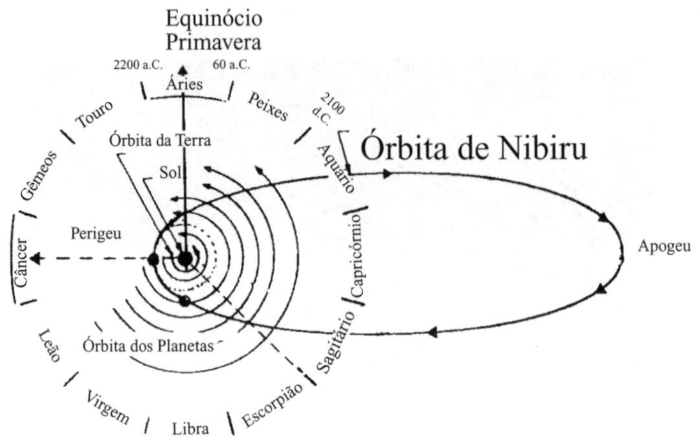

Figura 92

"Em Júpiter será tua face vista", afirma o Salmo 17. "O Senhor do sul virá (...) seu esplendor iluminado radiará como a luz", profetizou o profeta Habacuque (Capítulo 2). "Sozinho ele alcança além dos céus e passa pela mais elevada profundeza; ele chega à Ursa Maior, a Sírius, e a Órion e às constelações do sul", declarou o Livro de Jó (Capítulo 9); o profeta Amós (5: 9) anteviu o Senhor Celestial "com sua face sorridente voltada para Touro e Áries, irá prosseguir de Touro para Sagitário". Esses versos descreviam um planeta atravessando os mais elevados céus e, *orbitando no sentido do relógio* ("retrógrado", como dizem os astrônomos), chega através das constelações do sul. É uma trajetória parecida com aquela do Cometa Halley (veja figura 78).

Uma pista reveladora com relação às expectativas de Assubanipal tinha a ver com a tradução meticulosa das descrições acadianas e sumérias das cerimônias por ocasião da visita de estado de Anu e Antu à Terra, cerca de 4000 a.C. As sessões que tratam da estadia deles em Uruk descrevem como, à noite, colocou-se um observador "na posição mais alta da torre" para observar e anunciar a aparição dos planetas, um após o outro, até que o "Planeta do Grande Anu do Céu" pudesse ser visto; em seguida, todos os deuses reunidos para receber o casal divino recitaram o texto "Àquele que gera o brilho, o planeta celestial do deus Anu" e cantaram o hino "A imagem do Criador surgiu". Os longos textos descreviam, então, as refeições cerimoniais, o recolhimento de todos a seus respectivos aposentos noturnos, as procissões no dia seguinte e assim por diante.

Podemos, de forma razoável, concluir que Assurbanipal estava interessado em colecionar, organizar, traduzir e estudar todos os textos antigos que pudessem: (a) fornecer uma orientação para que os astrônomos-sacerdotes pudessem detectar, no primeiro instante possível, o retorno de Nibiru e (b) informar ao rei quanto aos procedimentos sobre o que fazer em seguida. O nome "Planeta do Trono Celestial" era uma pista importante sobre quais eram as expectativas do rei; igualmente importantes eram as descrições nos muros dos palácios, nos relevos magníficos dos reis assírios *saudando o deus no disco alado* enquanto este paira por sobre a Árvore da Vida (como na figura 87).

Era importante ser informado o mais rápido possível sobre a aparição do planeta para que pudesse *preparar uma recepção adequada para a chegada do grande deus nele retratado – o próprio Anu?* – e ser abençoado com uma longa e, quem sabe, eterna vida.

Mas isso não estava destinado a acontecer.

Logo após a morte de Assurbanipal, as rebeliões tomaram conta de todo o império assírio. As posses que seu filho mantinha no Egito, na Babilônia e no Elão se desintegraram. Estrangeiros que vinham de longe já se encontravam nas fronteiras do império assírio – "multidões" do norte, e os medes do leste. Em todo lugar, os reis locais tomavam o controle e declaravam independência. De especial importância – imediata e para futuros eventos – era o fato de que a Babilônia estava "se descasando" do reinado duplo com a Assíria. Como parte do festival do Ano Novo, em 626 a.C., um general babilônio cujo nome – Nabupolassar ("Nabu seu filho protege") – sugeria que ele reivindicava ser um filho do deus Nabu, subiu ao trono como rei de uma Babilônia independente. Uma tábua descreveu da seguinte forma o início de sua cerimônia de posse: "Os príncipes da terra estavam reunidos; eles abençoaram Nabupolassar; abrindo seus punhos, declararam sua soberania; Marduk, reunido com os deuses, concedeu o Estandarte de Poder a Nabupolassar".

O ressentimento contra o reinado brutal assírio era tão grande que Nabupolassar da Babilônia rapidamente conseguiu aliados para uma ação militar contra a Assíria. Um dos aliados principais e mais vigorosos eram os medes (precursores dos persas), que já tinham enfrentado as incursões e a brutalidade dos assírios. Enquanto as tropas babilônicas avançavam na Assíria pelo sul, os medes atacavam pelo leste. Em 614 a.C. – como havia sido profetizado pelos profetas hebreus! –, capturaram e queimaram a capital religiosa da Assíria, Ashur. Nínive, a capital real, seria a próxima. Em 612 a.C., ***a grande Assíria estava em ruínas***. A Assíria – terra do "primeiro arqueólogo" – havia se tornado uma terra de sítios arqueológicos.

Como isso poderia ter acontecido à terra cujo próprio nome significava a "Terra do deus Ashur"? A única explicação naquela época era que os deuses haviam retirado sua proteção do lugar; de fato, como mostraremos, havia muito mais relacionado a isso: **os próprios deuses haviam se retirado – daquela região e também da Terra.**

Assim, o capítulo mais incrível e final da Saga do Retorno, no qual **Harran** iria ter um papel importante, começava a se desenrolar.

A impressionante sequência de eventos, após a queda da Assíria, começou com a fuga para Harran dos membros da família real da Assíria. Buscando proteção do deus Sin, os fugitivos, reunidos ao que havia sobrado do exército assírio, proclamaram um dos refugiados reais como sendo o "Rei da Assíria"; mas o deus, cuja cidade de Harran existira desde os primórdios dos tempos, não reagiu. ***Em 610 a.C., as tropas babilônicas capturaram Harran e puseram fim ao que restava da esperança assíria***.

A disputa para cobrir a sucessão à herança da Suméria e Acádia havia terminado; ela pertencia agora, de forma solene a abençoada, ao rei da Babilônia. Novamente, a Babilônia reinava sobre as terras que uma vez foram glorificadas como "Suméria e Acádia" – a tal ponto que muitos textos daquela época mostravam que Nabupolassar havia recebido o título de "Rei da Acádia". Ele usava essa autoridade para expandir as observações celestiais nas antigas cidades sumérias de Nippur e Uruk, sendo que alguns dos textos observacionais mais importantes dos subsequentes e cruciais anos vêm de lá.

Foi naquele mesmo fatídico ano, 610 a.C. (um ano memorável de incríveis eventos, como veremos mais adiante), que um Egito revigorado também colocou no seu trono um assertivo e poderoso homem chamado Necao. Apenas um ano depois ocorreu uma ação geopolítica muito pouco compreendida – pelos historiadores, é claro. Os egípcios, que costumavam estar do mesmo lado dos babilônios em oposição ao regime assírio, saíram do Egito, correram em direção ao norte e passaram a dominar territórios e locais sagrados que os babilônios consideravam deles. Os egípcios avançaram toda a extensão em direção ao norte até Carquemish e se posicionaram a uma distância de ataque de Harran; isso também colocou nas mãos dos egípcios os dois locais relacionados ao espaço, no Líbano e na Judeia.

Os babilônios, surpresos, não iriam deixar por menos. O já envelhecido Nabupolassar confiou a tarefa de recapturar os lugares vitais ao seu filho Nabucodonosor, que já havia se destacado nos campos de batalha. Em junho de 605 a.C., em Carquemish, os babilônios massacraram o exército egípcio, liberaram "a sagrada floresta no Líbano que Nabu e Marduk desejavam" e foram atrás dos egípcios até a península do Sinai. Nabucodonosor parou a perseguição somente depois de ter recebido a notícia de que seu pai havia morrido na Babilônia. Ele voltou o mais rápido possível e foi proclamado rei da Babilônia naquele mesmo ano.

Os historiadores não encontram uma explicação para esse repentino ataque egípcio e a ferocidade da reação babilônica. Para nós, é evidente que no cerne dos eventos estava a expectativa do Retorno. De fato, parece que, naquele mesmo ano de 605 a.C., o Retorno era considerado iminente, talvez até atrasado, tendo em vista que foi naquele mesmo ano que o profeta Habacuque começou a profetizar em nome de Yahweh, em Jerusalém.

Prevendo de modo assustador o futuro da Babilônia e de outras nações, o profeta perguntou a Yahweh quando o Dia do Senhor – o dia do julgamento sobre as nações, incluindo a Babilônia – estava para vir, e Yahweh respondeu, dizendo:

Escreva a profecia,
explique claramente nas tábuas,
para que possa ser lida rapidamente;
pois a visão é ainda para um tempo determinado;
no final virá, sem falhar!
Pode tardar, aguarde por ele;
pois certamente virá –
Pois seu tempo marcado não será atrasado.

Habacuque 2: 2-3

(O "tempo marcado", como veremos, chegou precisamente 50 anos depois).

Os 43 anos do reinado de Nabucodonosor (605-562 a.C.) são considerados como o período de um império "neo-babilônico" dominante, um período marcado por ações decisivas e mudanças muito rápidas, pois não havia tempo a perder – a aproximação do Retorno era agora o prêmio da Babilônia!

Para preparar a Babilônia para o aguardado Retorno, reformas gigantescas e trabalhos de construção entraram rapidamente em vigor. Seu foco era o distrito sagrado, onde o templo Esagil de Marduk (agora simplesmente chamado de *Bel/Ba'al*, "O Senhor") foi renovado e reconstruído, seu zigurate de sete estágios estava pronto para as observações dos céus estrelados (Figura 93) – do mesmo jeito como havia sido feito em Uruk quando da visita de Anu cerca de 4000 a.C. Um novo Caminho da Procissão conduzindo ao distrito sagrado e passando pelo novo sólido portal foi construído; suas muralhas eram decoradas e cobertas da base ao topo com tijolos artisticamente envidraçados que impressionam até os dias atuais, pois as escavações modernas no local removeram e juntaram o Caminho da Procissão e o Portal no Museu Vorderasiatiches, em Berlim. A Babilônia, a Eterna Cidade de Marduk, estava pronta para dar as boas-vindas ao Retorno.

"Eu construí a cidade da Babilônia para ser a primeira entre todos os países e cada habitação; seu nome eu elevei para que fosse o mais glorificado entre os nomes de todas as cidades sagradas", Nabucodonosor escreveu em suas inscrições. Ao que tudo indica, a expectativa era de que a chegada do deus do disco alado seria no Local de Aterrissagem no Líbano. Em seguida, o Retorno se consumaria ao entrar na Babilônia através do novo e magnífico Caminho da Procissão

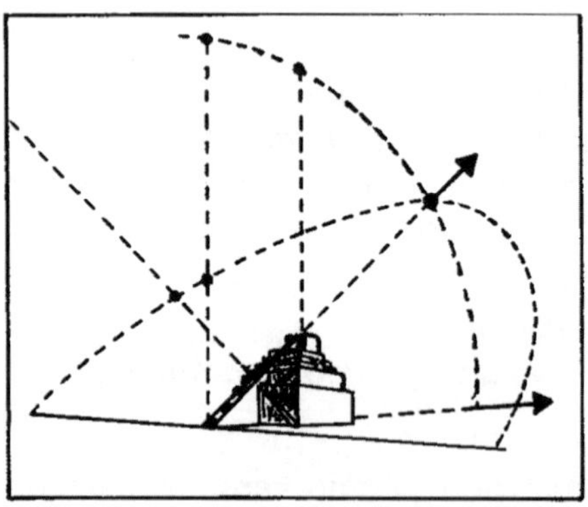

Figura 93

e do majestoso portal (Figura 94) chamado "Ishtar" (pseudônimo para IN.ANNA), que era a "amada de Anu" em Uruk – outra pista que indicava quem estava sendo aguardado no Retorno.

Figura 94

Acompanhando estas expectativas estava o papel que desempenharia a Babilônia como o Umbigo da Terra – herdando o *status* pré-diluviano de Nippur como sendo DUR.AN.KI, a "Ligação Céu-Terra". Que esta agora fosse a função da Babilônia foi algo expresso quando foi dado à plataforma da fundação do zigurate o nome sumério de E.TEMEN.AN.KI ("Templo da Fundação para o Céu-Terra"). O nome destacava o papel da Babilônia como o novo "Umbigo da Terra" – papel claramente descrito no "mapa-múndi" da Babilônia (veja figura 10). Esta foi a terminologia que ecoou a descrição de Jerusalém com sua Pedra Fundamental, servindo como ligação entre a Terra e o Céu!

Mas, se foi isso que Nabucodonosor anteviu, então a Babilônia deveria substituir a ligação espacial pós-diluviana existente – Jerusalém.

Tendo tomado o papel pré-diluviano de Nippur para servir como o Centro de Controle da Missão após o Dilúvio, Jerusalém estava localizada no centro das distâncias concêntricas com os outros locais relacionados ao espaço (veja figura 3). Chamando-a de o "Umbigo da

Terra" (38: 12), o profeta Ezequiel anunciou que Jerusalém havia sido escolhida para esta função pelo próprio Deus:

Assim disse o Senhor Yahweh:
Esta é Jerusalém;
no meio das nações eu a coloco,
e todas as terras estão em um círculo
em todas as direções ao redor dela.

Ezequiel 5: 5

Determinado a usurpar essa função para a Babilônia, Nabucodonosor conduziu suas tropas à elusiva recompensa de capturar Jerusalém em 598 a.C.. Desta vez, como o profeta Jeremias advertira, Nabucodonosor estava carregando a ira de Deus ao povo de Jerusalém, pois eles haviam adotado a veneração dos deuses celestiais: "Ba'al, o Sol e a Lua, e as constelações" (II Reis 23: 5) – *uma lista que claramente incluía Marduk como uma entidade celestial!*

Fazendo o povo de Jerusalém passar fome com o cerco que durou três anos, Nabucodonosor conseguiu dominar a cidade e levou o rei da Judeia, Jehoyachin, como prisioneiro para a Babilônia. Foram também levados ao exílio a nobreza, a elite culta da Judeia – entre eles o profeta Ezequiel – e centenas de seus soldados e artesãos; fizeram com que residissem às margens do Rio Khabur, próximo a Harran, a casa ancestral deles.

A própria cidade e o Templo foram deixados intactos nessa época; mas, 11 anos depois, em 587 a.C., os babilônios retornaram com força total. Agindo desta vez, de acordo com a Bíblia, por sua própria vontade, os babilônios atearam fogo ao Templo que Salomão havia construído. Nas suas inscrições, Nabucodonosor não deu explicação alguma a não ser a mais simples de todas – agradar aos "meus deuses Nabu e Marduk" e cumprir seus desejos; mas, como já veremos, o verdadeiro motivo era bem simples: uma crença de que Yahweh havia partido e não estava mais lá.

A destruição do Templo foi um feito chocante e malévolo pelo qual a Babilônia e seu rei – previamente considerado pelos profetas como sendo a "vara da ira" de Yahweh – foram severamente punidos: "A vingança de Yahweh, nosso Deus, ***vingança pelo Seu Templo***", deveria ser trazida à Babilônia, anunciou o profeta Jeremias (50: 28). Prevendo a queda da poderosa Babilônia e sua destruição por invasores do norte – eventos que se concretizariam apenas algumas décadas mais tarde – Jeremias também proclamou o destino dos deuses que Nabucodonosor havia invocado:

Declarai entre as nações e proclamai,
levantai o estandarte, anunciai, não encubrais.
Dizei: Capturada está a Babilônia!
Enfraquecido está Bel, *amaldiçoado é* Marduk!

Jeremias 50: 2

A punição divina imposta ao próprio Nabucodonosor foi proporcional a seu sacrilégio. De acordo com fontes tradicionais, Nabucodonosor ficou louco depois que um inseto entrou em seu cérebro pelo nariz; morreu agonizando em 562 a.C.

Nem Nabucodonosor, nem seus três sucessores de linhagem (que foram assassinados ou que foram descartados depois de uma curta confissão) viveram para ver a chegada de Anu aos portões da Babilônia. De fato, ***tal chegada nunca aconteceu, apesar de Nibiru ter retornado.***

É fato que as tábuas astronômicas daquela mesma época registraram observações reais de Nibiru, apelidada de "Planeta de Marduk". Algumas foram registradas como presságios, por exemplo, uma tábua catalogada, K.8688, que informou ao rei que se Vênus pudesse ser visto "diante de" (ou seja, erguendo-se na frente de) Nibiru, não haveria colheita; mas se Vênus se erguesse "atrás" (ou seja, depois) de Nibiru, "a colheita seria bem-sucedida". De grande interesse para nós está um grupo de tábuas da "Babilônia Tardia" encontrado em Uruk; elas apresentavam os dados em 12 colunas zodiacais mensais e combinavam os textos com descrições ilustradas. Em uma dessas tábuas (VA 7851, Figura 95), o Planeta de Marduk é mostrado entre

Figura 95

o símbolo do carneiro de Áries de um lado e o símbolo do número sete para a Terra do outro lado, junto à descrição de Marduk dentro do planeta. Outro exemplo é a tábua VAT 7847; ela denomina uma observação real, ***na constelação de Áries***, como o "***Dia em que o portal do grande senhor Marduk abriu-se***" (quando Nibiru apareceu no campo de visão); em seguida, marca o "*Dia do Senhor Marduk*", à medida que o planeta se movia e era visto em Aquário.

Mais reveladora sobre a entrada no campo de visão do planeta "Marduk" nos céus do sul, rapidamente tornando-se "Nibiru" na banda celestial central, havia ainda outra classe de tábuas, desta vez circulares. Representando "um avanço retrógrado" em relação aos dogmas astronômicos sumérios, as tábuas dividiam a esfera celestial em três Caminhos (Caminho de Enlil para os céus do norte, de Ea para o sul e de Anu ao centro). Os 12 segmentos de calendário zodiacal eram então sobrepostos aos três Caminhos, como mostram os fragmentos descobertos (Figura 96); textos explicativos estavam escritos no verso dessas tábuas circulares.

Em 1900 d.C., atendendo a uma reunião da Sociedade Real Asiática em Londres, na Inglaterra, Theophilius G. Pinches causou uma comoção

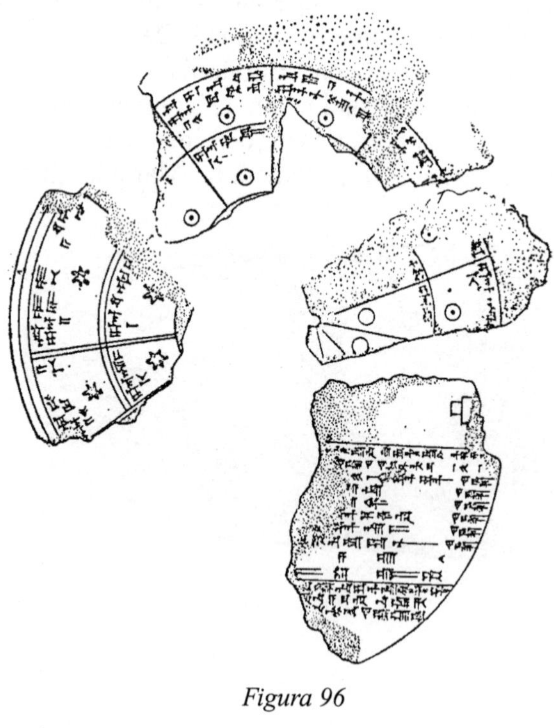

Figura 96

quando anunciou que ele fora bem-sucedido em juntar as peças de um completo "astrolábio" ("Conquistador de Estrelas"), como chamava a tábua. Ele o mostrou como sendo um disco circular dividido em três seções concêntricas e, como uma torta, em 12 segmentos, resultando em um campo de 36 porções. Cada uma das 36 porções continha um nome com um pequeno círculo logo abaixo, indicando que se tratava de um corpo celestial, e um número. Cada porção também apresentava o nome do mês, sendo que Pinches os numerou de I a XII, começando com Nissan (Figura 97).

A apresentação gerou compreensível comoção, pois se tratava de um mapa do céu babilônico, dividido nos três Caminhos de Enlil, Anu e Ea/Enki, indicando quais planetas, estrelas e constelações eram observados em qual lugar a cada mês durante o ano. O debate sobre a identidade dos corpos celestiais (na raiz do que oculta a noção de que não há "nada além de Saturno") e o significado dos números ainda precisa ser concluído. Também não está resolvida a questão da datação – em que ano foi feito o astrolábio? Se era cópia de uma tábua antiga, qual era a época indicada? Opiniões sobre a datação abrangiam do

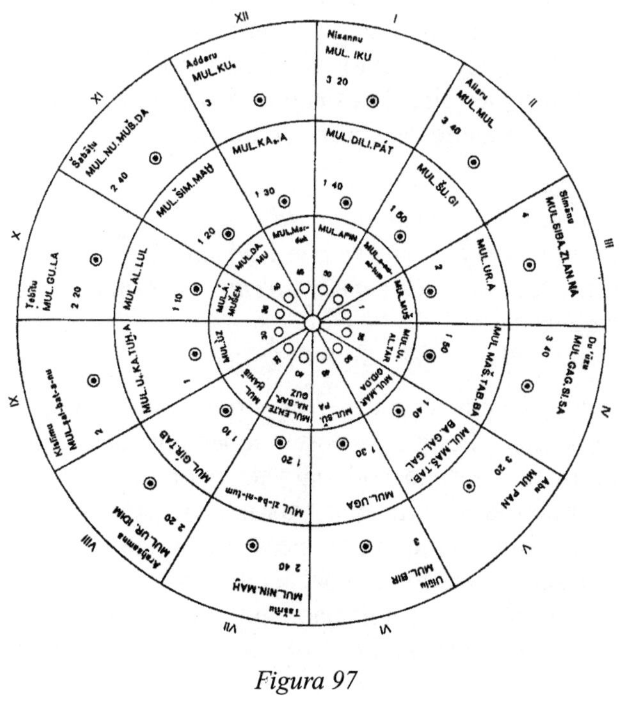

Figura 97

século XII ao século III a.C.; no entanto, a maioria concordou que o astrolábio pertencia à era de Nabucodonosor ou de seu sucessor Nabuna'id.

O astrolábio apresentado por Pinches foi identificado nos debates posteriores com um "P", mas depois foi renomeado para "Astrolábio A" porque outro foi anexado a ele desde então, e é conhecido como "Astrolábio B".

Apesar de ambos parecerem idênticos à primeira vista, são diferentes – e para a nossa análise, a diferença-chave é que no "B" o planeta identificado como *mul Neberu deity Marduk* – "Planeta Nibiru do deus Marduk" – é mostrado no Caminho de Anu, a banda eclíptica-central (Figura 98), ao passo que, no "A", o planeta identificado como *mul Marduk* – o "Planeta de Marduk" – é mostrado no Caminho de Enlil, nos céus do norte (Figura 99).

A mudança no nome e na posição está absolutamente correta se os dois astrolábios descrevem um *planeta em movimento* – "Marduk" como era chamado pelos babilônios. Esse planeta, depois de ter entrado no campo de visão nos céus do norte (como no "A"), faz uma curva para baixo, cruza o eclíptico e se torna NIBIRU ("Cruzando") quando cruza o eclíptico *do Caminho de Anu* (como no "B"). A documentação em duas etapas feita pelos dois astrolábios descreve precisamente o que nós vínhamos afirmando o tempo todo!

Os textos (conhecidos como KAV 218, colunas B e C) que acompanham as descrições circulares não deixam qualquer dúvida no que diz respeito à identidade de Marduk/Nibiru:

[Mês] Adar:
Planeta Marduk no Caminho de Anu:
o radiante Kakkabu *que se eleva ao sul*
após os deuses da noite terminarem suas tarefas,
e divide os céus.
Este kakkabu *é Nibiru=deus Marduk.*

Enquanto podemos estar certos – por motivos a serem explicados mais à frente – de que as observações em todas aquelas tábuas da "Babilônia Tardia" não poderiam ter ocorrido antes de 610 a.C., podemos também assegurar que elas não ocorreram depois de 555 a.C., pois essa foi a data que uma pessoa chamada Nabuna'id se tornou o último rei da Babilônia. Para legitimar-se, afirmou que seu reinado era celestialmente confirmado porque o "*planeta de Marduk, nas alturas, havia me chamado pelo nome*". Em seguida, ele também

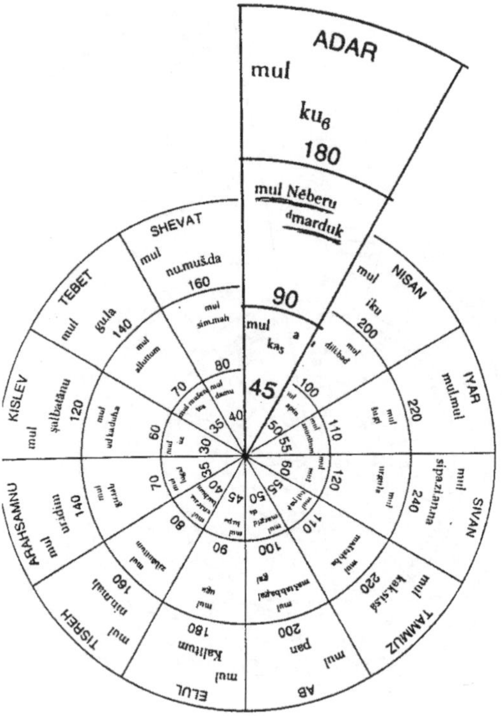

Figura 98

declarou ter visto, em uma visão noturna, "*a Grande Estrela e a Lua*". Com base nas fórmulas de Kepler para as órbitas planetárias ao redor do Sol, todo o período de visibilidade de Marduk/Nibiru na Mesopotâmia durou apenas uns poucos anos; daí em diante, a visibilidade afirmada por Nabuna'id coloca o Retorno do planeta nos anos que imediatamente precedem 555 a.C.

Então quando foi a época precisa do Retorno? Há mais um aspecto envolvido na solução do quebra-cabeça: as profecias das "Trevas ao meio-dia" no Dia do Senhor – um eclipse solar – **e tal eclipse de fato ocorreu em 556 a.C.!**

Os eclipses solares, apesar de muito mais raros que os eclipses lunares, não são incomuns; eles acontecem quando a Lua, ao passar de determinada maneira entre a Terra e o Sol, escurece temporariamente o Sol. Apenas uma pequena porção dos eclipses solares é total. A extensão, a duração e a trajetória da escuridão total variam de passagem para passagem, em função da dança orbital dinâmica tripla entre o Sol, a Terra e a Lua, além da rotação diária da Terra e sua mudança de inclinação axial.

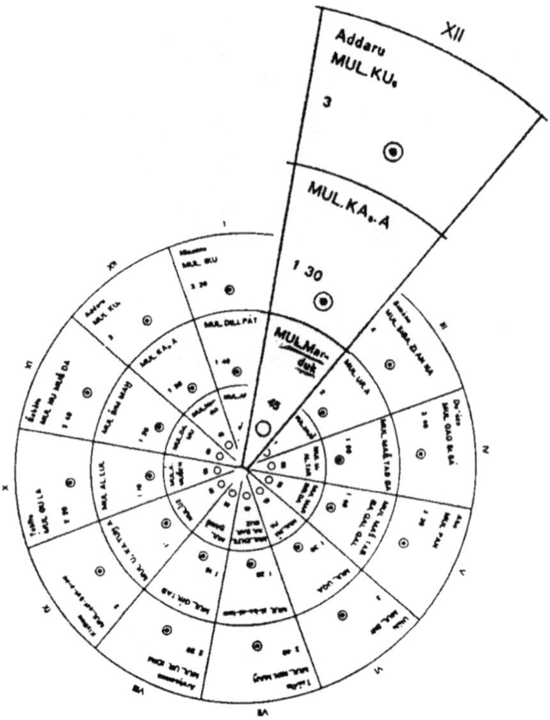

Figura 99

Raros como são os eclipses solares, o legado astronômico da Mesopotâmia incluía o conhecimento de um fenômeno chamado *atalu shamshi*. Referências textuais sugerem que não apenas o fenômeno, mas também o seu envolvimento lunar faziam parte do conhecimento acumulado na antiguidade. De fato, um eclipse solar, cuja trajetória de totalidade passou sobre a Assíria, ocorreu em 762 a.C. Foi acompanhado por outro em 584 a.C. que pôde ser visto em todas as terras mediterrâneas, com totalidade sobre a Grécia. **Porém, em seguida, em 556 a.C., houve um eclipse solar extraordinário "*que não ocorreu na época esperada*".** Se não fosse em decorrência dos movimentos previsíveis da Lua, **poderia ter sido causado por uma passagem extraordinariamente próxima de Nibiru?**

Entre as tábuas astronômicas pertencentes a uma série chamada "Quando Anu For o Planeta do Senhor", uma tábua (catalogada VACh. Shamash/RM.2,38–Figura 100), que trata de um eclipse solar, registrou o fenômeno observado (linhas 19-20):

No começo o disco solar,
que não foi na época esperada,
escureceu
e ***permaneceu na radiação do Grande Planeta.***
No dia 30 [do mês] foi
o ***eclipse do Sol.***

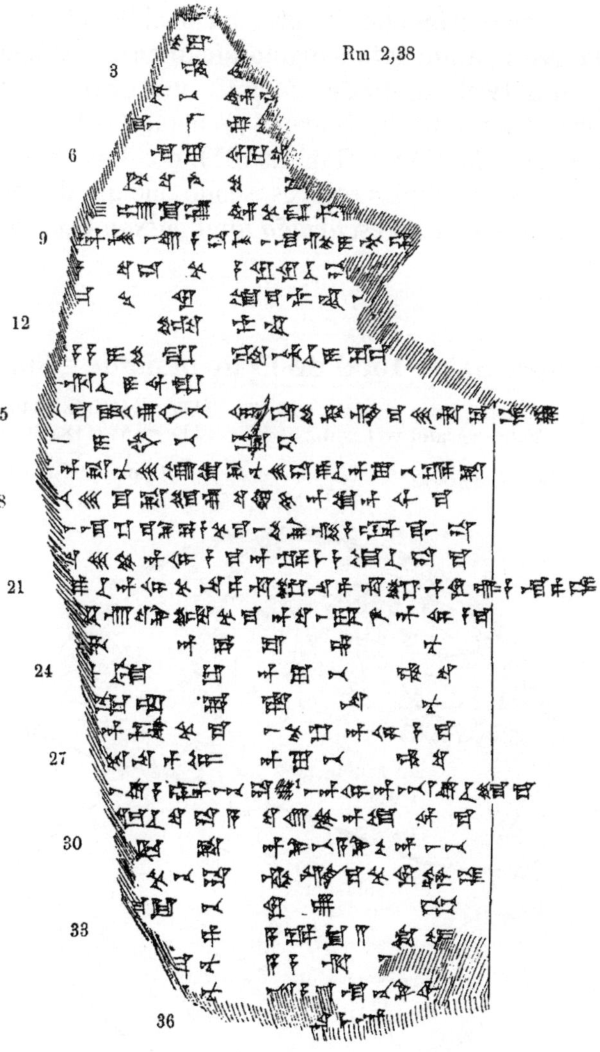

Figura 100

O que exatamente significam as palavras de que o Sol escurecido "permaneceu na radiação do Grande Planeta"? Apesar da própria tábua não fornecer uma data para aquele eclipse, sugerimos que as palavras, realçadas antes, ***indicam fortemente que o inesperado e extraordinário eclipse solar foi de algum modo causado pelo retorno de Nibiru***, o "grande planeta irradiante". Entretanto, os textos não explicam se a causa direta foi o próprio planeta, ou os efeitos de sua "radiação" (atração magnética ou gravitacional?) na Lua.

Ainda assim, é um fato astronomicamente histórico que, em um dia igual a 19 de maio de 556 a.C., um grande eclipse solar total ocorreu. Como mostra o mapa, preparado pelo Centro de Voo Espacial Goddard da NASA (Figura 101), o eclipse foi volumoso e importante, visto em amplas regiões, sendo que um de seus aspectos únicos foi que ***a banda da escuridão total passou exatamente sobre o distrito de Harran!***

Eclipse Solar Total de 19 de maio de – 0056

Conjunção geocêntrica = 12:50:16.9 UT J.D. = 1518118.034918
Eclipse Maior = 12:44:22.5 UT J.D. = 1518118.030815

Magnitude do Eclipse = 1.02584 Gama = 0.31810

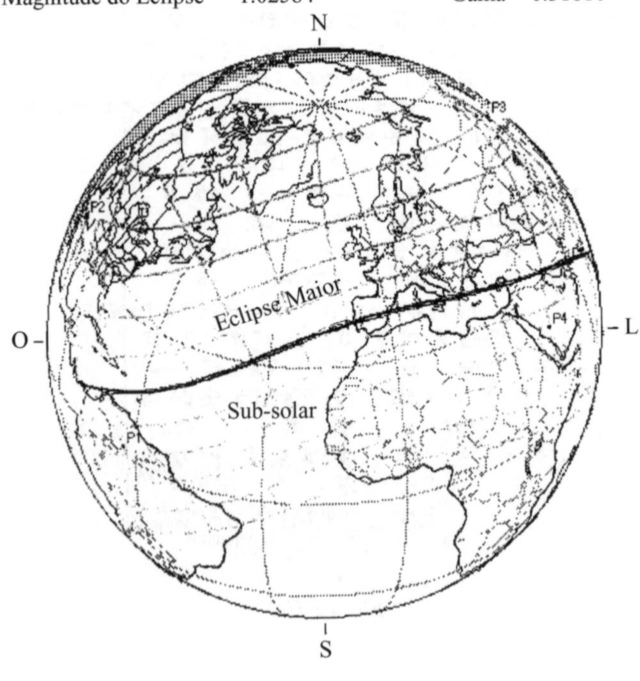

Figura 101

Este último fato é de extrema importância para nossas conclusões – e foi muito mais naqueles anos fatídicos do mundo antigo; pois, *logo após esse evento*, em 555 a.C., Nabuna'id foi proclamado rei da Babilônia – não na Babilônia, mas em Harran. Ele foi o último rei da Babilônia; depois dele, como havia profetizado Jeremias, a Babilônia seguiu o destino da Assíria.

Foi em 556 a.C. que ocorreram as profetizadas Trevas ao Meio-Dia. E foi justamente quando Nibiru retornou; era o profetizado DIA DO SENHOR.

E quando ocorreu o Retorno do planeta, nem Anu e nem outro dos deuses aguardados apareceram. Na verdade, aconteceu o oposto: os deuses, os deuses anunnakis, alçaram voo e deixaram a Terra.

13

Quando os Deuses Deixaram a Terra

A partida dos deuses anunnakis da Terra foi um evento repleto de dramas com teofanias, ocorrências fenomenais, incertezas divinas e dilemas humanos.

No entanto, a partida não é suposta e nem especulativa; é algo que está amplamente documentado. As evidências chegaram até nós vindas do Oriente Médio e também das Américas; um dos registros mais diretos, e certamente dramáticos, da partida dos antigos deuses da Terra chegaram a nós vindos de **Harran**. O testemunho não é um rumor; consiste em ***registros de testemunhas***, entre elas, o profeta Ezequiel. Foram incluídos na Bíblia, e estão inscritos nas colunas de pedra – textos que tratam dos eventos milagrosos que conduziram à ascensão do último rei ao trono da Babilônia.

Harran, nos dias atuais – sim, ainda está lá, eu a visitei –, é uma cidade adormecida no leste da Turquia, apenas algumas milhas da fronteira da Síria. É cercada por muralhas em ruínas da época islâmica e seus habitantes vivem em cabanas de barro no formato de colmeia. O poço tradicional, onde Jacó se encontrou com Raquel, ainda está lá, entre as pastagens de carneiro nos arredores da cidade, com a água mais pura e fresca que se possa imaginar.

Mas, no princípio, Harran era um próspero centro comercial, cultural, religioso e político, a tal ponto que mesmo o profeta Ezequiel (27: 24), que vivia na região com outros exilados de Jerusalém, relembrava sua reputação como uma comerciante de "roupas azuis e trabalho bordado, em baús de cedro com finas estampas, amarrados com cordas". Era uma cidade que, desde a época suméria, era vista como o centro de culto "Ur longe de Ur" do "deus Lua" Nannar/Sin.

A família de Abraão acabou residindo lá porque seu pai Terah era um *Tirhu*, um sacerdote-profeta, o primeiro em Nippur, em seguida em Ur e, finalmente, no templo de Nannar/Sin em Harran. Depois da destruição da Suméria pelo Vento nuclear do Mal, Nannar e sua esposa Ningal construíram sua casa e suas sedes em Harran.

Apesar de Nannar ("*Su-en*", ou *Sin* abreviatura em acadiano) não ser o herdeiro primogênito legítimo – esse *status* pertencia a Ninurta – ele era o primogênito de Enlil e de sua esposa Ninlil, o primeiro nascido na Terra. Os deuses e os homens têm grande adoração por Nannar/Sin e sua esposa; os hinos em sua honra na gloriosa época da Suméria e as lamentações sobre a desolação geral da Suméria, de Ur em particular, revelam o grande amor e admiração do povo em relação a este casal divino. Tanto é que, muitos séculos depois, Esarhaddon foi se consultar com o já ancião Sin ("apoiando-se em um cajado") sobre a invasão do Egito; o fato de que a realeza refugiada da Assíria havia feito a última parada em Harran serve para indicar o papel importante que Nannar/Sin continuou tendo até o final de sua vida.

Foi nas ruínas do grande templo de Nannar/Sin na cidade, o E.HUL.HUL ("Casa de Dupla Alegria"), que os arqueólogos descobriram quatro colunas de pedra ("stelae") onde antes ficava o templo: uma em cada canto do saguão principal de oração. As inscrições nos *stelae* revelavam que dois haviam sido erguidos pela alta sacerdotisa do templo, Adda-Guppi; os outros dois, pelo filho dela, Nabuna'id, o último rei da Babilônia.

Com uma evidente noção histórica e sendo uma experiente oficial do templo, Adda-Guppi forneceu datas precisas em suas inscrições relacionadas aos eventos extraordinários que ela testemunhou. As datas, ligadas como eram de costume aos anos de reinado de conhecidos reis, puderam então ser – e têm sido – checadas por estudiosos modernos. Portanto, é certo que ela nasceu em 649 a.C. e viveu durante os reinados de vários reis assírios e babilônicos, chegando à maturidade de 104 anos de idade.

Aqui está o que ela escreveu na sua *stela* relacionando o primeiro de uma série de eventos extraordinários:

Foi no décimo sexto ano de Nabupolassar,
rei da Babilônia, que Sin, senhor dos deuses,
ficou irado com sua cidade e seu templo
e subiu ao céu;
e a cidade e o povo foram à ruína.

O décimo sexto ano de Nabupolassar era 610 a.C. – um ano memorável, o leitor irá se lembrar, quando as forças babilônicas capturaram Harran das mãos do que havia sobrado da família real assíria e seu exército, e quando um Egito revigorado decidiu tomar os locais relacionados ao espaço. Foi então que Adda-Guppi escreveu que um irado Sin retirara sua proteção (e a si mesmo) da cidade, juntara suas coisas e fora "**para o céu!**"

O que se seguiu na cidade capturada está resumido de forma precisa: "E a cidade e seu povo foram à ruína". Enquanto outros sobreviventes fugiram, Adda-Guppi permaneceu. "Diariamente, sem parar, dia e noite, por meses, anos", ela manteve vigília ao templo arruinado. Fúnebre, "abriu mão dos vestidos de fina lã, tirou as joias, deixou de usar ouro e prata, abandonou perfumes e óleos de doce fragrância". Como um fantasma vagando pelo santuário abandonado, "com um traje rasgado eu me vestia; eu ia e vinha silenciosamente", escreveu ela.

Então, no desolado distrito sagrado, encontrou um manto que havia pertencido a Sin. Para a deprimida sacerdotisa, a descoberta era uma profecia do deus: de repente, ele havia dado a ela uma presença física de si mesmo. Ela não conseguia tirar os olhos do traje sagrado, nem se atrever a tocá-lo, exceto "segurá-lo pela bainha". Como se o próprio deus ali estivesse para ouvi-la, ela se prostrou e, "em oração e humildade", pronunciou um juramento: "Se retornasses à tua cidade, todo o povo de Cabeça-Negra veneraria tua divindade!".

"Povo de Cabeça-Negra" era um termo que os sumérios usavam para descrever a si mesmos. O termo foi usado pela alta sacerdotisa uns 1.500 anos depois que a Suméria não tinha mais significado algum: ela estava dizendo ao deus que, se ele retornasse, seria restabelecido ao domínio, como na Época Antiga, e seria novamente o deus e o senhor da restaurada Suméria e Acádia. Para conseguir isso, Adda-Guppi propôs um acordo ao seu deus: se ele retornasse e usasse seus poderes divinos para fazer com que seu filho Nabuna'id se tornasse o próximo rei imperial, reinando em todos os domínios assírios e babilônicos, Nabuna'id por sua vez restauraria o templo de Sin, não apenas em Harran mas também em Ur, e proclamaria o culto a Sin como a religião do Estado em todas as terras do povo de Cabeça-Negra!

Tocando a bainha do roupão do deus, dia após dia ela orou; eis que, uma noite, o deus apareceu para ela em um sonho e aceitou sua proposta. O deus Lua, Adda-Guppi escreveu, gostara da ideia: "Sin, senhor dos deuses do Céu e da Terra, pelos meus bons feitos olhou para mim com um sorriso; ele ouviu minhas preces; ele aceitou meu juramento. A ira do seu coração se acalmou. Voltado para Ehulhul, seu templo em Harran, a residência divina em que seu coração se alegrou, ele se reconciliou; e mudou seu coração". O deus, escreveu Adda-Guppi, aceitara a proposta:

Sin, senhor dos deuses,
olhou com favor minhas palavras.
Nabuna'id, meu único filho, que saiu do meu ventre,
ao reino foi chamado –
o reino da Suméria e Acádia.
Todas as terras da fronteira do Egito,
do Alto Mar ao Baixo Mar,
em suas mãos ele confiou.

Ambos os lados mantiveram sua proposta. "Eu mesma certifiquei-me de que fosse cumprida", declarou Adda-Guppi no segmento que concluía suas inscrições: Sin "honrou a palavra que pronunciou a mim", fazendo com que Nabuna'id subisse ao trono babilônico em 555 a.C.; e Nabuna'id manteve o juramento de sua mãe e restaurou o templo Ehulhul em Harran, "aperfeiçoando sua estrutura". Ele renovou o culto a Sin e Ningal (*Nikkal* em acadiano) – "todos os ritos esquecidos ele fez novamente".

Então, um grande milagre, um acontecimento jamais visto por gerações, aconteceu. O evento está descrito em duas estelas de Nabuna'id, no qual ele aparece ilustrado segurando um cajado e olhando para os símbolos celestiais de Nibiru, da Terra e da Lua (Figura 102):

Este é o grande milagre de Sin
que pelos deuses e deusas
não ocorre na terra
desde os tempos antigos desconhecidos;
não é visto e nem encontrado escrito
nas tábuas desde os tempos antigos:
Que Sin, senhor dos deuses e das deusas,
residindo nos céus,
desceu dos céus –
diante da vista de Nabuna'id, rei da Babilônia.

As inscrições relatam que Sin não retornou sozinho. De acordo com os textos, ele entrou e restaurou o templo de Ehulhul em uma

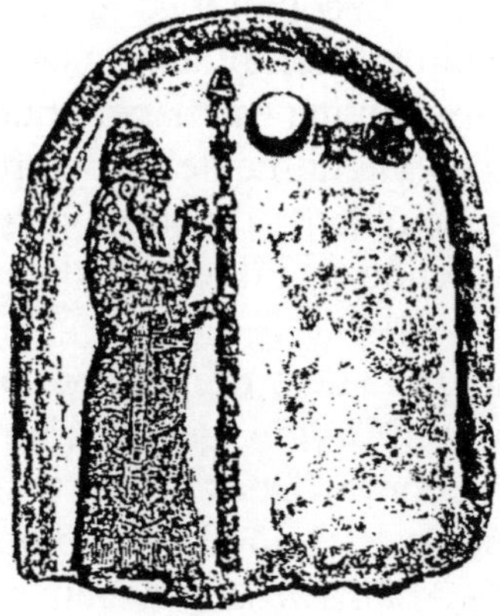

Figura 102

procissão cerimonial, acompanhado por sua esposa Ningal/Nikkal ao seu lado e por seu assistente, o Divino Mensageiro Nusku.

O milagroso retorno de Sin "dos céus" levanta muitas questões, a primeira sendo onde, "nos céus", ele estivera durante cinco ou seis décadas. Respostas para tais perguntas podem ser dadas combinando a evidência antiga com as descobertas da ciência e da tecnologia modernas. Mas, antes de retornarmos a isso, é importante examinar todos os aspectos da partida, pois não foi apenas Sin que ficou "irado", deixou a Terra e "foi para o céu".

As extraordinárias idas e vindas celestiais descritas por Adda-Guppi e Nabuna'id ocorreram enquanto eles estavam em Harran – um ponto importante, tendo em vista que outra testemunha estava presente naquela região e naquela mesma época: era o profeta Ezequiel, e ele também tinha muito a dizer sobre o assunto.

Ezequiel, um sacerdote de Yahweh em Jerusalém, estava entre a aristocracia e os artesãos que haviam sido exilados, junto ao rei Jehoiachin, depois do primeiro ataque de Nabucodonosor a Jerusalém, em 598 a.C. Eles foram levados à força para o norte da Mesopotâmia, instalando-se no distrito do Rio Khabur, apenas a uma curta distância de seu lar ancestral em Harran. Foi lá que a famosa visão de Ezequiel da carruagem celestial ocorreu. Sendo um sacerdote experiente, ele também registrou o local e a data: foi no quinto dia do quarto mês no quinto ano do exílio – 594/593 a.C. – "quando eu estava entre os exilados às margens do Rio Khebar, que os céus se abriram e tive visões de *Elohim*", afirmou Ezequiel logo no início de suas profecias. O que ele viu, aparecendo em um redemoinho, com luzes piscando, envolta em brilho, era uma divina carruagem que conseguia se mover para cima e para baixo e lateralmente, e dentro dela, "sobre o que parecia ser um trono, o semblante de um homem"; e ouviu uma voz se dirigindo a ele como sendo o "Filho do Homem" e anunciando sua missão profética.

A declaração de abertura do profeta é geralmente traduzida como "visões de *Deus*". O termo *Elohim*, que está no plural, tem sido tradicionalmente traduzido como "Deus" no singular, mesmo quando a própria Bíblia claramente o trata no plural, como em "E Elohim disse permiti que *nós* façamos Adão a *nossa* imagem e a *nossa* semelhança" (Gênesis 1: 26). Como os leitores dos meus livros já sabem, o conto do Adão bíblico é uma versão de textos sumérios sobre a criação, muito mais detalhados. Falam sobre quando uma equipe anunnaki, liderada por Enki, usou de engenharia genética para "gerar" o Adão. O termo *Elohim*, como temos mostrado repetidas vezes, refere-se aos anunnakis; e **o que** Ezequiel **relatou foi que ele havia encontrado uma nave celestial anunnaki** – próximo a Harran.

A nave celestial vista por Ezequiel foi descrita por ele no capítulo de abertura e, posteriormente, como o *Kavod* de Deus ("Aquilo que é pesado") – exatamente o mesmo termo usado no Êxodo para descrever o veículo divino que aterrissou no Monte Sinai. A descrição da nave passada por Ezequiel inspirou gerações de estudiosos e artistas; as descrições resultantes têm mudado com o tempo, à medida que nossa própria tecnologia de veículos voadores tem avançado. Textos antigos fazem referência a ambos, nave espacial e naves aéreas, e descrevem Enlil, Enki, Ninurta, Marduk, Toth, Sin, Shamash e Ishtar para indicar os mais importantes que possuíam naves aéreas e que voavam nos céus da Terra – ou se engajavam em batalhas aéreas, como aquelas entre Hórus e Set, ou Ninurta e Anzu (sem mencionar os deuses indo-europeus). De todas as variadas descrições textuais e ilustrativas dos "barcos celestiais" dos deuses, a mais apropriada para a visão de Ezequiel de um Redemoinho aparenta ser a "carruagem de redemoinho" descrita em um lugar no Jordão (Figura 103) do qual o profeta Elias foi levado ao céu. Parecida com um helicóptero, servia apenas como um ônibus espacial para levar até onde a nave espacial ficava posicionada.

A missão de Ezequiel era profetizar e advertir seus compatriotas exilados sobre a chegada do Dia do Julgamento para todas as nações injustas e as abominações. Em seguida, um ano depois, o mesmo "semblante de homem" apareceu de novo, estendeu a mão, apanhou-o e levou-o todo o trajeto até Jerusalém para que profetizasse ali. A cidade, como será lembrado, havia passado por um cerco de fome, uma derrota humilhante, saques devassos, uma ocupação babilônica e o exílio do rei e de toda a nobreza. Chegando ali, Ezequiel viu uma cena de completo colapso da lei e das práticas religiosas. Espantado com o

Figura 103

que estava acontecendo, ouviu os sobreviventes sentados em pesares, lamentando (8: 12; 9: 9):

> ***Yahweh não nos vê mais,***
> ***Yahweh deixou a Terra!***

Sugerimos que este era o motivo de Nabucodonosor ter ousado atacar Jerusalém novamente e destruído o templo de Yahweh. Era um clamor praticamente idêntico àquele que Adda-Guppi relatou de Harran: "Sin, o senhor dos deuses, irado com sua cidade e seu povo, subiu ao céu; e a cidade e o povo foram à ruína".

Não se pode afirmar como e por que os eventos que ocorreram no norte da Mesopotâmia geraram a noção na distante Judeia que Yahweh, também, havia deixado a Terra; mas é evidente que a palavra de que Deus e deuses haviam partido tinha se espalhado por todo lugar. De fato, a tábua VAT 7847, que mencionamos anteriormente em relação ao eclipse solar, afirma o seguinte, em uma seção profética relacionada às calamidades que duraram 200 anos:

> *Bramindo, os deuses irão voando*
> *das terras embora,*
> *dos povos eles se separarão.*
> *O povo deixará as moradias dos deuses em ruínas.*

Compaixão e bem-estar se acabarão.
Enlil, em ira, levantará voo.

Com vários outros documentos do gênero de "Profecias Acadianas", estudiosos consideram também este texto como uma "profecia pós-evento" – um texto que usa eventos que já aconteceram como base para prever outros eventos futuros. Seja como for, temos aqui um documento que expande consideravelmente o êxodo divino: os deuses irados, *liderados por Enlil*, haviam deixado suas terras; não foi apenas Sin que ficara irado e partira.

Há ainda outro documento. Está classificado pelos estudiosos como pertencente às "fontes de Profecia em neo-assírio", apesar de suas primeiras palavras sugerirem a autoria de um (babilônio?) adorador de Marduk. Aqui está, por inteiro, o que ele diz:

Marduk, o Enlil dos deuses, ficou irado. Sua mente se tornou furiosa.
Ele fez um plano malévolo para dispersar a terra e seus povos.
Seu coração irado inclinou-se para derrubar a terra e destruir seu povo.
Uma grave maldição formou-se em sua boca.
Presságios malévolos indicando o rompimento da harmonia celestial começaram a aparecer abundantemente no céu e na Terra.
Os planetas nos Caminhos de Enlil, Anu e Ea agravaram suas posições e repetidamente revelaram profecias anormais.
Arahtu, o rio da abundância, tornou-se uma imensa corrente.
Uma furiosa tempestade de água, uma enchente violenta como o Dilúvio varreu a cidade, suas casas e santuários, transformando-os em ruínas.
Os deuses e as deusas ficaram temerosos, abandonaram seus santuários, voaram como pássaros e ascenderam ao céu.

O que é comum em todos esses textos são as afirmações de que (a) os deuses ficaram irados com o povo, (b) os deuses "voaram como pássaros" e (c) eles ascenderam ao "céu". Em seguida, somos informados de que a partida fora acompanhada por um fenômeno celestial incomum e alguns distúrbios terrestres. Estes são os aspectos do Dia do Senhor, como foi profetizado pelos profetas bíblicos: **A partida**

estava relacionada ao Retorno de Nibiru – os deuses deixaram a Terra quando Nibiru veio.

O texto VAT 7847 inclui uma referência intrigante relacionada a um período calamitoso de dois séculos. Ele não deixa claro se isso era uma previsão do que estava para acontecer com a partida dos deuses, ou se foi durante tal época que sua ira e decepção com a humanidade aumentaram, gerando a Partida. A última sugestão parece ser o caso, pois provavelmente não é coincidência que a era da profecia bíblica, relacionada aos pecados das nações e à vinda do julgamento no Dia do Senhor, tenha começado com Amós e Oseias, cerca de 760/750 a.C. – dois séculos antes do Retorno de Nibiru! Por dois séculos, os profetas do único local legítimo da "Ligação Céu-Terra" – Jerusalém – clamavam por justiça e honestidade entre os povos e paz entre as nações, desprezavam oferendas insignificantes e louvação a ídolos inanimados, denunciavam conquistas perversas e destruição sem piedade. Também advertiram, sem sucesso, uma nação após outra (incluindo Israel) sobre as inevitáveis punições.

Se aquele era o caso, então o que ocorreu foi um aumento gradual da ira e da decepção divinas, e os anunnakis haviam chegado à conclusão de que "já passou dos limites" – era hora de partir. Isso tudo traz à mente a decisão dos deuses, liderados pelo decepcionado Enlil, sobre manter o Dilúvio que estava por vir, e dos próprios deuses decolando em suas naves celestiais, um segredo não revelado à humanidade. Já que Nibiru estava novamente se aproximando, foram os deuses enlilitas que planejaram a partida.

Quem partiu, como eles partiram e onde foram, se Sin poderia voltar em apenas algumas décadas? Para obter respostas, vamos retroceder os eventos de volta ao início.

Quando os anunnakis, liderados por Ea/Enki, chegaram à Terra pela primeira vez para obter o ouro que ajudaria a proteger a atmosfera do planeta em risco de extermínio, haviam planejado extrair o ouro das águas do Golfo Pérsico. Quando isso não funcionou, mudaram as operações de refinaria para o sudeste da África; a fundição e o refino passaram a ser feitos no E.DIN, a futura Suméria. O número deles aumentou para 600 na Terra, mais 300 igigis que operavam a nave celestial em uma estação em Marte, da qual naves espaciais de carga pesada poderiam ser lançadas com mais facilidade para Nibiru. Enlil, o meio-irmão de Enki e rival na sucessão, veio e foi colocado no posto de comando geral. Quando os anunnakis, que trabalhavam nas minas se revoltaram, Enki sugeriu que um "Trabalhador Primitivo" fosse criado; isso foi feito aperfeiçoando geneticamente um hominídeo já existente. Assim, os anunnakis começaram a "desposar as filhas de Adão e tiveram filhos com elas" (Gênesis 6), com Enki e Marduk rompendo o tabu. Quando veio o Dilúvio, o horrorizado Enlil disse: "Que a espécie humana pereça", pois "a perversidade do homem é grande na Terra". Mas, Enki, por meio de "Noé", frustrou o plano. A humanidade sobreviveu, proliferou e com o tempo foi concebida a civilização.

O Dilúvio que varreu a Terra inundou as minas na África, mas expôs um filão de ouro na Cordilheira dos Andes da América do Sul, fazendo com que os anunnakis obtivessem mais ouro de forma mais rápida e fácil. Não havia necessidade de derreter e refinar, pois na jazida de ouro – pepitas de ouro puro brotavam das montanhas – era preciso apenas coletá-lo e armazená-lo. Foi possível também reduzir o número de anunnakis necessários na Terra. Em sua visita de Estado à Terra, cerca de 4000 a.C., Anu e Antu visitaram a terra do ouro pós-diluviano às margens do Lago Titicaca.

A visita serviu como oportunidade para começar a reduzir o número de nibiruanos na Terra; também aprovou acertos de paz entre os meio-irmãos rivais e seus clãs guerreiros. Mas, enquanto Enki e Enlil aceitavam as divisões territoriais, o filho de Enki, Marduk, nunca desistiu de lutar pela supremacia que incluía o controle dos locais relacionados ao espaço. Foi então que os enlilitas começaram a preparar instalações de portos espaciais alternativas na América do Sul. Quando o porto espacial pós-diluviano no Sinai foi varrido pelas armas nucleares, em 2024 a.C., as instalações na América do Sul eram as únicas que haviam restado completamente nas mãos dos enlilitas.

Portanto, quando os líderes frustrados e decepcionados dos anunnakis decidiram que era hora de partir, alguns poderiam usar o Local de Aterrissagem; outros, talvez com o último grande carregamento de ouro, tiveram de usar as instalações da América do Sul, próximo ao local onde Anu e Antu haviam ficado durante sua visita à região.

Como foi mencionado anteriormente, o local – agora chamado de Puma-Punku – está a uma distância curta do contraído Lago Titicaca (divido entre o Peru e a Bolívia) –, mas estava situado nas margens sul do lago, com as instalações portuárias. O que restou consiste em uma fileira com quatro estruturas desmoronadas, cada uma feita de uma única rocha gigante escavada (Figura 104). Cada grupo escavado de câmaras era completamente incrustado por dentro com chapas de ouro presas no lugar por pregos de ouro – um tesouro incrível carregado pelos espanhóis quando chegaram no século XVIII. Como tais moradias eram escavadas de forma precisa usando as rochas, e como quatro rochas enormes foram levadas ao local, é ainda um mistério.

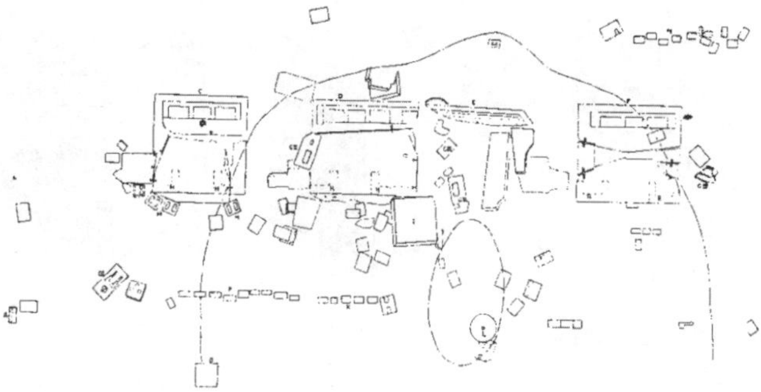

Figura 104

Há ainda outro mistério ali. As descobertas arqueológicas no local incluem uma grande quantidade de blocos de pedra que foram cortados, encaixados, angulados e moldados de forma precisa; alguns deles são mostrados na figura 105. Não é necessário um diploma de engenharia para saber que estas pedras foram cortadas, perfuradas e moldadas por alguém com uma habilidade tecnológica incrível e equipamentos sofisticados; de fato, dá até para duvidar se *pedras* podem ser tão bem moldadas assim nos dias atuais. O quebra-cabeça é composto pelo seguinte mistério: a qual propósito serviam estes milagres tecnológicos? Obviamente, para algum propósito ainda mais desconhecido e altamente sofisticado. Se fosse para servir como fundição de instrumentos complexos, o que – e de quem – eram esses instrumentos?

Podemos pensar que os anunnakis possuíssem tanto a tecnologia envolvida naquelas "fundições" e sua utilização como os produtos finais. O principal observatório dos anunnakis estava situado a algumas milhas em direção ao interior, em um local conhecido como Tiwanacu

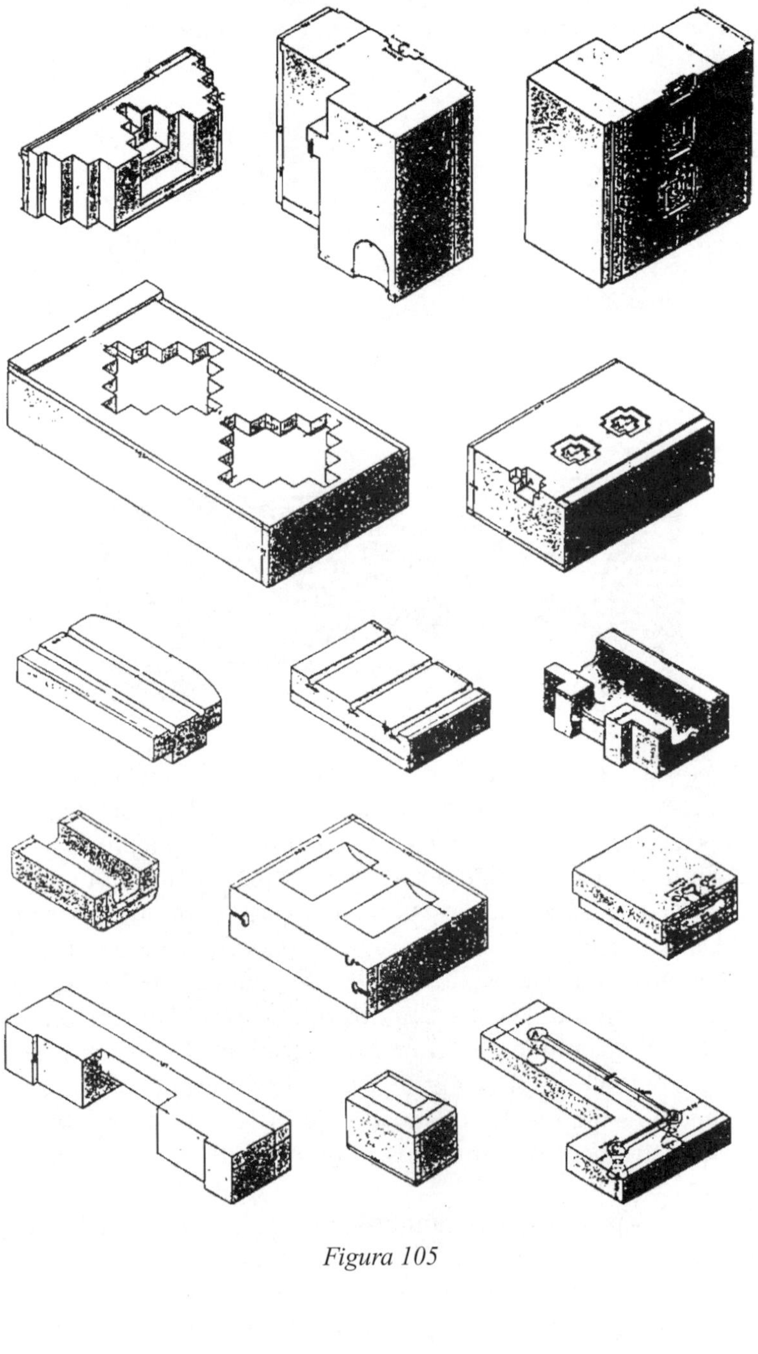

Figura 105

(antes se pronunciava Tiahuanacu), que hoje pertence à Bolívia. Um dos primeiros exploradores europeus a chegar até lá na Era Moderna, George Squier, descreveu o lugar em seu livro *Peru Illustrated* como "O Baalbec do Novo Mundo" – uma comparação muito mais válida do que ele imaginou.

O próximo principal explorador de Tiawanaku, Arthur Posnansky (*Tihuanacu – The Cradle of American Man [Tihuanacu – O Berço do Homem Americano]*), chegou a conclusões incríveis relacionadas à idade do local. As principais estruturas acima da superfície em Tiwanacu (aqui temos várias subterrâneas) incluem o ***Akapana***, um morro artificial repleto de canais, condutos e barragens cujo propósito discutimos em *Os Reinos Perdidos*. Uma atração turística é o portal de pedra conhecido como a ***Porta do Sol***, uma estrutura importante que foi também cortada de uma única rocha, exibindo o mesmo tipo de precisão de Puma-Punku. Provavelmente serviu para um propósito astronômico e, sem dúvida, como um calendário, como indicam as imagens entalhadas na passagem em arco; os entalhes são dominados por uma imagem ampliada do deus Viracocha segurando uma arma de relâmpago que se assemelha claramente com o Adad/Teshub do Oriente Médio (Figura 106). De fato, em *Os Reinos Perdidos,* sugeri que ele era Adad/Teshub.

A Porta do Sol está tão bem posicionada que forma uma unidade de observação astronômica com a terceira estrutura proeminente em Tiwanaku, chamada de ***Kalasasaya***. É uma larga estrutura retangular,

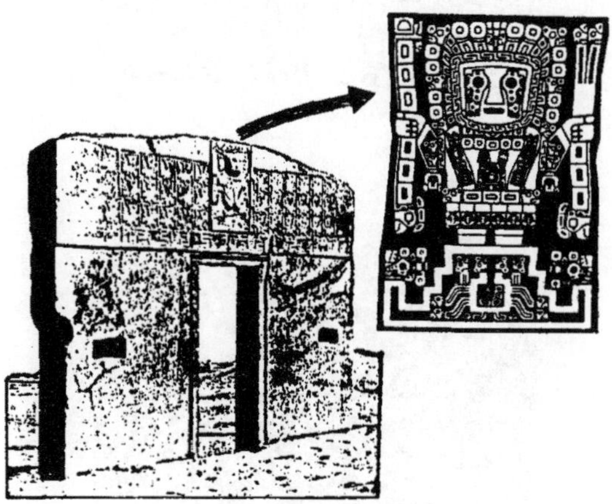

Figura 106

com um pátio central submerso, rodeada por pilares fixos de pedra. A sugestão de Posnansky, de que Kalasasaya teria servido como um observatório, tem sido confirmada por subsequentes exploradores; sua conclusão, baseada nas orientações da arqueoastronomia de *sir* Norman Lockyer, segundo a qual os alinhamentos astronômicos de Kalasasaya mostram que foi construída milhares de anos antes dos incas, era tão incrível que as instituições astronômicas alemãs enviaram equipes de cientistas para checarem esse dado. Em seu relatório, e em confirmações subsequentes adicionais (veja o jornal científico *Baesseler Archiv*, volume 14), afirmaram que a orientação de Kalasasaya se igualava de forma inquestionável com a obliquidade da Terra, tanto em 10000 a.C. **ou em 4000 a.C.**.

Como eu escrevi em *Os Reinos Perdidos,* para mim não importa qual seja a data – na Antiguidade logo após o Dilúvio –, quando as operações para a obtenção de ouro ali começaram, ou em data posterior, quando da visita de Anu; ambas as datas são compatíveis com as atividades dos anunnakis na região; e a evidência da presença dos deuses enlilitas está em toda a parte.

Pesquisas arqueológicas, geológicas e mineralógicas no local e na área confirmaram que Tiwanaku serviu também como centro

Figura 107a

Figura 107b

metalúrgico. Baseado em várias descobertas, em imagens feitas na Porta do Sol (Figura 107a) e em sua similaridade com descrições em antigos locais hititas na Turquia (Figura 107b), venho sugerindo que as operações para a obtenção de ouro (e estanho!) ali eram supervisionadas por Ishkur/Adad, o filho caçula de Enlil. O seu domínio no Antigo Mundo era a Anatólia, onde ele era venerado pelos hititas como Teshub, o "deus da meteorologia", cujo símbolo era um para-raios; esse enorme símbolo, enigmaticamente entalhado do lado íngreme de uma montanha (Figura 108), pode ser visto do ar ou do oceano na Baía de Paracas, no Peru, um porto natural em declive de Tiwanaku. Apelidado de Candelabra, o símbolo tem 128 metros de comprimento e 73 metros de largura, e sua linhas, que variam de 1,5 a 4,5 metros de largura, foram talhadas em rochas sólidas a uma profundidade de aproximadamente meio metro – e ninguém sabe por quem, nem quando ou como, a menos que tenha sido o próprio Adad, no intuito de declarar sua presença.

Ao norte da baía, entrando no deserto entre os rios Ingenio e Nazca, exploradores encontraram um dos maiores enigmas da Antiguidade, as conhecidas **Linhas de Nazca**. Chamadas por alguns como "as maiores obras artísticas do mundo", uma vasta área (por

Figura 108

Figura 109

volta de 520 quilômetros quadrados!) que se estende em direção ao leste, começando nos *pampas* (deserto plano) e indo até as montanhas pedregosas, foi usada por "alguém" como tela para desenhar várias imagens; os desenhos são tão grandes que não fazem sentido algum no nível do solo – mas quando vistos lá de cima, claramente representam animais e pássaros imaginários e conhecidos (Figura 109). Os desenhos foram feitos com a remoção da camada superficial do solo a uma profundidade de várias polegadas e foram realizados com uma linha unicursal – uma linha contínua que curva e se dobra sem cruzar sobre si mesma. Qualquer um que estiver voando sobre a área (há pequenos aviões a serviço dos turistas na região) invariavelmente vai concluir que "alguém" *no ar* usou um aparelho de explosão de solo para rabiscar no chão abaixo.

Entretanto, diretamente relevante à questão da partida, está outro enigma ainda mais surpreendente sobre as Linhas de Nazca – ***"linhas" reais que parecem com pistas de pouso/decolagem*** (Figura 110). Retas sem nenhuma falha, esses trechos planos – às vezes estreitos, às vezes largos, às vezes curtos, às vezes longos – percorrem em direção reta sobre montanhas e vales, não importa o formato do terreno. Há umas

Figura 110

740 "linhas" retas, às vezes combinadas com "trapezoides" triangulares (Figura 111). Elas frequentemente se cruzam sem motivo aparente, às vezes percorrendo sobre os desenhos dos animais, revelando que as linhas foram feitas em épocas diferentes.

Várias tentativas de resolver o mistério das linhas, incluindo aquelas feitas por Maria Reiche, que fez disso seu projeto de vida, fracassaram sempre que se buscava uma explicação em termos de "foi feita pelos nativos peruanos" – povos da "cultura nazca" ou da "civilização paracas", ou outros similares. Estudos (incluindo alguns da

Figura 111

National Geographic Society) focados em revelar as orientações astronômicas das linhas – alinhamentos com solstícios, equinócios, esta ou aquela estrela – não chegaram à conclusão alguma. Para aqueles que descartam a solução de que se tratava de "antigos astronautas", o enigma permanece sem resolução.

Apesar de as linhas mais largas parecerem pistas de aeroporto, nas quais um avião com rodas correria antes de decolar (ou aterrissar), este não é o caso aqui, simplesmente porque as "linhas" não são niveladas horizontalmente – elas percorrem em linha reta o terreno irregular, ignorando os montes, ravinas e valas. De fato, em vez de estarem ali para facilitar a decolagem, parecem ser o *resultado de decolagens* de naves que deixaram "linhas" no chão abaixo criadas pelo escapamento do motor. As "câmaras celestiais" dos anunnakis emitiam tais queimas, e isso se pode ver na pictografia suméria (leia DIN.GIR) sobre os deuses do espaço (Figura 112).

Eu sugiro que esta é a solução para o enigma das "Linhas de Nazca": Nazca foi o último porto espacial dos anunnakis. Serviu-lhes depois que o porto do Sinai foi destruído e, em seguida, serviu para a partida final deles.

Não há textos de relatos de testemunhas relacionados à nave aérea e aos voos em Nazca; há, como já mostramos, textos de Harran e da Babilônia relacionados aos voos que indubitavelmente usaram o Local de Aterrissagem no Líbano. Os relatórios de testemunhas, relatando esses voos de partida e a nave dos anunnakis, incluem o testemunho do profeta Ezequiel e as inscrições de Adda-Guppi e Nabunaid.

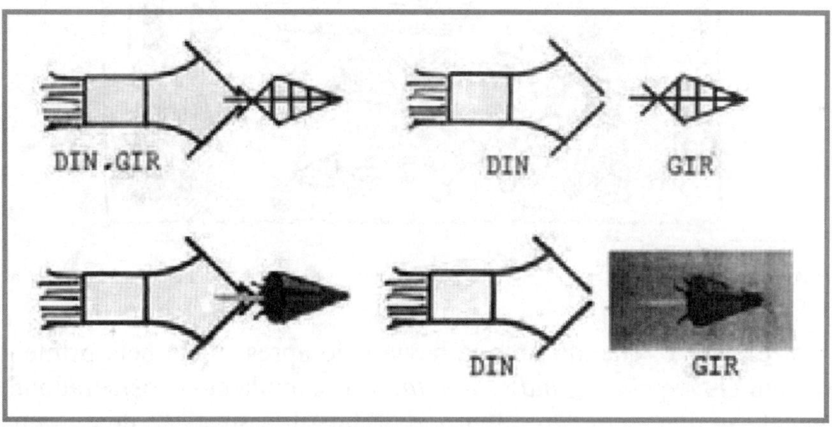

Figura 112

A inevitável conclusão deve ser que, pelo menos entre 610 a.C. e provavelmente 560 a.C., os deuses anunnakis estavam metodicamente deixando o planeta Terra.

Para onde eles iam, assim que decolavam da Terra? Teria de ser, é claro, a um lugar do qual Sin poderia retornar relativamente em breve assim que mudasse de ideia. O lugar era a boa e velha Estação Espacial Intermediária em Marte, da qual as naves espaciais de longa distância decolavam para interceptar e pousar em Nibiru enquanto este orbitava.

Como está detalhado em *O Décimo Segundo Planeta*, o conhecimento sumério sobre o nosso sistema solar incluía referências à utilização de Marte pelos anunnakis, como uma Estação Espacial Intermediária. A evidência está em uma descrição extraordinária feita em um selo cilíndrico de 4.500 anos que hoje se encontra no Museu Hermitage, em São Petersburgo, na Rússia (Figura 113). Ele mostra um astronauta em Marte (o sexto planeta) comunicando-se com alguém na Terra (o sétimo planeta, contando de fora para dentro), com uma nave espacial nos céus entre eles. Beneficiando-se da baixa gravidade de Marte, comparada com a da Terra, os anunnakis achavam mais fácil e mais lógico primeiro transportar a si mesmos e suas cargas em um ônibus espacial da Terra para Marte, e de lá transferirem-se para chegar a Nibiru (e vice-versa).

Figura 113

Em 1976, quando tudo já havia sido apresentado pela primeira vez em *O Décimo Segundo Planeta*, Marte ainda era considerado um planeta sem ar, sem água, sem vida e hostil; a sugestão de que uma base espacial havia existido lá em alguma época foi considerada pelos estudiosos acadêmicos como muito mais estranha do que a noção de "antigos astronautas". Na época em que Gênesis *Revisitado* foi publicado, em 1990, havia descobertas e fotografias da própria NASA de Marte para preencher um capítulo completo intitulado "Uma Base Espacial em Marte". As evidências mostravam que Marte já teve água, e incluía fotografias de estruturas muradas, rodovias, uma espécie de área limitada para naves (Figura 114 mostra apenas duas dessas fotografias) – e o famoso rosto (Figura 115).

Tanto os Estados Unidos como a União Soviética (hoje Rússia) fizeram grandes esforços para alcançar e explorar Marte com naves espaciais não-tripuladas; diferentemente de outros desafios espaciais, as missões a Marte – desde então ampliadas pela União Europeia – têm enfrentado todo o tipo de fracassos intrigantes, raros e problemáticos, incluindo desaparecimentos inexplicáveis de naves espaciais, causando perplexidade. Mas em função dos persistentes esforços, naves espaciais norte-americanas, soviéticas e europeias não-tripuladas conseguiram alcançar e explorar Marte nas duas últimas décadas. Agora, os jornais científicos – dos mesmos céticos dos anos 1970 – estão repletos de reportagens, estudos e fotografias anunciando que Marte já teve uma atmosfera de tamanho considerável e ainda possui uma fina camada; que já teve rios, lagos e oceanos e ainda tem água em alguns lugares justamente abaixo da superfície e, em alguns casos, mesmo visível como pequenos lagos congelados – como mostra uma miscelânea de manchetes (Figura 116). Em 2005, o Mars Rovers da NASA enviou evidências fotográficas e químicas confirmando essas conclusões; junto a algumas das incríveis fotografias dos *rovers* mostrando ruínas estruturais – como uma muralha coberta por areia com distintos cantos em ângulo reto (Figura 117) – elas deveriam bastar aqui para indicar que **Marte poderia servir (e serviu) como Estação Espacial Intermediária para os anunnakis.**

Foi a primeira destinação próxima dos deuses que estavam partindo, como foi confirmado pelo retorno relativamente rápido de Sin. Quem mais partiu, quem ficou para trás, quem poderia retornar?

De maneira surpreendente, algumas das respostas também vêm de Marte.

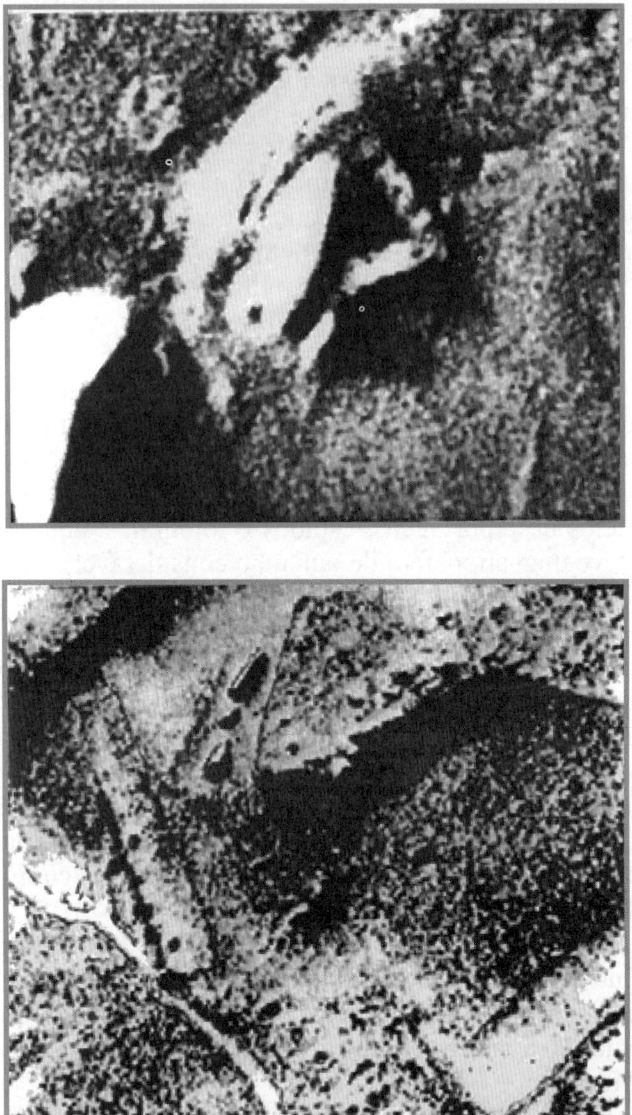

Figura 114

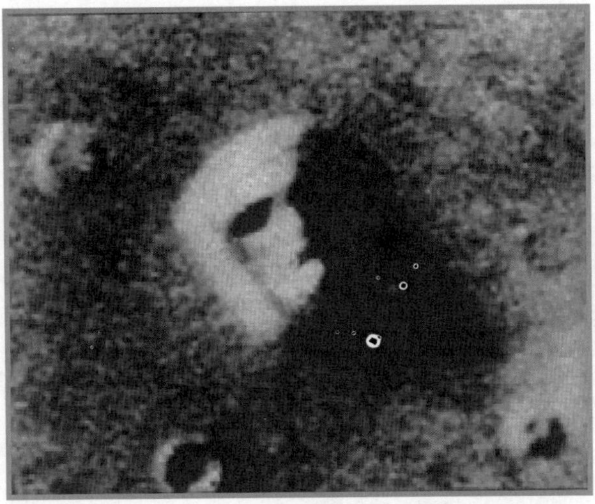

Figura 115

Figura 116

Figura 117

14

O Fim dos Tempos

A memória da humanidade sobre eventos marcantes no seu passado – "lendas" ou "mitos" para a maioria dos historiadores – inclui episódios considerados "universais" que fazem parte da herança cultural e religiosa dos povos espalhados por toda a Terra. Histórias sobre o primeiro casal humano, sobre o Dilúvio ou sobre deuses que vieram dos céus pertencem a essa categoria assim como relatos sobre a partida dos deuses de volta para os céus.

De interesse especial para nós estão as memórias coletivas dos povos e das terras onde as partidas realmente ocorreram. Já cobrimos as evidências do antigo Oriente Médio; também vêm das Américas e englobam todos os deuses enlilitas e enki'itas.

Na América do Sul, a divindade dominante era chamada de ***Viracocha*** ("Criador de Tudo"). Os nativos aimarás dos Andes contavam que ele e sua moradia ficavam em Tiwanaku, e que havia ofertado uma vara mágica aos primeiros casais irmão-irmã com os quais deveria encontrar o lugar ideal para estabelecer Cuzco (a eventual capital inca), local do observatório de Machu Picchu e outros lugares sagrados. Em seguida, tendo feito tudo isso, *ele partiu*. O grandioso *layout*, que simulava um zigurate quadrado com seus cantos orientados pelos pontos cardinais, marcava a direção de sua eventual partida (Figura 118). Nós identificamos o deus de Tiwanaku com sendo Teshub/Adad do panteão hitita/sumério, o filho caçula de Enlil.

Na Mesoamérica, o provedor da civilização era a "Serpente Alada" ***Quetzalcoatl***. Nós o identificamos como sendo o filho de Enki, Toth, do panteão egípcio (Ningishzidda para os sumérios) e aquele que, em 3113 a.C., trouxe seus seguidores africanos para formar a civilização na Mesoamérica. Apesar de o momento da sua partida não ter sido especificado, tinha de coincidir com a queda de seus protegidos

Figura 118

africanos, os olmecas, e o simultâneo florescimento dos nativos maias – cerca de 600/500 a.C. A lenda dominante na Mesoamérica era a promessa, quando ele partiu, do retorno – no aniversário do Número Secreto 52.

E foi assim, no meio do primeiro milênio a.C., em uma parte do mundo após outra, que a humanidade se viu sem seus deuses há muito venerados; em pouco tempo, essa questão (que tem sido feita pelos meus leitores) começou a preocupar a humanidade: ***Eles retornarão?***

Como uma família abandonada pelo pai, a humanidade se agarrou na esperança de um Retorno; logo, como um órfão precisando de ajuda, a humanidade saiu à procura de um Salvador. Os profetas prometeram que certamente aconteceria – no *Fim dos Tempos.*

No auge da sua presença, os anunnakis chegaram a 600 na Terra mais 300 outros igigis posicionados em Marte. Este número diminuiu depois do Dilúvio, especialmente depois da visita de Anu, cerca de 4000 a.C. Dos deuses nomeados nos textos da antiga Suméria, e em longas Listas de Deuses, alguns permaneceram com o passar dos milênios. A maioria retornou ao seu planeta de origem; alguns – apesar de estarem habituados com a "imortalidade" – morreram na Terra. Podemos mencionar os derrotados Zu e Seth, o desmembrado Osíris, o afogado Dumuzi e Bau, que sofreu o ataque nuclear. As partidas dos deuses anunnakis com a aproximação do retorno de Nibiru foram um final dramático.

Os tempos incríveis em que os deuses residiam nos distritos sagrados nas cidades dos povos, quando um faraó afirmou que estava acompanhado de um deus em sua carruagem, quando um rei assírio se vangloriou da ajuda recebida dos céus, tudo isso havia se acabado e não existia mais. Já na época do profeta Jeremias (626-586 a.C.), as nações ao redor da Judeia eram ridicularizadas por venerarem não um "deus vivo", mas ídolos feitos de pedra, madeira e metal por artesãos – deuses que precisavam ser carregados, pois não podiam andar.

Com o acontecimento da partida final, quais foram os grandes deuses anunnakis que permaneceram na Terra? A julgar por aqueles que foram mencionados nos textos e inscrições do período seguinte, podemos afirmar que sobraram apenas Marduk e Nabu dos enki'itas; Nannar/Sin dos enlilitas, sua esposa Ningal/Nikkal e seu assistente Nusku e, provavelmente, Ishtar. Em cada lado da grande divisão religiosa havia sobrado, no entanto, apenas um único Grande Deus do Céu e da Terra: Marduk, para os enki'itas, Nannar/Sin para os enlilitas.

A história do último rei da Babilônia refletia as novas circunstâncias. Ele foi escolhido por **Sin** em seu centro de culto em Harran – mas precisava do consentimento e da benção de **Marduk** na Babilônia, e a confirmação celestial mediante a aparição do planeta de Marduk; e recebeu o nome de **Nabu**-Na'id. Este corregente divino poderia ter sido uma tentativa de gerar o Duo Monoteísmo (para cunhar uma expressão); mas *teve como* ***consequência imprevista plantar as sementes do Islã***.

O registro histórico indica que nem os deuses e nem o povo estavam felizes com a situação. Sin, cujo templo em Harran fora restaurado, exigia que seu grande templo zigurate em Ur deveria também ser reconstruído e se tornar o centro de louvação; na Babilônia, os sacerdotes de Marduk estavam apropriadamente equipados.

Uma tábua, que hoje se encontra no Museu Britânico, exibe uma inscrição com um texto que os estudiosos intitularam de *Nabunaid e o Sacerdócio da Babilônia*. Contém uma lista de acusações feitas pelos sacerdotes babilônicos contra Nabunaid. As acusações vão desde assuntos civis ("lei e ordem que não são promulgadas por ele"), passando pela negligência da economia ("os agricultores são corruptos", "as rotas de comércio estão bloqueadas") e chegando à falta de segurança pública ("os nobres estão sendo assassinados"), incluindo a mais séria das acusações: sacrilégio religioso –

Ele criou uma imagem de um deus que ninguém jamais havia visto antes na terra.

Ele a colocou no templo, ergueu-a em um pedestal,

Ele a chamou pelo nome de Nannar, com uma pedra celestial ele a adornou,

Coroou-a com uma tiara no formato de uma lua em eclipse,

Reproduziu na mão o gesto de um demônio.

As acusações continuavam dizendo que era uma estátua estranha de uma divindade nunca vista antes, "com o cabelo que escorria até a base do pedestal". Era tão incomum e tão improvável, escreveram os sacerdotes, que até mesmo Enki e Ninmah (que acabaram criando estranhas criaturas quimeras quando tentavam moldar o homem) "não poderiam ter concebido aquilo"; era tão estranha que "nem o sábio Adapa – um ícone do mais alto conhecimento humano – poderia nomeá-la". Para piorar ainda mais, duas bestas raras foram esculpidas como sendo seus guardiões – uma era um "Demônio do Dilúvio" e a outra um touro selvagem; então, o rei pegou esta abominação e a colocou no templo Esagil de Marduk. Mais ofensivo ainda foi o anúncio de que, dali por diante, o festival *Akitu*, durante o qual a quase morte, a ressurreição, o exílio e o triunfo final de Marduk eram encenados, não seria mais celebrado.

Declarando que o "deus protetor se tornara hostil a ele", Nabunaid, e que "o ex-favorito dos deuses estava agora fadado à desgraça", os sacerdotes babilônios forçaram Nabunaid a sair da Babilônia e ir para o exílio "em uma região distante". É um fato histórico que Nabunaid realmente deixou a Babilônia e nomeou seu filho, Bel-Shar-Uzur – o Belsazar do livro bíblico de Daniel – como regente.

A "região distante", na qual Nabunaid havia se exilado, era a Arábia. Como várias inscrições confirmam, seu ambiente incluía os judeus entre os exilados da Judeia na região de Harran. Sua base principal era um lugar chamado Teima, um centro de caravana onde hoje se situa o noroeste da Arábia Saudita, que é mencionado várias vezes na Bíblia. (Escavações recentes feitas ali descobriram tábuas em cuneiforme confirmando a estadia de Nabunaid.) Ele estabeleceu seis outros assentamentos para seus seguidores; cinco das cidades foram listadas – mil anos depois – por escritores árabes como cidades judaicas. ***Uma delas era Medina, a cidade onde Mohamed fundou o Islã.***

O "ângulo judaico" no conto de Nabunaid foi reforçado pelo fato de que um fragmento dos pergaminhos do Mar Morto, encontrado em Qumran às margens do Mar Morto, mencionava Nabunaid a afirmar que estava sofrendo, em Teima, de uma "desagradável doença de pele", curada somente depois que "um judeu lhe disse para prestar homenagem ao Altíssimo Deus". Tudo isso tem gerado especulações de que Nabunaid estivera contemplando o monoteísmo; mas, para ele, o Altíssimo Deus não era o Yahweh dos judeus, e sim o seu benfeitor Nannar/Sin, o deus Lua, cujo símbolo crescente foi adotado pelo Islã; e há pouca dúvida no que diz respeito à sua raiz ser traçada de volta à estadia de Nabunaid na Arábia.

O paradeiro de Sin desapareceu dos registros mesopotâmicos depois da época de Nabunaid. Textos descobertos em Ugarit, um local "canaanita" na costa mediterrânea na Síria, hoje chamado de Ras Shamra, descrevem o deus Lua como aposentado, com sua esposa, em um oásis na confluência de dois corpos de água, "próximo à fenda de dois mares". Sempre questionando o porquê de a península do Sinai ter sido nomeada em honra a Sin e seus cruzamentos de vias principais em honra à sua esposa Nikkal (o lugar ainda é chamado em árabe de Nakhl), eu supus que o casal ancião retirou-se para algum lugar às margens do Mar Vermelho e do Golfo de Eilat.

Os textos ugaríticos chamavam o deus Lua de *EL* – simplesmente, "Deus", um precursor do *Alá* islâmico; e seu símbolo da lua crescente coroa cada mesquita muçulmana. Como exige a tradição, as mesquitas são flanqueadas, até os dias atuais, com minaretes que simulam naves foguetes espaciais em vários estágios de preparação para serem lançadas (Figura 119).

Figura 119

O último capítulo da saga de Nabunaid estava ligado ao surgimento em cena do antigo mundo dos persas – um nome dado a uma miscelânea de povos e estados no planalto iraniano que incluía as antigas Anshan e Elão sumérias e a terra de Medes que veio depois (que teve uma colaboração na queda da Assíria).

Foi no século VI a.C. que uma tribo chamada de **achaemeans** pelos historiadores gregos, que registraram seus feitos, emergiu nas cercanias daqueles territórios, tomou o controle e unificou a todos para se tornar um novo e poderoso império. Apesar de serem considerados racialmente "indo-europeus", o nome tribal se originou de seu ancestral *Hakham-Anish*, que significa "Homem Sábio" em hebraico semítico – um fato que alguns atribuem à influência dos exilados judeus das Dez Tribos que haviam sido transferidos pelos assírios para aquele lugar. Religiosamente, os persas achaemeans aparentemente adotaram um panteão sumério-acadiano parecido com sua versão hurrita-mitanni, que foi um passo para chegar ao indo-ariano dos *Vedas* em sânscrito – uma mistura convenientemente simplificada ao declarar simplesmente que acreditavam em um Altíssimo Deus que eles chamavam de ***Ahura-Mazda*** ("Verdade e Luz").

Em 560 a.C., o rei Achaemean morreu e o seu filho, Kurash, sucedeu-o no trono, deixando sua marca nos eventos históricos subsequentes. Chamamo-lo de ***Ciro***; a Bíblia o chama de Koresh e o considerava como o emissário de Yahweh por ter conquistado a Babilônia, derrubando seu rei e reconstruindo o templo destruído em Jerusalém. "Apesar de tu não saberes nada sobre Mim, Eu, Yahweh, o Deus de Israel, sou aquele que te chama pelo nome (...) que o ajudará apesar de não me reconheceres", declarou o Deus bíblico por meio do profeta Isaías (44: 28 a 45: 1-4).

Esse final de reinado babilônico foi o mais previsto de forma dramática no Livro de Daniel. Um dos exilados judeus levado à Babilônia, Daniel servia na corte babilônica de Belsazar quando, durante um banquete real, uma mão flutuante surgiu e escreveu na parede *MENE MENE TEKEL UP-HARSIN*. Espantado e mistificado, chamou seus magos e videntes para decifrarem a inscrição, mas ninguém conseguiu. Como último recurso, o exilado Daniel foi chamado, e explicou ao rei o significado da inscrição: Deus havia pesado a Babilônia e seu rei e, julgando-os em falta com a lei divina, declarara seus dias contados; eles encontrariam seu fim pelas mãos dos persas.

Em 539 a.C., Ciro cruzou o Rio Tigre entrando no território da Babilônia, avançou em Sippar onde interceptou Nabunaid fugindo e, em seguida – declarando que o próprio Marduk o havia convidado – entrou na Babilônia sem precisar lutar. Bem recebido pelos sacerdotes, que o consideravam um salvador contra o herético Nabunaid e seu indesejado filho, Ciro "pegou nas mãos de Marduk" como um sinal de respeito ao deus. Mas também, em um de seus primeiros discursos, rescindiu o exílio dos judeus, permitiu a reconstrução do Templo em Jerusalém e ordenou a devolução de todos os objetos rituais do Templo que havia sido saqueado por Nabucodonosor.

Os judeus que regressaram, sob a liderança de Esdras e Neemias, completaram a reconstrução do Templo – daí por diante conhecido como o Segundo Templo – em 516 a.C.; exatamente, como havia sido profetizado por Jeremias, 70 anos depois que o Primeiro Templo fora destruído. A Bíblia considera Ciro um instrumento dos planos de Deus, um "ungido de Yahweh"; os historiadores acreditam que Ciro proclamou uma anistia religiosa geral, permitindo que cada povo venerasse quem bem desejasse. Quanto ao que o próprio Ciro acreditava, julgando pelo momento em que se ergueu, parece que visualizou a si mesmo como sendo um querubim alado (Figura 120).

Ciro – alguns historiadores anexam o epíteto de "o grande" ao seu nome – consolidou em um vasto império todas as terras antes pertencentes a Suméria e Acádia, Mari e Mittani, Hatti e Elão, Babilônia e Assíria; ao seu filho, Cambisses (530-522 a.C.), coube a tarefa de expandir o império até o Egito. O Egito estava justamente se recuperando de um período de desordem que alguns consideram como sendo o Terceiro Período Intermediário, durante o qual ficou dividido, mudou várias vezes de capital, foi governado pelos invasores de Núbia

Figura 120

ou não dispunha de qualquer autoridade central. O Egito passava também por uma confusão religiosa: a incerteza de seus sacerdotes sobre quem venerar era tanta que o principal culto era ao morto Osíris, a principal divindade era Neith, cujo título significava a *Mãe de Deus*, e o principal "objeto de culto" era um touro, o sagrado touro Ápis, para o qual se faziam funerais elaborados. Cambisses, também, como seu pai, não era nenhum fanático religioso, e deixou que o povo venerasse o que desejasse; ele (de acordo com uma inscrição em uma estela que se encontra hoje no museu do Vaticano) até aprendeu os segredos do culto a Neith e participou do funeral cerimonial de um touro Ápis.

Estas políticas religiosas *laissez-faire* resultaram em paz aos persas e ao seu império, mas não para sempre. Confusão, revoltas e rebeliões surgiam em quase todos os lugares. Especialmente turbulentos eram os crescentes vínculos comerciais, culturais e religiosos entre o Egito e a Grécia. (Maiores informações sobre o assunto vêm do historiador grego Heródoto, que escreveu de forma abrangente sobre o Egito após visitá-lo, cerca de 460 a.C., coincidindo com o início da "era dourada" da Grécia.) Os persas não poderiam se sentir confortáveis com esses vínculos, acima de tudo porque os mercenários da Grécia estavam participando em revoltas locais. Uma preocupação em particular estava também nas províncias da Ásia Menor (atual Turquia) e na extremidade ocidental a partir da qual a Ásia e os persas encaravam a Europa e os gregos. Ali, os colonos gregos estavam revitalizando e reforçando antigos assentamentos; os persas, por sua vez, tentavam barrar os problemáticos europeus que dominavam as ilhas gregas nas proximidades.

As crescentes tensões estouraram em uma guerra declarada quando os persas invadiram o continente grego e foram derrotados em Marathon, em 490 a.C.. Uma invasão persa por mar foi derrotada pelos gregos nos estreitos de Salamis, uma década depois, mas os conflitos e as batalhas para obter o controle da Ásia Menor continuariam por mais um século, apesar da sucessão de reis na Pérsia e do fato de que, na Grécia, atenienses, espartanos e macedônios lutavam uns contra os outros pela supremacia.

Nessas duplas batalhas (uma no continente grego e outra entre os persas), o apoio dos colonos gregos da Ásia Menor era muito importante. Assim que os macedônios venceram a parte superior do continente, seu rei, Filipe II, enviou tropas armadas para os Estreitos de Hellespont (atual Dardanelos) para garantir a certeza da fidelidade dos colonos gregos. Em 334 a.C., seu sucessor, Alexandre ("o Grande"), liderando um exército de 15 mil homens, cruzou em direção à Ásia no mesmo lugar e deu início a uma grande guerra contra os persas.

As impressionantes vitórias de Alexandre e o resultado da conquista do Antigo Leste pelo domínio Ocidental (grego) foram contados e recontados pelos historiadores – começando com alguns que acompanharam Alexandre – e não há a necessidade de repeti-los aqui. O que precisa ser descrito são os motivos *pessoais* para as investidas de Alexandre na Ásia e na África. Pois à parte todos os motivos geopolíticos e econômicos da grande guerra greco-persa, havia a própria busca pessoal de Alexandre: persistentes rumores na corte da Macedônia diziam que o verdadeiro pai de Alexandre não era Filipe II, mas um deus – um deus egípcio – que se aproximara da rainha Olímpia disfarçado de homem. Com um panteão grego que se originou do outro lado do Mar Mediterrâneo e era encabeçado (como os 12 sumérios) por 12 olímpicos, e com contos dos deuses ("mitos") que copiavam os contos dos deuses do Oriente Médio, a aparição de um desses deuses na corte macedônica era considerada uma impossibilidade. Com as peripécias da corte que envolviam uma jovem amante egípcia do rei e rixas conjugais que culminavam em divórcios e assassinatos, os "rumores" eram tidos como verdadeiros – primeira e principalmente pelo próprio Alexandre.

Uma visita feita por Alexandre ao oráculo em Delphi, para saber se de fato ele era filho de um deus e, portanto, imortal, apenas intensificou o mistério; ele foi aconselhado a buscar uma resposta em um local egípcio sagrado. Foi então que, assim que os persas foram derrotados na primeira batalha, Alexandre, em vez de persegui-los, deixou seu exército e correu para o oásis de Siwa, no Egito. Lá, os sacerdotes lhe asseguraram de que ele era de fato um semideus, o filho de Amon, o deus-carneiro. Para celebrar, Alexandre mandou emitir moedas de prata mostrando-o com chifres de carneiro (Figura 121).

Figura 121

Porém, e a questão sobre a imortalidade? Enquanto o curso da concluída guerra e das conquistas de Alexandre foi documentado pelo seu historiador de campanha, Calístenes, e por outros historiadores, sua busca pessoal por imortalidade é mais conhecida pelas fontes consideradas como sendo pseudo-Calístenes, ou "Romances Alexandrinos" que embelezavam fato com lenda. Como foi detalhado em *A Escada para o Céu*, os sacerdotes egípcios orientaram Alexandre de Siwa para Tebas. Lá, às margens a oeste do Rio Nilo, ele pôde ver em um templo funerário construído por Hatshepsut a inscrição confirmando que o pai dele era o deus Amon, que surgira diante de sua mãe disfarçado como um marido real – exatamente igual ao conto da concepção semidivina de Alexandre. No grande templo de Rá-Amon em Tebas, no Santo dos Santos, Alexandre foi coroado como um faraó. Depois, seguindo as orientações recebidas em Siwa, entrou nos túneis subterrâneos na península do Sinai e, finalmente, foi até onde se encontrava Amon-Rá, ou seja, Marduk – na Babilônia. Finalizando as batalhas com os persas, Alexandre chegou à Babilônia em 331 a.C., e entrou na cidade conduzindo sua carruagem.

No distrito sagrado, correu até o templo zigurate Esagil para segurar nas mãos de Marduk, do mesmo modo que os conquistadores antes dele haviam feito. ***No entanto, o grande deus havia morrido.***

De acordo com pseudofontes, Alexandre viu o deus deitado em um caixão dourado, seu imenso corpo imerso (ou preservado) em óleos especiais. Verdade ou não, o fato é que ***Marduk não estava mais vivo***, e o seu zigurate Esagil foi descrito, sem exceção, como sendo sua **tumba** por subsequentes historiadores de renome.

De acordo com Diodoro da Sicília (século I a.C.), cuja *Bibliothca historica* é conhecida por incluir compilações de fontes confiáveis ("estudiosos chamados de caldeus, que conquistaram grande reputação em Astrologia e estão acostumados a prever eventos futuros com um método baseado em observações de tempos remotos"), Alexandre foi advertido de que morreria na Babilônia, mas "poderia escapar do perigo se reerguesse ***a tumba de Belus***, que havia sido demolida pelos persas" (Livro XVIII, 112.1). De qualquer forma, ao entrar na cidade, Alexandre não teve tempo nem homens suficientes para fazer os reparos e, de fato, morreu na Babilônia em 323 a.C.

O historiador-geógrafo Estrabão, do século I a.C., nascido em uma cidade grega na Ásia Menor, descreveu a Babilônia em sua famosa *Geografia* – seu porte majestoso, o "jardim suspenso" que era uma das Sete Maravilhas do Mundo, seus prédios altos construídos em tijolos de olaria, e assim por diante. Ele diz, na seção 16.I.5 (grifo do autor):

> ***Aqui também está a tumba de Belus, agora em ruínas,***
> *tendo sido demolida por Xerxes, como foi dito.*
> *Era uma pirâmide quadrangular de tijolos queimados,*
> *não era apenas um estádio nas alturas,*
> *mas também tinha laterais, como o comprimento de um estádio.*
> *Alexandre tinha a intenção de reparar essa pirâmide;*
> *mas isso seria uma enorme tarefa*
> *e que exigiria muito tempo,*
> *assim ele não pôde concluir o que havia começado.*

De acordo com essa fonte, a **tumba** de Bel/Marduk foi destruída por Xerxes, que fora o rei persa (e governador da Babilônia) de 486 a 465 a.C. Estrabão, no Livro 5, havia declarado anteriormente que *Belus* estava deitado em um caixão quando Xerxes decidiu destruir o templo em 482 a.C. Consequentemente, não fazia tanto tempo que Marduk havia morrido (importantes assiriólogos da Alemanha, reunidos na Universidade de Jena, em 1922, concluíram que Marduk já estava em sua tumba em 484 a.C.). O filho de Marduk, Nabu, também desapareceu das páginas da história na mesma época. ***E assim, havia chegado ao final, e quase ao final humano, a saga dos deuses que moldaram a história no planeta Terra.***

O final veio conforme a Era de Áries fenecia, o que provavelmente não era coincidência alguma.

Com a morte de Marduk e o desaparecimento de Nabu, todos os grandes deuses anunnakis, que antes haviam dominado a Terra, também já se haviam ido; com a morte de Alexandre, os semideuses reais ou imaginários que ligavam a humanidade aos deuses também haviam partido. Pela primeira vez, desde que Adão fora moldado, o homem ficou sem seus criadores.

Naqueles tempos sombrios para a humanidade, a esperança surgia de Jerusalém.

Espantosamente, a história de Marduk e seu derradeiro destino na Babilônia foram corretamente previstos nas profecias bíblicas. Nós já mencionamos que Jeremias, enquanto previa um final esmagador da Babilônia, fazia a distinção de que seu deus Bel/Marduk estava apenas fadado a "encolher" – permanecer, mas ficar velho e confuso, murchar e morrer. Não deveria surpreender que a profecia tenha se tornado verdadeira.

Entretanto, à medida que Jeremias corretamente previa a queda final da Assíria, do Egito e da Babilônia, ele acompanhava essas previsões com profecias sobre um Sião restabelecido, a reconstrução do templo e um "final feliz" para todas as nações ***no Final dos Tempos***. Dizia ele que seria um futuro que Deus havia planejado "em seu coração" o tempo todo, um segredo que deveria ser revelado à Humanidade (23: 20) em uma época futura predeterminada: "***no Final dos Tempos deveremos percebê-la***" (30: 24), e "nessa época, eles deverão chamar Jerusalém de o Trono de Yahweh, e todas as nações deverão se reunir lá" (3:17).

Isaías, em seu segundo conjunto de profecias (às vezes chamadas de Segundo Isaías), identificando o deus da Babilônia como sendo um "Deus oculto" (o mesmo significado de "Amon"), previu o futuro com essas palavras:

> **Bel** *se curva*, **Nebo** *se abaixa,*
> *suas imagens são cargas para bestas e gado...*
> *Juntos eles se abaixaram e se curvaram,*
> *incapazes de se salvarem da captura.*
>
> Isaías 46: 1-2

Assim como em Jeremias, essas profecias também continham a promessa de que a humanidade receberia um novo começo, uma nova esperança; que um tempo messiânico viria quando "o lobo convivesse com o carneiro". E, disse o profeta, "deverá acontecer ***no Final dos Tempos*** que o Templo do Monte de Yahweh será estabelecido como o primeiro de todas as montanhas, exaltado acima de todos os montes; e todas as nações deverão ali se congregar"; e assim será que as nações "converterão suas espadas como lâminas de arado e suas lanças em foices, uma nação não levantará a espada contra outra nação, e jamais ensinarão a guerra" (Isaías 2: 1-4).

A afirmação de que depois dos problemas e das tribulações, depois que os povos e as nações forem julgados por seus pecados e transgressões, uma era de paz e justiça chegará, foi feita também por antigos profetas, à medida que previam o Dia do Senhor como sendo o dia do julgamento. Entre eles estava Oseias, que previu o *retorno do reino de Deus por meio da Casa de Davi no* ***Fim dos Tempos***, e Miqueias, que – usando palavras idênticas àquelas de Isaías – declarou que "no Fim dos Tempos acontecerá". De modo significativo, Miqueias considerava também a ***restauração do Templo de Deus em Jerusalém*** e o reino universal de Yahweh ***por intermédio de um descendente de***

Davi como um pré-requisito, um "dever" destinado desde o início de tudo, "emanando de épocas antigas, de eras eternas".

Havia assim a combinação de dois elementos básicos naquelas previsões sobre o Fim dos Tempos; um, de que o Dia do Senhor, um dia de julgamento sobre a Terra e sobre as nações, será seguido por uma era benéfica de restauração e renovação centrada em Jerusalém. O outro, de que tudo já havia sido predeterminado, e o Fim já havia sido planejado por Deus desde o princípio. De fato, o conceito de um Fim de Época, o momento quando o curso dos eventos chegará a um final – um precursor, assim por dizer, da atual ideia sobre o "Fim da História" – e uma nova época (somos até tentados a dizer, uma *Nova Era*), um novo (e previsível!) ciclo deverá iniciar, pode ser encontrado nos capítulos bíblicos mais remotos.

O termo *Acharit Hayamim* em hebraico (às vezes traduzido como "últimos dias", "derradeiros dias", mas mais precisamente "fim dos tempos") já era usado na Bíblia, no Gênesis (Capítulo 49), quando o moribundo Jacó reuniu seus filhos e disse: "Ajuntai-vos para que eu vos conte o que vos irá acontecer no **Fim dos Tempos**". É uma declaração (seguida por previsões detalhadas que muitos associam às 12 casas zodiacais) que pressupõe a profecia sendo baseada em um avançado conhecimento do futuro. E novamente, em Deuteronômio (Capítulo 4), quando Moisés, antes de morrer, revendo o legado divino de Israel e de seu futuro, aconselhou o povo assim: "Quando vós em tribulações estiverdes e tais coisas sobrevirem a vós, no **Fim dos Tempos** para Yahweh vosso Deus retorneis e escutai a voz Dele".

A repetida ênfase sobre o papel de Jerusalém, na essencialidade de seu Templo do Monte como um farol para onde todas as nações deveriam se dirigir correndo, apresentava mais que um motivo teológico-moral. Um motivo muito prático é citado: a necessidade de se ter o local pronto para o retorno do *Kavod* de Yahweh – o mesmo termo usado no Êxodo e, em seguida, por Ezequiel para descrever o veículo espacial de Deus! O *Kavod* que será colocado sagradamente dentro do Templo reconstruído, "do qual Eu concederei a paz, deverá ser maior que o Primeiro Templo", foi dito ao profeta Ageu. De modo significativo, a vinda do *Kavod* para Jerusalém estava repetidamente ligada, em Isaías, ao outro local relacionado ao espaço, no Líbano: *É de lá que o* ***Kavod*** *de Deus deverá chegar em Jerusalém*, afirmou os versos 35:2 e 60:13.

Não há como evitar a conclusão de que o Retorno divino era aguardado no Fim dos Tempos; mas quando seria o Fim dos Tempos?

A questão – à qual deveremos oferecer nossa própria resposta – não é nova, tendo em vista que já havia sido perguntada na Antiguidade, mesmo pelos próprios profetas que haviam falado sobre o Fim dos Tempos.

Junto à sua profecia sobre a época "em que uma grande trombeta deverá soar", e as nações deverão congregar-se e "prostrar-se diante de Yahweh no Monte Sagrado em Jerusalém", Isaías admitiu que o povo não conseguiria entender a profecia por não haver detalhes nem a hora do acontecimento. "Preceito está sobre o preceito, preceito está dentro do preceito, linha está sobre a linha, linha está com a linha, um pouco aqui, um tanto lá" foi como Isaías (28: 10) queixou-se com Deus. Seja qual for a resposta que recebeu, foi ordenado que selasse e ocultasse o documento; mais de três vezes, Isaías mudou a palavra "letras" de um manuscrito – *Otioth* – para *Ototh*, que significa "sinais de oráculo". Era uma alusão à existência de um tipo de "**Código da Bíblia**" secreto graças ao qual o plano divino não poderia ser compreendido até a hora certa. É possível que Deus (identificado como o "Criador das cartas") tenha dado dicas quanto ao código secreto quando o profeta Lhe pediu que "nos dissesse as letras de trás para frente" (41: 23).

O profeta Zefânia – cujo próprio nome significa "Por Yahweh codificado" – repassou uma mensagem de Deus de que, no momento em que as nações estiverem reunidas, Ele "falará em uma linguagem clara". Mas isso não revela mais do que dizer que: "Tu saberás quando chegar a hora de contar".

Não é de se admirar que em seu último livro profético, a Bíblia trate quase que exclusivamente da questão do QUANDO – quando chegará o Fim dos Tempos? É o Livro de Daniel; o próprio Daniel foi quem decifrou (corretamente) a Escrita na Parede para Belsazar. Foi depois disso que o próprio Daniel começou a ter sonhos proféticos e visões apocalípticas do futuro, em que o "Antigo dos Tempos" e seus arcanjos desempenhavam papéis importantes. Perplexo, Daniel pediu explicações aos anjos; as respostas consistiam em previsões sobre futuros eventos que ocorreriam no Fim dos Tempos ou a ele conduziriam. "E quando será isso?", perguntou Daniel. As respostas, que diante da situação parecem precisas, apenas colocavam mais enigmas em cima de enigmas.

Em uma ocasião, um anjo respondeu que uma fase nos eventos futuros, uma época em que "um rei mundano tentará mudar os tempos e as leis", irá durar "*um tempo, tempos e um meio tempo*"; somente depois disso que o prometido Tempo Messiânico viria e que "o reino do céu será ofertado ao povo pelos Santos do Altíssimo". Outra época, disse o anjo respondente: "Setenta setes e setenta sessentas de anos foi decretado para teu povo e tua cidade, até que a medida de transgressão esteja repleta e a visão profética esteja ratificada"; e ainda outra época em que "depois dos setentas e sessentas e dois anos, o Messias será eliminado, surgirá um líder que destruirá a cidade, e o fim virá por meio de uma enchente".

Buscando uma resposta esclarecedora, Daniel pediu então ao mensageiro divino que falasse de forma clara: "Quanto tempo até o fim destas coisas horríveis?" Em resposta, ele recebeu de novo uma resposta enigmática de que o Fim viria depois de "***um tempo, tempos e um meio tempo***". Mas o que significa "tempo, tempos e um meio tempo", o que significava "setenta semanas de anos"?

"Eu ouvi e não compreendi", declarou Daniel em seu livro. "Então eu disse: Meu senhor, qual será o resultado dessas coisas?" Novamente falando em códigos, o anjo respondeu: "À partir do momento em que a oferenda regular estiver abolida e acontecer uma horrenda abominação, será um mil e duzentos e noventa dias; feliz é aquele que aguardar e chegar a um mil e trezentos e trinta e cinco". E tendo passado a Daniel essa informação, o anjo – que havia o chamado antes de "Filho do Homem" – disse a ele: "Agora, vá para o teu fim e erga-te para o teu destino no Fim dos Tempos".

Como Daniel, gerações de estudiosos bíblicos, sábios e teólogos, astrólogos e mesmo astrônomos – o famoso *sir* Isaac Newton entre os últimos – também disseram "nós ouvimos, mas não compreendemos". O enigma não está apenas no significado do "tempo, tempo e um meio" e assim por diante, mas desde quando começa (ou começou) a contagem? A incerteza se deriva do fato de que as visões simbólicas vistas por Daniel (tais como um bode atacando um carneiro, ou dois chifres se multiplicando em quatro e, em seguida, se dividindo) foram explicadas a ele pelos anjos como eventos que deveriam acontecer bem depois da Babilônia da época de Daniel, além de sua queda prevista, muito além da profetizada reconstrução do Templo depois de 70 anos. O apogeu e a queda do império persa, a vinda dos gregos sob a liderança de Alexandre, incluindo a divisão do seu império conquistado entre seus sucessores: tudo isso foi previsto com tamanha precisão que muitos estudiosos acreditam que as profecias de Daniel são do gênero "pós-evento" – que a parte profética do livro foi, na realidade, escrita cerca de 250 a.C., mas que simulava ter sido escrita três séculos antes.

O argumento mais forte é a referência, em um dos encontros angelicais, ao início da contagem "a partir do momento em que a oferenda regular [no templo] estiver abolida e acontecer uma horrenda abominação". Isso poderia se referir apenas aos eventos que ocorreram em Jerusalém no 25º dia do mês hebreu Kislev, em **167 a.C.**

A data foi precisamente registrada, pois foi então que "a abominação da desolação" foi colocada no Templo, marcando – muitos acreditavam na época – o início do Fim dos Tempos.

15

Jerusalém: Um Cálice Desaparecido

No século XXI a.C., quando as armas nucleares foram usadas na Terra pela primeira vez, Abraão foi abençoado com vinho e pão em *Ur-Shalem*, em nome de Deus Todo-Poderoso – e proclamou a primeira religião monoteísta da humanidade.

Vinte e um séculos depois, um devoto descendente de Abraão, celebrando uma ceia especial em *Jerusalém*, carregou uma cruz nas costas – o símbolo de um determinado planeta – para um local de execução, e assim surgiu outra religião monoteísta. Questões ainda giram em torno dele – Quem ele realmente era? O que ele estava fazendo em Jerusalém? Havia um complô contra ele, ou ele era o seu próprio complô? E qual foi o cálice que gerou as lendas (e as buscas) sobre o "Santo Graal"?

Em sua última noite de liberdade, ele celebrou a ceia cerimonial da Páscoa judaica (chamada de *Seder*, em hebraico) com vinho e pão não fermentado, junto com seus 12 discípulos. A cena foi imortalizada por alguns dos maiores pintores da arte sacra, sendo *A Última Ceia*, de Leonardo Da Vinci, a mais famosa de todas elas (Figura 122). Leonardo era reconhecido por seu conhecimento científico e suas percepções teológicas; o que sua pintura *mostra* já foi discutido, debatido e analisado até os dias de hoje – aprofundando, em vez de resolver, os enigmas.

A chave para abrir os mistérios, como nós mostraremos, encontra-se no que a pintura não mostra; é naquilo que falta nela que se encontram as respostas dos enigmas intrigantes na saga de Deus e do homem na Terra, e o desejo pelos Tempos Messiânicos.

Figura 122

Passado, Presente e Futuro convergem em dois eventos separados por 21 séculos; Jerusalém foi essencial para ambos, e, em seus momentos, estavam ligados pelas profecias bíblicas sobre o ***Fim dos Tempos***.

Para entender o que aconteceu 21 séculos atrás, precisamos virar as páginas da história de volta para Alexandre, que se considerava filho de um deus e, ainda assim, morreu na Babilônia com apenas 33 anos de idade. Enquanto vivia, ele controlava seus hostis generais com uma mescla de favores, punições e até mesmo com a morte (alguns, de fato, acreditavam que o próprio Alexandre fora envenenado). Assim que ele morreu, seu filho de quatro anos de idade e seu guardião, o irmão de Alexandre, foram assassinados, e os briguentos generais e comandantes regionais dividiram entre si as principais terras conquistadas: Ptolomeu e seus sucessores, sediados no Egito, pegaram os domínios africanos de Alexandre; Seleuco e seus sucessores reinaram desde a Síria, Anatólia, Mesopotâmia até as distantes terras asiáticas; a concorrida Judeia (com Jerusalém) ficou no reino ptolemaico.

Os ptolomeus, tendo feito a manobra para levar o corpo de Alexandre para ser sepultado no Egito, consideravam-se seus verdadeiros herdeiros e, em grande parte, continuaram com a atitude dele de tolerância em relação a outras religiões. Eles estabeleceram a famosa Biblioteca de Alexandria, e designaram um sacerdote egípcio, conhecido como Maneton, para escrever a história dinástica do Egito e a pré-história divina para os gregos (a Arqueologia tem confirmado o que ainda sabemos sobre os manuscritos de Maneton). Isso convenceu os ptolomeus de que sua civilização era uma continuação da egípcia e, portanto, eles se consideravam os legítimos sucessores dos faraós. Os sábios gregos demonstraram um interesse especial pela religião e pelos manuscritos dos judeus, tanto que os ptolomeus arranjaram uma tradução da Bíblia hebraica para o grego (uma tradução conhecida como o *Septuaginto*) e permitiram que os judeus completassem sua liberdade religiosa de veneração na Judeia, assim como em suas crescentes comunidades no Egito.

Como os ptolomeus, os selêucidas também mantiveram um estudioso do idioma grego, um antigo sacerdote de Marduk conhecido como Beroso, para compilar para eles a história e a pré-história da humanidade e seus deuses de acordo com o conhecimento mesopotâmico. Em uma virada na história, ele pesquisou e escreveu na biblioteca de tábuas cuneiformes, localizada próximo a Harran. É por meio de seus três livros (que conhecemos apenas pelas citações fragmentadas em manuscritos de terceiros na Antiguidade) que o mundo ocidental, de Grécia até Roma, aprendeu sobre os anunnakis e a vinda deles à Terra, a era pré-diluviana, a criação do Homem Sábio, o Dilúvio e o que se seguiu. Portanto, foi por meio de Beroso (como foi confirmado posteriormente com a descoberta e a decifração das tábuas cuneiformes) que ficamos pela primeira vez sabendo sobre o "Sar" 3600 como sendo o "ano" dos deuses.

Em 200 a.C., os selêucidas cruzaram as fronteiras ptolemaicas e capturaram a Judeia. Como em outras ocasiões, os historiadores buscavam motivos geopolíticos e econômicos para a guerra – ignorando os aspectos messiânicos-religiosos. Foi em um relatório sobre o Dilúvio que Beroso obteve algumas poucas informações, de que Ea/Enki havia instruído Ziusudra (o "Noé" sumério) a "ocultar cada manuscrito disponível em Sippar, a cidade de Shamash" para a recuperação pós-diluviana, porque aqueles manuscritos "***eram sobre começos, meios e fins***". De acordo com Beroso, o mundo atravessa cataclismos periódicos, e ele os relacionou com as eras zodiacais. Sua era contemporânea teria começado 1.920 anos antes da Era Selêucida (312 a.C.); isso colocaria o início da Era de Áries em 2232 a.C. – uma Era destinada a chegar ao fim logo, mesmo concedendo toda a extensão matemática a ela (2232–2160 = 122 a.C.).

Os registros disponíveis sugerem que os reis selêucidas, juntando esses cálculos com o Retorno Ausente, foram pegos pela urgente necessidade de esperar e se preparar. Começou uma correria para reconstruir os templos arruinados da Suméria e Acádia, com ênfase no E.ANNA – a "Casa de Anu" – em Uruk. O Local de Aterrissagem no Líbano, chamado de Heliópolis – Cidade do deus Sol – foi rededicado ao erguer-se um templo venerando Zeus. O motivo da guerra para capturar a Judeia, pode-se concluir, era a urgência de se também preparar o local relacionado ao espaço em Jerusalém para o Retorno. ***Sugerimos que foi a maneira greco-selêucida de se preparar para a reaparição dos deuses.***

Diferentemente dos ptolomeus, os governantes selêucidas estavam determinados a impor a cultura e a religião helenística aos seus domínios. A mudança foi mais significativa em Jerusalém, onde, de repente, as tropas estrangeiras estavam posicionadas e a autoridade dos sacerdotes do Templo havia sido abreviada. A cultura e os costumes helenísticos foram forçadamente introduzidos; até os nomes tinham de ser mudados, começando com o alto sacerdote, que foi obrigado a mudar seu nome de Josué para Jasão. As leis civis restringiam os cidadãos judeus em Jerusalém; os impostos foram aumentados para financiar os ensinamentos de atletismo e luta livre, em vez daqueles da *Torá*; no campo, santuários para as divindades gregas estavam sendo construídos pelas autoridades, e soldados eram enviados para impingir que as venerassem.

Em 169 a.C., o então rei selêucida, Antióquio IV (que adotou o epíteto de Epifânio) foi a Jerusalém. Não foi uma visita de cortesia. Violando a santidade do Templo, ele entrou no Santo dos Santos. Sob suas ordens, foram confiscados os objetos dourados de valor ritual do Templo, nomeou-se um governador grego como responsável pela cidade e construiu-se uma fortaleza com guarnições militares permanentes para soldados estrangeiros, próxima ao Templo. De volta para sua capital síria, Antióquio emitiu uma proclamação exigindo a veneração dos deuses gregos em todo o reino; na Judeia, ficaram especificamente proibidas as práticas do Sabá e da circuncisão. De acordo com o decreto, o templo de Jerusalém deveria se tornar um templo de Zeus; e, em 167 a.C., no 25º dia do mês Kislev hebraico – ***o equivalente ao dia 25 de dezembro nos dias de hoje*** –, um ídolo, uma estátua representando Zeus, "O Senhor do Céu", foi colocada no templo pelos soldados sírio-gregos, e o grande altar foi alterado e usado para os sacrifícios a Zeus. O sacrilégio não poderia ter sido maior.

A inevitável revolta judaica, começada e liderada por um sacerdote chamado Matityahu e seus cinco filhos, é conhecida como a Revolta Macabeia ou Hasmoneana. Começando no campo, a revolta rapidamente dominou as guarnições gregas locais. À medida que os gregos corriam em busca de reforços, a revolta se espalhava por todo o campo; o que faltava aos macabeus em números e armas, eles compensavam com a ferocidade do seu zelo religioso. Os eventos, descritos no *Livro de Macabeu* (e por subsequentes historiadores), não deixam dúvidas de que a luta de poucos contra um reino poderoso foi guiada por um determinado cronograma. *Era imperativo retomar Jerusalém, limpar o templo e rededicá-lo a Yahweh dentro de um determinado prazo*. Conseguindo, em 164 a.C., recapturar apenas o Templo do Monte, os macabeus limparam o Templo e a chama sagrada foi reacendida naquele ano; a vitória final, que levou ao controle total de Jerusalém e à restauração da independência judaica, ocorreu em **160 a.C.**. A vitória e a rededicação do Templo ainda são celebradas pelos judeus como sendo o feriado do *Hanukkah* ("rededicação") no vigésimo quinto dia de Kislev.

A sequência e o cronograma daqueles eventos pareciam estar ligados com as profecias sobre o Fim dos Tempos. Daquelas profecias, como já vimos antes, as que ofereciam dicas numéricas específicas em relação ao derradeiro futuro, o Fim dos Tempos, foram transmitidas a Daniel pelos anjos. Mas ainda falta clareza, porque as contagens eram enigmaticamente expressas em uma unidade chamada "tempo", ou em "semanas de anos", incluindo números de dias; e talvez seja apenas relacionada a essa última que alguém conseguiria contar quando a contagem começava, para que se pudesse saber quando ela terminaria. Naquela situação, a contagem deveria começar a partir do dia em que "a oferenda regular for abolida e a horrenda abominação acontecer" no templo de Jerusalém; nós estabelecemos que tal ato abominável ocorreu um dia em 167 a.C..

Com a sequência daqueles eventos em mente, a contagem dos dias mostrada a Daniel deve ser aplicada em eventos específicos no Templo, que são: sua profanação, em 167 a.C. ("quando a oferenda regular for abolida e uma horrenda abominação acontecer"), a limpeza do Templo em 164 a.C. (depois "um mil e duzentos e noventa dias") e a libertação completa de Jerusalém até 160 a.C. ("feliz é aquele que aguarda e alcança um mil trezentos e trinta e cinco dias"). Os números de dias, 1.290 e 1.335, basicamente se igualam à sequência de eventos no Templo.

De acordo com as profecias no Livro de Daniel, foi então que o relógio do Fim dos Tempos começou a funcionar.

A recaptura imperativa de toda a cidade e a remoção dos soldados estrangeiros não circuncidados do Templo do Monte até 160 a.C. detêm a chave para outra pista. Enquanto nós temos feito uso da contagem aceita de a.C. e d.C. para datar os eventos, os povos daquela época passada obviamente não podiam e não usavam um calendário baseado em um *futuro* calendário cristão. O calendário hebraico, como nós mencionamos anteriormente, era o mesmo que havia se iniciado em 3760 a.C. – e de acordo com aquele calendário, ***o que nós chamamos de 160 a.C. era precisamente o ano 3600!***

Isso, como o leitor já deve saber, era um Sar, o período orbital (matemático) original de Nibiru. E apesar de Nibiru ter reaparecido quatrocentos anos antes, a chegada do ano SAR – 3600 – ***a conclusão de um Ano Divino*** – tinha significado inevitável. Àqueles para quem as profecias bíblicas do retorno do *Kavod* de Yahweh ao Seu Templo do Monte eram inquestionáveis mensagens divinas, o ano que chamamos de "160 a.C." foi um momento crucial da verdade: não importa onde o planeta estava, Deus havia prometido Retornar ao Seu Templo, e o templo tinha que estar purificado e pronto para isso.

Que a passagem dos anos, de acordo com o calendário nippuriano/hebraico, é algo que não se havia esquecido durante aquela turbulenta época, foi confirmado no *Livro dos Jubileus*, livro extrabíblico que se presume ter sido escrito em hebraico em Jerusalém, nos anos que se sucederam à revolta macabeia (hoje com traduções disponíveis apenas em grego, latim, siríaco, etiópio e eslavo). Ele reconta a história do povo judeu desde a época do Êxodo em unidade de tempo de Jubileus – as unidades de 50 anos decretadas por Yahweh no Monte Sinai (veja o nosso capítulo 9); criava também uma contagem histórica de calendário que, desde então, tem se tornado conhecido como **Annu Mundi** – "Ano do Mundo" em latim – que começa em 3760 a.C. Estudiosos (como o rev. R.H. Charles com sua versão inglesa do livro) converteram tal "Jubileu de anos" e suas "semanas" em uma contagem Anno Mundi.

Esse calendário não era apenas mantido por todo Oriente Médio antigo: ele também determinava quando os eventos estavam marcados para acontecer, e conseguia confirmar simplesmente revendo algumas datas importantes (geralmente realçadas em negrito) fornecidas nos nossos capítulos anteriores. Se escolhermos apenas alguns desses eventos históricos importantes, isto é o que acontece quando o "a.C." é convertido para "c.N." (Calendário Nippuriano):

a.C.	c.N.	EVENTO
3760	0	Civilização suméria. Começa o calendário Nippur
3460	300	O incidente da Torre de Babel
2860	900	Touro do Céu morto por Gilgamesh
2360	1400	Sargão: começa a Era da Acádia
2160	1600	Primeiro Período Intermediário no Egito; Era de Ninurta (Gudea constrói o Templo dos Cinquenta)
2060	1700	Nabu organiza os seguidores de Marduk; Abraão vai ao Canaã; Guerra dos Reis
1960	**1800**	Templo Esagil de Marduk na Babilônia
1760	2000	Hammurabi consolida a supremacia de Marduk
1560	2200	Nova dinastia ("Médio Império") no Egito; novo reino dinástico ("cassitas") começa na Babilônia
1460	2300	Anshan, Elão, Mitanni emergem contra a Babilônia; Moisés no Sinai, "arbusto em chamas"
960	2800	Lançado o império neo-assírio; festival Akitu renovado revivido na Babilônia
860	2900	Ashurnasirpal veste o símbolo da cruz
760	**3000**	Profecia em Jerusalém começa com Amós
560	3200	Os deuses anunnakis concluem sua Partida; os persas desafiam a Babilônia; Ciro
460	3100	Era dourada da Grécia; Heródoto no Egito
160	**3600**	Macabeus libertam Jerusalém, o Templo é rededicado

O leitor impaciente mal pode esperar para preencher as próximas entradas:

60	3700	**Os romanos constroem o templo de Júpiter em Baalbek, ocupam Jerusalém**
0	**3760**	**Jesus de Nazaré; a contagem d.C. se inicia**

O século e meio que passou depois de os macabeus libertarem Jerusalém até os eventos ligados a Jesus, depois que chegou aqui, foi um dos mais turbulentos da história do mundo antigo e do povo judeu em particular.

Esse período crucial, cujos eventos nos afetam até os dias de hoje, começou com uma compreensível jubilação. Pela primeira vez em séculos, os judeus eram novamente os senhores absolutos de sua capital santa e de seu templo sagrado, livres para indicar seus próprios reis e altos sacerdotes. Apesar de a luta continuar nas fronteiras, as próprias fronteiras agora se estendiam, abrangendo muito mais do que o antigo reino unido da época de Davi. O estabelecimento de um estado judeu independente, com Jerusalém como sua capital, sob os hasmoneanos, foi um evento triunfal em todos os sentidos – exceto um.

O retorno do *Kavod* de Yahweh, aguardado no Fim dos Tempos, não aconteceu, apesar de a contagem dos dias da época da abominação parecer ter sido a correta. O Tempo da Concretização ainda não viera, muitos se perguntavam; tornou-se evidente que os enigmas das outras contagens de Daniel, dos "anos" e "semanas de anos" e de "Tempo, Tempos", e assim por diante teriam ainda que ser decifrados.

As pistas estavam nas partes proféticas do Livro de Daniel que falava sobre o apogeu e a queda de *futuros* reinos *depois* da Babilônia, Pérsia e Egito – reinos que, de forma oculta, eram chamados reinos "do sul", "do norte" ou do mar "quitim"; e reinos que deveriam se dividir, lutar uns contra os outros, "plantar tabernáculos de palácios entre os mares" –, todas as entidades futuras estavam também ocultamente representadas por uma variedade de animais (um carneiro, um bode, um leão e assim por diante) cujos descendentes, chamados de "chifres", iriam se separar novamente e lutar uns contra os outros. Quem eram essas futuras nações, e quais guerras estavam sendo previstas?

O profeta Ezequiel também falou de grandes batalhas que estavam por vir, entre o Norte e o Sul, entre um Gog não identificado e um oposto Magog; e o povo se perguntava se os reinos profetizados já haviam aparecido em cena – a Grécia de Alexandre, os selêucidas, os ptolomeus. Seria deles que as profecias falavam, ou era alguém que ainda estava por vir em um futuro ainda mais distante?

Havia uma confusão teológica: a expectativa do *Kavod* no Templo de Jerusalém como objeto físico era uma compreensão correta das profecias, ou a espera da vinda era apenas algo simbólico, de uma natureza efêmera, uma *presença espiritual*? O que era exigido do povo – ou o que estava destinado a acontecer iria acontecer, não importava o que houvesse? A liderança judaica se dividiu entre os fariseus devotos e os que seguiam as escritas e os saduceus, mais liberais, que pensavam mais internacionalmente, reconhecendo a importância de uma diáspora judaica que já se havia espalhado do Egito para Anatólia até a Mesopotâmia. Além destas duas principais correntes, pequenas seitas, às vezes organizadas em suas próprias comunidades, floresceram; a mais conhecida delas era a dos essênios (que tem a reputação pelos Pergaminhos do Mar Morto), que se isolaram em Qumran.

Nos esforços para decifrar as profecias, uma nova potência crescente – **Roma** – teria de ser incluída. Tendo ganhado repetidas guerras contra os fenícios e contra os gregos, os romanos passaram a controlar o Mediterrâneo e começaram a se envolver nos assuntos do Egito ptolemaico e dos países selêucidas do Mediterrâneo Oriental (incluindo a Judeia). Os exércitos acompanhavam as delegações imperiais; em 60 a.C., os romanos, sob o comando de Pompeu, ocuparam Jerusalém. No caminho para lá, como fizera Alexandre, ele pegou um atalho para Heliópolis (também conhecida como Baalbek) e ofereceu sacrifícios para Júpiter; isso resultou na construção, em cima dos antigos blocos de pedras colossais, do maior templo que o império romano já construíra para Júpiter (Figura123). Uma inscrição comemorativa encontrada no local indica que o imperador Nero visitou a região em 60 d.C., sugerindo que o templo romano já havia sido concluído até então.

A agitação nacional e religiosa daquela época encontrou sua expressão na proliferação de escritas histórico-proféticas, tais como o *Livro dos Jubileus*, o *Livro de Enoque*, os *Testamentos dos Doze Patriarcas* e o *Testamento de Moisés* (entre vários outros, todos coletivamente chamados de *Apócrifos* e *Pseuda-Epigrapha*). O tema comum neles é a crença de que a história é cíclica, que tudo já foi previsto, que o Fim dos Tempos – uma época de revoltas e levantes – marcará não apenas o final do ciclo histórico, mas também o início de um novo, e que a "virada do ano" (usando uma expressão moderna) se manifestará com a vinda do "**Ungido**" – *Mashi'ach* em hebraico (traduzido como *Chrystos* em grego e, consequentemente, Messias ou Cristo no nosso idioma).

O ato de ungir um novo rei empossado com óleo sacerdotal era conhecido no Mundo Antigo, pelo menos no tempo de Sargão. Era reconhecido na Bíblia como um ato de bênção de Deus, desde os tempos mais remotos. No entanto, seu momento mais memorável foi quando o sacerdote Samuel, guardião da Arca da Aliança, reuniu Davi, o filho de Jessé e o proclamou rei, pela graça de Deus,

Pegou o vaso de óleo e o ungiu
na presença de seus irmãos;
e o Espírito de Deus
se apoderou de Davi daquele dia em diante.

I Samuel 16: 13

Estudando cada profecia e cada expressão profética, o devoto em Jerusalém encontrava repetidas referências a ***Davi como o Ungido de Deus***, e um juramento divino de que será de "sua semente" – de um descendente da Casa de Davi – que seu trono será estabelecido nova-

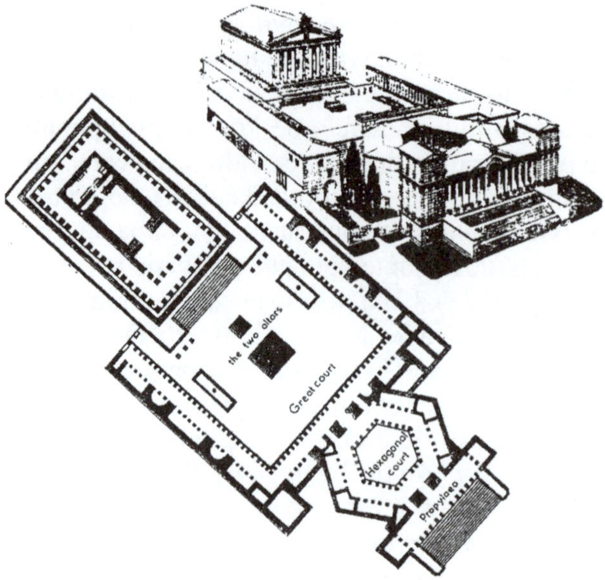

Figura 123

mente em Jerusalém "***nos dias vindouros***". É no "trono de Davi" que os futuros reis, que deverão ser da Casa de Davi, deverão se sentar em Jerusalém; e quando isso acontecer, os reis e príncipes da Terra deverão se juntar em Jerusalém em busca de justiça, paz e da palavra de Deus. Isto, Deus jurou, é "uma promessa eterna", a aliança de Deus "com todas as gerações". A universalidade de seu juramento é confirmada em Isaías 16: 5 e 22: 22; Jeremias 17: 25, 23: 5 e 30: 3; Amós 9: 11; Habacuque 3: 13; Zacarias 12: 8; Salmos 18: 50, 89: 4, 132: 10, 132: 17 e assim por diante.

Essas são palavras poderosas, indiscutíveis no que diz respeito à sua aliança messiânica ***com a Casa de Davi***. Ainda assim, elas também estão repletas de facetas explosivas que virtualmente ditam o curso dos eventos em Jerusalém. Relacionada a isso está a questão do **profeta Elias**.

Elias, apelidado de Tesbita em função do nome da sua cidade no distrito de Gile'ad, era um profeta bíblico ativo no reino de Israel (depois da divisão da Judeia) no século IX a.C., durante o reinado de Ahab e sua esposa canaãnita, a rainha Jezebel. Fiel a seu nome hebraico, *Eli-Yahu* – "Yahweh é meu Deus" – ele vivia em constante conflito com os sacerdotes e os "porta-vozes" do deus canaãnita, Ba'al ("o Senhor"), cuja louvação era promovida por Jezebel. Depois de um período de reclusão em um lugar secreto próximo ao Rio Jordão, onde recebeu ordens de se tornar "Um Homem de Deus", recebeu um "manto com tecido feito de pelos" que continha poderes mágicos, com o qual ele era capaz de fazer milagres em nome de Deus. Seu primeiro milagre registrado (I Reis, Capítulo 17) foi fazer com que uma colher cheia de trigo e um pouco de óleo de cozinha durasse como alimento para uma viúva para o resto de sua vida. Ele então ressuscitou o filho dela, que havia morrido de uma doença virulenta. Durante uma disputa com os profetas de Ba'al no Monte Carmelo, ele conseguiu juntar fogo do céu. É dele o único momento bíblico em que um israelita visitou novamente o Monte Sinai desde o Êxodo: enquanto ele escapava, para salvar sua vida da ira de Jezebel e dos sacerdotes de Ba'al, um Anjo do Senhor o abrigou em uma caverna no Monte Sinai.

As Escrituras contam que ele não morreu, porque foi levado ao céu em um redemoinho para estar com Deus. Sua ascensão, como foi descrito em grandes detalhes em II Reis, Capítulo 2, não foi uma ocorrência repentina, muito menos inesperada; pelo contrário, foi uma operação pré-planejada e pré-arranjada cujo lugar e hora haviam sido comunicados a Elias antecipadamente.

O local designado era o Vale do Jordão, do lado leste do rio. Quando chegou a hora de estar lá, seus discípulos, liderados por um deles, de nome Eliseu, acompanharam-no. Ele fez uma parada em Gilgal (onde ocorreram os milagres de Yahweh para os israelitas sob a liderança de Josué). Ali, tentou se livrar de seus companheiros, mas eles continuaram lhe acompanhando até Betel; apesar de pedir para que ficassem e deixassem Elias cruzar o rio sozinho, eles ficaram com ele até a última parada, Jericó, em todo o trajeto, perguntando a Eliseu se era "verdade que o Senhor levará Elias hoje para o céu?".

Às margens do Rio Jordão, Elias se envolveu em seu manto milagroso e bateu nas águas, dividindo-as, abrindo o caminho para que pudesse cruzar o rio. Os outros discípulos ficaram para trás, mas mesmo assim Eliseu persistia em continuar com Elias, cruzando com ele;

E enquanto continuavam andando e falando,
eis que surge uma carruagem de fogo com cavalos de fogo,
e os dois foram separados.
E Elias foi para o céu, em um redemoinho.
E Eliseu viu e exclamou:
"Meu pai! Meu pai!

a carruagem de Israel e seus cavaleiros!"
E nada mais foi o que viu.

II Reis 2: 11: 12

Escavações arqueológicas em Tell Ghassul (o "Monte do profeta"), um local na Jordânia que se encaixa com a geografia do conto bíblico, desenterraram murais que descreviam os "redemoinhos" mostrados na figura 103. É o único sítio escavado sob os auspícios do Vaticano. (Minha busca por descobertas, cobrindo museus arqueológicos em Israel e na Jordânia, incluindo uma visita ao sítio na Jordânia, e que finalmente me levou ao Instituto Bíblico Pontifício em Jerusalém – Figura 124 – está descrito em *As* Crônicas *da Terra.*)

A tradição judaica tem defendido que o transfigurado Elias retornará um dia como um anunciador da redenção final para o povo de Israel, ***um mensageiro do Messias***. A tradição já havia sido registrada no século V a.C. pelo profeta Malaquias – o último profeta bíblico – em sua última profecia. Considerando a tradição de que a caverna do Monte Sinai, onde o anjo recebeu Elias, era o local onde Deus havia

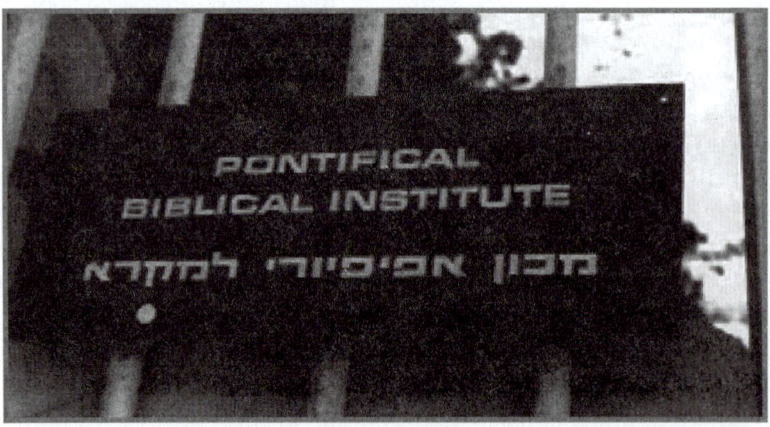

Figura 124

se revelado a Moisés, aguarda-se que Elias reapareça no início do festival da Páscoa, quando o Êxodo é comemorado. Até os dias atuais, o *Seder*, a ceia cerimonial ao anoitecer quando começa o feriado de Páscoa de sete dias, exige que se coloque sobre a mesa de refeição uma taça cheia de vinho para Elias, para ele beber assim que chegar;

a porta é deixada aberta para que ele entre, e um hino indicado é recitado, expressando a esperança de que logo ele anunciará "o Messias, filho de Davi". (Como é o caso quando se conta às crianças cristãs que o Papai Noel desceu pela chaminé e trouxe os presentes que eles acharam, o mesmo acontece com as crianças judias quando se conta que, apesar de não o verem, Elias apareceu e tomou um pequeno gole de vinho.) Como costume, a "Taça de Elias" foi adornada para se tornar uma taça artesanal, um cálice nunca usado para propósito algum que não fosse o ritual de Elias durante a ceia da Páscoa.

A "Última Ceia" de Jesus fazia parte dessa tradição de ceia de Páscoa.

Apesar de manter a semelhança na escolha de seu próprio alto sacerdote e rei, a Judeia havia se tornado, para todos os fins e propósitos, uma colônia romana, primeiro governada pela sede na Síria, em seguida, por governadores locais. O governador romano, chamado de Procurador, certificava-se de que os judeus escolhessem como *Ethnarch* ("Chefe do Conselho Judeu") para servir como um Alto Sacerdote do Templo, e principalmente também como um "Rei dos Judeus" (e não "Rei da Judeia" como um país), quem quer que Roma preferisse. De 36 a 4 a.C., o rei foi Herodes, descendente dos edomitas convertidos ao Judaísmo, que fora escolhido por dois generais romanos (da fama de Cleópatra): Marco Antonio e Otaviano. Herodes deixou um legado de estruturas monumentais, incluindo a melhoria do Templo do Monte e a estratégica fortaleza e palácio em Massada, no Mar Morto; ele também atendeu aos desejos do governador, como um verdadeiro vassalo de Roma.

Foi nessa Jerusalém ampliada e engrandecida pelas construções hasmoneanas e herodianas, repleta de peregrinos para o feriado da Páscoa, que Jesus de Nazaré chegou – em 33 d.C. (de acordo com a datação aceita). Naquela época, era permitido aos judeus manter apenas a autoridade religiosa, um conselho de 70 anciãos chamados de *Sanhedrin*; não havia mais um rei judeu, a terra não era mais um estado judeu, e sim uma província romana, governada pelo procurador Pôncio Pilatos, estabelecida no forte, próximo ao Templo.

As tensões entre a população judaica e os senhores da terra romanos aumentavam, resultando em uma série de revoltas sangrentas em Jerusalém. Pôncio Pilatos, ao chegar em Jerusalém em 26 d.C., piorou ainda mais as coisas ao levar para a cidade legionários romanos com seus estandartes e moedas que continham imagens gravadas proibidas no Templo; os judeus, demonstrando resistência, eram sentenciados impiedosamente com a crucificação em números tão elevados que o local de execução era apelidado de *Gólgota* – Lugar das Caveiras.

Jesus já havia estado antes em Jerusalém: "Seus pais iam a Jerusalém todos os anos para a festa da Páscoa, e quando ele tinha 12 anos, eles subiram a Jerusalém seguindo o costume da festa; terminados aqueles dias, eles retornaram, e o menino Jesus havia ficado em Jerusalém" (Lucas 2: 41-43). Quando Jesus chegou (com seus discípulos) dessa vez, a situação não era certamente o que se esperava, nem o que as profecias bíblicas haviam prometido. Devotos judeus – como Jesus certamente também era – estavam presos à ideia de redenção, de salvação pelo Messias, ponto central em que se encontrava a ligação especial e eterna entre Deus e a Casa de Davi. Isso foi expresso de forma clara e enfática no magnífico Salmo 89 (19-29), no qual Yahweh, falando aos Seus fiéis seguidores em uma visão, disse:

Exaltei um escolhido entre o povo;
Encontrei Davi, meu servo;
Com o meu santo óleo eu o ungi...
Ele me invocará dizendo:
"Tu és meu pai, meu Deus,
a rocha da minha salvação!"
E eu farei dele um Primogênito,
supremo e acima de todos os reis da Terra.
Minha compaixão por ele para sempre será mantida,
Minha lealdade eu não trairei;
Minha aliança com ele não será violada,
O que expressei jamais mudarei...
Devo fazer com que sua semente dure para sempre,
Que seu trono [dure] como os **Dias do Céu.**

Não seria uma pista essa referência sobre os "Dias do Céu", uma ligação entre a vinda do Salvador e o profetizado Fim dos Tempos? Não era a hora de ver as profecias se concretizarem? E foi assim que Jesus de Nazaré, agora em Jerusalém com seus 12 discípulos, estava determinado a resolver o assunto com suas próprias mãos: se a salvação requeria um Ungido da Casa de Davi, ele, Jesus, poderia ser o próprio!

Seu próprio nome hebraico – *Yehu-shuah* ("Joshua") – significava o Salvador de Yahweh; e como exigência de que o Ungido ("Messias") devesse pertencer à Casa de Davi, isso ele era: o verso inicial do Novo Testamento, em *O Evangelho Segundo São Mateus*, diz: "***O livro das***

gerações de Jesus Cristo, o filho de Davi, o filho de Abraão". Logo, tanto ali como em outra parte no Novo Testamento, a genealogia de Jesus é fornecida por meio das genealogias: 14 gerações de Abraão para Davi; 14 gerações de Davi para o exílio babilônico; e 14 gerações desde então até Jesus. Ele estava qualificado, afirmam os Evangelhos de uma vez por todas.

Nossas fontes para o que aconteceu em seguida são os evangelhos e outros livros do Novo Testamento. Sabemos que os "registros de testemunhas" foram de fato escritos bem depois dos eventos; sabemos que a versão codificada é o resultado de deliberações em uma convocação pedida pelo imperador romano Constantino, três séculos depois; sabemos que os manuscritos "gnósticos", como os documentos de Nag Hammadi ou o Evangelho de Judas, fornecem versões diferentes que a Igreja tinha motivos para suprimir; sabemos também – o que é fato indiscutível – que, a princípio, havia uma Igreja de Jerusalém liderada pelo irmão de Jesus, voltada exclusivamente aos seguidores judeus, que foi atacada, substituída e eliminada pela Igreja de Roma, que se dirigia aos gentios. Ainda assim, devemos seguir a versão "oficial" para isso, por ela mesma, que liga os eventos de Jesus em Jerusalém com todos os séculos e milênios anteriores, como foi contado até agora neste livro.

Primeiro, deve-se remover qualquer dúvida que existir sobre Jesus ter ido a Jerusalém na época da Páscoa e sobre a "Última Ceia" ter sido uma ceia *Seder* de Páscoa. Mateus 26: 2, Marcos 14: 1 e Lucas 22: 1 citam Jesus dizendo aos seus discípulos, enquanto chegavam em Jerusalém: "Sabeis que daqui a dois dias é a Festa da Páscoa"; "Dali a dois dias era a festa da Páscoa, do pão ázimo"; e "Agora se aproxima a festa do pão ázimo, e é chamada de Páscoa". Os três evangelhos, nos mesmos capítulos, declaram então que Jesus disse aos seus discípulos para irem a uma determinada casa, onde eles poderiam celebrar a ceia de Páscoa com a qual se daria início ao feriado.

A próxima questão a ser apurada é a de Elias, o anunciador da vinda do Messias (Lucas 1: 17 ainda citou os versos relevantes de Malaquias). Segundo os Evangelhos, as pessoas que sabiam sobre os milagres que Jesus havia feito – milagres que eram muito parecidos com os do profeta Elias – à primeira vista se perguntavam se Jesus era o Elias reaparecido. Sem negar, Jesus desafiou seus discípulos mais próximos: "'O que *vós* dizeis que eu sou?' E Pedro respondeu e disse a ele: 'Tu és o Ungido'" (Marcos 8: 28-29).

Se aquele era o caso, perguntaram-lhe onde estaria Elias, que teria de aparecer primeiro? E Jesus respondeu: Sim, é claro, mas ele já chegou!

E eles lhe perguntaram, dizendo:
Por que dizem os escribas que Elias deve vir primeiro?
E ele respondeu e disse a eles:
Na verdade, Elias havia de vir primeiro, e restaurar todas as coisas...
Eu vos digo porém
que Elias já veio.

Marcos 9: 11,13

Essa foi uma declaração audaciosa, o teste do que estava por vir; pois se Elias tivesse de fato retornado à Terra, "***de fato veio***", portanto fora cumprido o pré-requisito para a vinda do Messias – **então ele deveria aparecer no Seder e beber da sua própria taça de vinho!**

Como exigia o costume e a tradição, a Taça de Elias, cheia de vinho, estava posta na mesa *Seder* de Jesus e de seus discípulos. A ceia cerimonial está descrita em Marcos, Capítulo 14. Conduzindo o Seder, Jesus pegou o pão ázimo (hoje chamado de *Matzoh*), abençoou-o, repartiu-o e dividiu os pedaços entre seus discípulos. "E ele pegou **a taça**, e, depois de agradecer, ele a deu aos outros, e todos eles beberam dela" (Marcos 14: 23).

Portanto, sem dúvida, a Taça de Elias estava lá, mas Da Vinci optou por não mostrá-la. Nessa pintura, *A Última Ceia*, que poderia estar baseada apenas em passagens do Novo Testamento, ***Jesus não está segurando a taça crucial, e não há em lugar algum uma taça de vinho sobre a mesa!*** Em vez disso, há **um espaço inexplicável à direita de Jesus (Figura 125)**, e o discípulo à sua direita está se curvando lateralmente como se permitisse que alguém invisível viesse entre eles:

Será que o teologicamente correto Da Vinci estava implicando que um invisível Elias entrara pelas janelas abertas, atrás de Jesus, e levara a taça que era dele? A pintura sugere que Elias retornou; o anunciador, que precedia o Rei Ungido da Casa de Davi, havia chegado.

E isso foi confirmado quando Jesus, detido, foi levado diante do governador romano, que lhe perguntou: "'Tu és ***o rei dos judeus***?' Respondeu-lhe Jesus: 'Vós que dissestes'" (Mateus 27: 11). A sentença, morrer na cruz, foi inevitável.

Figura 125

Quando Jesus levantou a taça de vinho e fez a exigida bênção, disse aos seus discípulos, segundo Marcos 14: 24: "Este é o meu sangue do novo testamento". SE essas foram suas palavras exatas, ele não queria dizer que eles beberiam vinho transformado em sangue – uma transgressão grave de uma das proibições mais estritas do Judaísmo dos tempos remotos, "pois o sangue é a alma". O que ele disse (ou queria dizer) era que o vinho *naquela taça*, a *Taça de Elias*, era, atestava, confirmava sua ***linhagem sanguínea***. E Da Vinci a descreveu convincentemente por meio de seu desaparecimento, presumidamente tirada pelo visitante Elias.

A taça desaparecida tem sido o assunto favorito dos autores durante séculos. Os contos se tornaram lendas: os cavaleiros das Cruzadas* a procuraram; a Ordem dos Templários a encontrou; foi levada à Europa... o copo se tornou uma taça, um cálice; era o cálice representando o Sangue Real – *Sang Real* em francês, tornando *San Greal*, o **Santo Graal**.

Ou, depois de tudo, talvez nem tenha saído de Jerusalém?

A contínua submissão e intensificada repressão romana aos judeus na Judeia resultou na explosão da maior revolta que desafiava Roma; foi necessário abrir mão dos maiores generais e das melhores legiões de Roma durante sete anos para derrotar a pequena Judeia e chegar a Jerusalém. Em 70 d.C., depois de longo cerco e batalhas

*N.E.: Sugerimos a leitura de *O Guia Completo das Cruzadas*, de Paul L. Williams, Madras Editora.

frontais furiosas, os romanos romperam com as defesas do Templo; e o general comandante Tito ordenou que se ateasse fogo ao Templo. Embora a resistência continuasse em outros lugares pelos três anos seguintes, a Grande Revolta Judaica havia acabado. Os triunfantes romanos estavam tão felizes que comemoraram a vitória cunhando uma série de moedas que anunciavam ao mundo *Judea Capta* – Judeia Capturada. Também ergueram o arco da vitória em Roma descrevendo os objetos rituais do Templo que haviam sido saqueados (Figura 126).

Mas durante cada ano de independência, as moedas judaicas eram impressas com a legenda "Ano Um", "Ano Dois", etc., "pela liberdade do Sião", mostrando os frutos da terra como temas decorativos.

Figura 126

Inexplicavelmente, as moedas dos anos dois e três exibiam a imagem de um cálice (Figura 127)...

O "Santo Graal" ainda estava em Jerusalém?

Figura 127

16

Armagedom e as Profecias do Retorno

Eles retornarão? Quando eles retornarão?

Essas são questões que me foram perguntadas inúmeras vezes, sendo que "eles" refere-se aos deuses anunnakis, cuja saga preencheu meus livros. A resposta para a primeira pergunta é sim; há pistas que precisam de maior atenção, e as profecias do Retorno precisam ser cumpridas. A resposta para a segunda pergunta tem preocupado a humanidade desde a época dos eventos divisores de água em Jerusalém, mais de 2 mil anos atrás.

Mas a questão não é apenas "se" e "quando". O que o Retorno sinalizará, o que trará junto? Será uma vinda benevolente, ou – como quando o Dilúvio estava crescendo – trará o Fim? Quais profecias se concretizarão? **Uma Era Messiânica, uma Segunda Vinda, um novo Começo – ou talvez um Apocalipse catastrófico, o Derradeiro Fim, Armagedom...**

É a última possibilidade que desloca essas profecias do reino da teologia, da escatologia, ou da mera curiosidade no que diz respeito à própria sobrevivência da humanidade. Deve-se ter em vista que o Armagedom, um termo que passou a denotar uma guerra de escopo calamitosamente inimaginável, ***é de fato, o nome de um local específico em uma terra que tem sido sujeita a ameaças de aniquilação nuclear.***

No século XXI a.C., a guerra dos Reis do Oriente contra os Reis do Ocidente foi seguida por uma calamidade nuclear. Vinte e um séculos depois, quando o a.C. mudou para d.C., os temores da humanidade foram expressos em um pergaminho escondido em uma caverna próxima ao Mar Morto, que descrevia uma grande e derradeira "Guerra dos Filhos da Luz Contra os Filhos das Trevas". Hoje, novamente, no século XXI d.C., uma ameaça nuclear paira sobre o mesmo local histórico. Há razão suficiente para perguntar: irá a história se *repetir, sendo que* a história se *repete*, de forma misteriosa, a cada 21 séculos?

Uma guerra, uma conflagração destruidora, foi descrita como parte do cenário do Fim dos Tempos em Ezequiel (capítulos 38-39). Apesar de "Gog da terra de Magog", ou "Gog e Magog", serem vistos como os principais instigadores nessa guerra final, a lista de combatentes que serão arrastados a essas batalhas abrange praticamente cada nação digna de nota; e o foco da conflagração deverá ser "os habitantes do Umbigo da Terra" – o povo de Jerusalém, segundo a Bíblia, mas para o povo da "Babilônia" como um substituto de Nippur para aqueles a quem o relógio parou.

É impressionante, de dar frio na espinha, que a lista de* Ezequiel *sobre as nações espalhadas pelo mundo (38: 5) que se juntarão na guerra final – Armagedom – na realidade comece com a* PÉRSIA *– o próprio país (hoje o Irã) cujos líderes buscam armas nucleares com as quais querem "varrer a face da Terra" o povo que habita onde Har-Megiddo se situa!

Quem é esse "Gog da terra de Magog" e por que essa profecia de dois milênios e meio atrás soa tão parecida com as atuais manchetes de notícia? A precisão de tais detalhes na Profecia aponta para o Quando – **na nossa época, no nosso século?**

Armagedom, uma Guerra Final de Gog e Magog, é também um elemento essencial do cenário do Fim dos Tempos do livro profético no Novo Testamento, Revelação (cujo título completo é O Apocalipse de São João, o Divino). Compara os instigadores dos eventos apócrifos com duas bestas, uma das quais consegue "fazer fogo cair do céu na terra, diante do homem". É dada apenas uma pista enigmática para sua identidade (13: 18):

> *Eis aqui a sabedoria:*
> *Permiti que aquele que tiver compreensão*
> *conte o número da besta:*
> *É o número de um homem;*
> *e o seu número é*
> *seiscentos e sessenta e seis.*

Muitos tentaram decifrar o número misterioso **666**, assumindo que se tratava de uma mensagem codificada relacionada ao Fim dos Tempos. Considerando que o livro foi escrito quando a perseguição aos cristãos havia começado em Roma, a interpretação aceita é que o número era um código para o imperador opressor Nero, o valor numérico cujo nome em hebraico (NeRON QeSaR) somava 666. O fato de ele ter estado na plataforma espacial em Baalbek, possivelmente para inaugurar ali o Templo de Júpiter, no ano **60** d.C. pode – ou não – ter uma influência no enigma 666.

Que poderia haver mais coisas relacionadas ao 666 do que a ligação com Nero, é sugerido pelo fato intrigante de que 600, 60 e 6 são todos números básicos do sistema sexagesimal sumério, para que o "código" então possa se referir a alguns textos mais antigos; havia 600 anunnakis, o grau numérico de Anu era 60, o grau de Ishkur/ Adad era 6. Logo, se os três números forem multiplicados, em vez de adicionados, teremos 600 x 60 x 6 = 216.000, que é o conhecido 2.160 (uma era zodiacal) vezes 100 – um resultado que pode ser especulado infinitamente.

Há também o enigma de que, quando os sete anjos revelaram a sequência dos futuros eventos, eles não os relacionaram a Roma; eles os ligaram à "**Babilônia**". A explicação convencional tem sido que, como o 666 era um código para o imperador romano, a "Babilônia" era então uma palavra de código para Roma. Mas a Babilônia já havia sumido há séculos quando a Revelação foi escrita, e a Revelação, falando da Babilônia, indiscutivelmente liga as profecias com "o grande Rio Eufrates" (9: 14), inclusive descrevendo como "o sexto anjo derramou seu frasco no grande Rio Eufrates", secando-o para que os Reis do Oriente se juntassem à luta (16: 12). A conversa era sobre uma cidade/terra no Eufrates, e não no Rio Tibre.

Tendo em vista que as profecias da Revelação são sobre o futuro, pode-se concluir que a **"Babilônia" não é um código – a Babilônia significa Babilônia, a futura Babilônia** que irá se envolver na guerra do "Armagedom" (que o verso 16: 16 corretamente explica como o nome de "um lugar de língua hebraica" – *Har-Megiddo*, Monte Megido, em Israel), uma guerra envolvendo a Terra Santa.

Se aquela futura Babilônia é de fato o Iraque de hoje, os versos proféticos são novamente assustadores, pois à medida que eles preveem os atuais eventos que levam à queda da Babilônia após uma breve, mas terrível guerra, ***eles profetizam a divisão da Babilônia/Iraque em três partes!*** (16:19).

Como o Livro de Daniel, que previu as fases de tribulações e etapas de tentativa do processo messiânico, a Revelação também tentou explicar as enigmáticas profecias do Velho Testamento ao descrever

(Capítulo 20) a Primeira Era Messiânica com a "Primeira Ressurreição" que duraria uns mil anos, seguida por um reino satânico de mil anos (quando "Gog e Magog" se enfrentarão em uma imensa guerra) e, então, um segundo período messiânico e outra ressurreição (e, portanto, a "Segunda Vinda").

Inevitavelmente, estas profecias causaram um frenesi de especulação à medida que o ano 2000 d.C. se aproximava: especulação relacionada ao **Milênio** como um ponto no tempo, na história da humanidade e da Terra, quando as profecias se concretizariam.

Cercado por questões milenares à medida que o ano 2000 se aproximava, eu disse para o meu público que ***nada iria acontecer em 2000***, e não foi por causa da verdadeira contagem do ponto do milênio a partir do nascimento de Jesus já ter passado, pois de acordo com todos os cálculos formais, Jesus nasceu em 6 ou 7 a.C.. O motivo principal da minha opinião era que as profecias pareciam estar prevendo não uma cronologia *linear* – ano um, ano dois, ano novecentos e assim por diante –, e sim uma repetição ***cíclica*** de eventos, a crença fundamental de que "As Primeiras Coisas serão as Últimas Coisas" – algo que possa acontecer apenas quando a história ou o tempo histórico se move em um ciclo, quando o ponto inicial for o ponto final e vice-versa.

Inerente a esse plano cíclico da história está o conceito de Deus como sendo uma entidade divina eterna que esteve presente no Princípio, quando o Céu e a Terra foram criados, e que estará lá no Fim dos Tempos, quando o Seu reino deverá ser renovado sobre o Seu monte sagrado. Isso está presente em declarações desde as primeiras afirmações bíblicas passando pelos profetas mais recentes, como quando Deus anunciou, por intermédio de Isaías (41: 4, 44: 6, 48: 12):

Eu sou Ele, Eu sou o Primeiro como também Eu sou o Último...
Dos Primórdios ao Fim eu previ,
e dos tempos antigos as coisas que ainda não foram feitas.

Isaías 48: 12, 46: 10

E do mesmo modo (duas vezes) no Livro da Revelação do Novo Testamento:

Eu sou o Alfa e o Ômega
O Princípio e o Fim,
disse o Senhor –
O que é, o que foi e o que será.

Apocalipse 1: 8

De fato, a base para a profecia era a crença de que o Fim estava ancorado no Princípio, que o *Futuro* poderia ser previsto porque o *Passado* já era conhecido – se não pelo homem, então por Deus: Eu sou aquele "***que do Princípio conta o Fim***", disse Yahweh (Isaías 46: 10). O profeta Zacarias (1: 4, 7: 7, 7: 12) previu os planos de Deus para o futuro – ***o Fim dos Tempos*** – nos termos do Passado, ***os Primeiros Dias***.

Essa crença, que é repetida nos Salmos, nos Provérbios e no Livro de Jó, foi vista como um plano divino universal para toda a Terra e todas as suas nações. O profeta Isaías, profetizando as nações da Terra reunidas para saber o que esperar, descreveu-as questionando-se: "Quem, entre nós, pode nos falar sobre o futuro deixando ouvir sobre as Primeiras Coisas?". Que isto se tratava de um dogma universal é algo mostrado em uma coleção de *Profecias Assírias*, quando o deus Nabu disse ao rei assírio Esarhaddon: "***O futuro deverá ser como o passado***".

Esse elemento cíclico das profecias bíblicas sobre o Retorno nos conduz a uma resposta atual sobre a questão de QUANDO.

Um giro cíclico do tempo histórico foi descoberto, o leitor se lembrará, na Mesoamérica, resultado de uma combinação, como as engrenagens de rodas, de dois calendários (veja figura 67), criando um "pacote" de 52 anos, na ocorrência de que – depois de um número específico de giros – Quetzalcoatl (também conhecido como Toth/Ningishzidda) havia prometido retornar. E isso nos leva às conhecidas Profecias Maias,* de acordo com as quais **o Fim dos Tempos virá em 2012 d.C**.

O prospecto de que a data crucial profetizada está bem próxima tem atraído, naturalmente, muito interesse, e é digno de ser explicado e analisado. A data indicada surgiu do fato de que, naquele ano (dependendo de como se calcula), a unidade de tempo *Baktun* completará seu décimo terceiro giro. Considerando que um Baktun dura 144.000 dias, é um tipo de marco e tanto.

Alguns erros, ou suposições fraudulentas, relacionados a este cenário precisam ser apontados. O primeiro é que um Baktun não pertence apenas a dois "pacotes" de calendários com a promessa dos 52 anos (o *Haab* e o *Tzolkin*), mas a um terceiro calendário muito mais antigo chamado de *A Longa Contagem*. Foi introduzida pelos olmecas – africanos que foram à Mesoamérica quando Toth foi exilado do Egito – e a contagem de dias na realidade começou com esse evento, logo esse Dia Um da Longa Contagem era o que nós datamos como

*N.E.: Sugerimos a leitura de *O Código Maia*, de Barbara Hand Clow, e *2012 – A Era de Ouro*, de C. Torres e S. Zanquim, ambos da Madras Editora.

agosto de 3113 a.C.. Os hieróglifos naquele calendário representam a seguinte sequência de unidades:

1 kin		= 1 dia
1 Uinal	= 1 kin x 20	= 20 dias
1 Tun	= 1 kin x **360**	= 360 dias
1 Ka-tun	= 1 tun x 20	= 7.200 dias
1 Bak-tun	= 1 Ka-tun x 20	= 144.000 dias
1 Pictun	= 1 Bak-tun x 20	= 2.880.000 dias

Estas unidades, cada uma um múltiplo da anterior, iam além do Baktun com hieróglifos crescentes. Mas tendo em vista que os monumentos maias nunca ultrapassaram 12 Baktuns, cujos 1.728.000 dias eram algo que ia além da existência maia, o 13º Baktun aparenta ser um verdadeiro marco. Além disso, a sabedoria maia aparentemente entendia que o "Sol" presente ou Era terminaria no 13º Baktun; portanto, quando o seu número de dias (144.000 x 13 = 1.872.000) é dividido por 365.25, resulta na passagem de 5.125 anos; quando o a.C. 3113 é subtraído, **o resultado é o ano d.C. 2012**.

Isto é fascinante, como também não deixa de ser uma previsão sinistra. Mas essa data foi alterada, já no século passado, pelos estudiosos (como Fritz Buck, *El Calendário Maya en la Cultura Tiahuanacu*) que apontaram que, como mostra a lista anterior, o multiplicador e, portanto, o divisor, deveria ser o matematicamente perfeito 360 do próprio calendário, e não 365.25. Dessa forma, os 1.872.000 dias resultariam em 5.200 anos – um resultado perfeito porque representa exatamente 100 "pacotes" do número mágico de Toth, 52. Assim calculado, **o ano mágico do Retorno de Toth seria 2087 d.C.** (5.200 – 3.113).

Poderíamos aguentar até essa espera; o que foge à regra é que ***a Longa Contagem é uma contagem do tempo linear, e não a cíclica que é requerida***, para que seus dias contados possam ser transferidos ao décimo quarto Baktun e ao décimo quinto Baktun e assim por diante.

Tudo isso, no entanto, não descarta a significância de um milênio profético. Considerando que a fonte do "milênio", como um tempo escatológico, teve sua origem nos manuscritos apócrifos judaicos do século II a.C., a busca por um significado deve ser alterada para essa direção. De fato, a referência de "mil" – um milênio – como definindo uma era tem suas raízes no Velho Testamento. Deuteronômio (7: 9) atribuiu a duração da aliança de Deus com Israel um período de "mil gerações" – uma afirmação repetida (I Crônicas 16: 15) quando a Arca da Aliança foi levada a Jerusalém por Davi. Os Salmos, repetidas vezes, aplicam o número "mil" a Yahweh, a suas maravilhas, e inclusive à sua carruagem (Salmo 68: 17).

Diretamente relevante ao assunto do Fim dos Tempos e ao Retorno é a declaração no Salmo 90: 4 – uma declaração atribuída ao próprio Moisés – que falou de Deus que "***mil anos, aos vossos olhos, não passam de um dia***". Essa declaração tem gerado especulações (que começaram logo depois da destruição romana do Templo) de que era uma forma de se compreender o elusivo Fim dos Tempos messiânicos; se a Criação, "O Princípio", segundo o Gênesis, levou seis dias para que Deus o fizesse, e um dia divino duraria mil anos, o resultado é uma duração de 6.000 anos do princípio ao fim. O Fim dos Tempos, como se pode portanto concluir, começará no *Anno Mundi* 6.000.

Aplicado ao calendário hebraico de Nippur, que começou em 3760 a.C., **isto significa que o Fim dos Tempos ocorrerá em 2240 d.C. (6.000 – 3.760 = 2.240).**

Este terceiro cálculo do Fim dos Tempos pode ser decepcionante ou tranquilizador – depende da expectativa de cada um. A beleza deste cálculo é que está em perfeita harmonia com o sistema sexagesimal sumério ("base 60"). No futuro poderá ser comprovado como sendo o correto, mas eu não penso assim: é novamente linear – é uma unidade de tempo cíclico que é clamada pelas profecias.

Com nenhuma das datas "modernas" executáveis, devemos então olhar para trás nas antigas "fórmulas" – fazer o que foi aconselhado por Isaías, "***olhe para os sinais de trás para frente***". Temos duas opções cíclicas: o período orbital do Tempo Divino de Nibiru e o Tempo Celestial da Precessão zodiacal. Qual deles é o correto?

Que os anunnakis vieram e foram durante uma "janela de oportunidade" quando Nibiru chegou no Perigeu (mais próximo do Sol e, portanto, mais próximo da Terra e de Marte) é tão óbvio que alguns dos meus leitores costumavam simplesmente subtrair 3.600 de 4.000 (como sendo uma data arredondada da última visita de Anu), resultando em 400 a.C., ou subtraindo 3.600 de 3.760 (quando se iniciou o calendário de Nippur) – como os macabeus fizeram – e chegaram a 160 a.C. Nem de um modo e nem do outro, a próxima chegada de Nibiru está em futuro distante.

De fato, o leitor já sabe, Nibiru chegou antes, cerca de 560 a.C.. Ao considerar esse "desvio", deve-se manter em mente que o perfeito Sar (3.600) sempre foi um período orbital matemático, tendo em vista que as órbitas celestiais – de planetas, cometas, asteroides – se desviam de órbita em órbita em função da atração gravitacional de outros planetas próximos de onde passam. Usando a trajetória bem definida do Cometa Halley como exemplo, seu período determinado de 75 anos na realidade varia de 74 a 76; quando ele fez sua última aparição em 1986, era de 76 anos. Expanda o desvio do Halley para os 3.600 de Nibiru, e você chegará a uma variação de aproximadamente 50 anos em cada trajetória.

Há uma outra razão para se questionar por que Nibiru se desviou tanto do seu acostumado Sar: o acontecimento raro do Dilúvio, cerca de 10900 a.C.

Durante seu 120 Sars *antes* do Dilúvio, Nibiru orbitou sem causar tamanha catástrofe. De repente, algo raro aconteceu para que Nibiru fosse levado mais próximo da Terra: o Dilúvio aconteceu em combinação com as condições do deslize que houve na camada de gelo que cobria a Antártica. O que foi essa "coisa rara"?

A resposta pode estar bem mais longe no nosso sistema solar, onde Urano e Netuno orbitam – planetas cujas várias luas, incluindo algumas que, inexplicavelmente, orbitam em direção "oposta" ("retrógrada") à forma que Nibiru orbita.

Um dos grandes mistérios no nosso sistema solar é o fato de que o planeta Urano se posiciona literalmente de lado – seu eixo norte-sul encara o Sol horizontalmente em vez de estar na posição vertical. "Algo" deu uma "grande pancada" em Urano em algum momento do seu passado, dizem os cientistas da NASA – sem se aventurarem a adivinhar o que era esse "algo". Eu também tenho diversas vezes questionado se esse "algo" foi o que também causou uma enorme cicatriz misteriosa "em forma de V" e uma característica "falhada" inexplicada que o *Voyager 2* da NASA encontrou na lua Miranda de Urano, em 1986 (Figura 128) – uma lua que é diferente, de várias maneiras, das outras luas de Urano. ***Será que uma colisão celestial com Nibiru, que estava passando, causara tudo aquilo?***

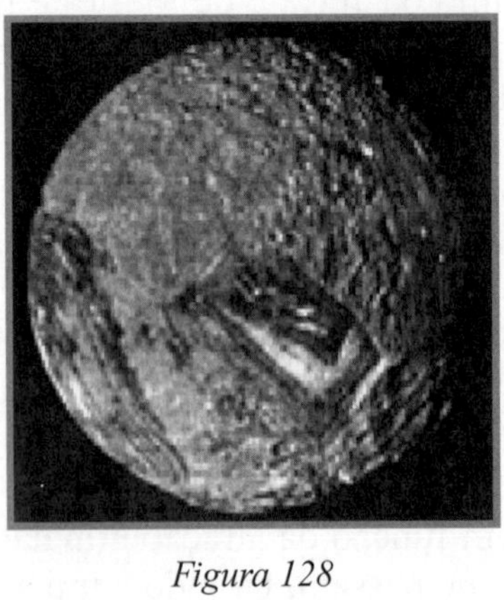

Figura 128

Nos últimos anos, astrônomos afirmaram que os grandes planetas externos não têm ficado parados no lugar onde foram formados, mas que estão sendo levados para fora, para longe do Sol. Os estudos concluíram que a mudança tem sido mais evidente no caso de Urano e Netuno (veja desenho, figura 129), e isso pode explicar porque nada ocorreu lá fora durante muitas órbitas de Nibiru – então, de repente, algo aconteceu. Não é improvável a conclusão de que, durante sua órbita do "Dilúvio", Nibiru encontrou com Urano mudando, ***e uma das luas de Nibiru bateu em Urano***, inclinando-o lateralmente; é possível também que a "arma" do golpe tenha sido a enigmática lua Miranda – ***uma lua de Nibiru*** – que bateu em Urano e acabou ficando presa na órbita de Urano. Tal acontecimento teria afetado a órbita de Nibiru, diminuindo sua velocidade em aproximadamente 3.450 anos-Terra em vez de 3.600, e resultando em uma reaparição pós-diluviana marcada para cerca de 7.450, cerca de 4.000 e cerca de 550 a.C.

Se foi o que aconteceu, isso explica a chegada "antecipada" de Nibiru em 556 a.C. – e sugere que **sua próxima chegada será cerca de 2900 d.C.** Para aqueles que associam os eventos cataclísmicos profetizados ao retorno de Nibiru – o "Planeta X" para alguns –, o tempo ainda está longe.

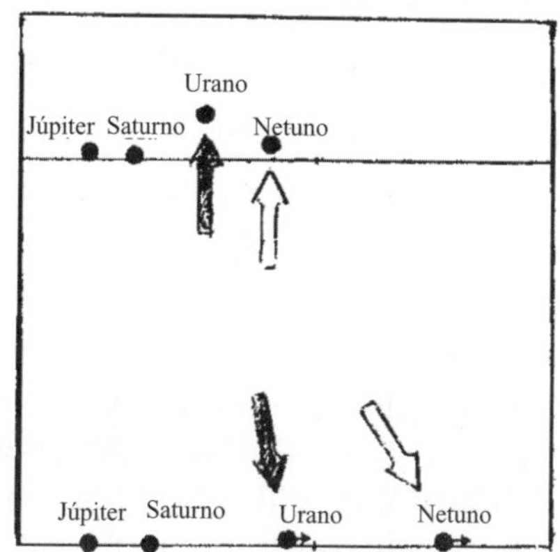

Figura 129

Mas qualquer noção de que os anunnakis limitem suas idas e vindas a uma única "janela" pequena no perigeu do planeta está errada. Eles podem ir e vir em outras épocas também.

Os textos antigos registram várias ocasiões de viagens de ida e volta feitas pelos deuses sem qualquer indicação sobre uma ligação com a proximidade do planeta. Como há também vários contos de viagem da Terra para Nibiru por terráqueos que omitem qualquer afirmação de que Nibiru pudesse ser vista no céu (uma visão que foi enfatizada, por outro lado, quando Anu visitou a Terra, cerca de 4000 a.C.). Em uma ocasião, Adapa, um filho de Enki com uma mulher da Terra, que recebeu Sabedoria, mas não a imortalidade, fez uma pequena viagem a Nibiru, acompanhado por Dumuzi e Ningishzidda. Enoque, copiando o Enmeduranki sumério, também foi e voltou, duas vezes, durante sua vida na Terra.

Isto era possível pelo menos em duas maneiras, como mostra a figura 130: uma em uma nave espacial na fase de aproximação de Nibiru (do ponto **A**), chegando bem na frente do momento perigeu; a outra, desacelerando a nave (no ponto **B**) durante a fase de retirada de

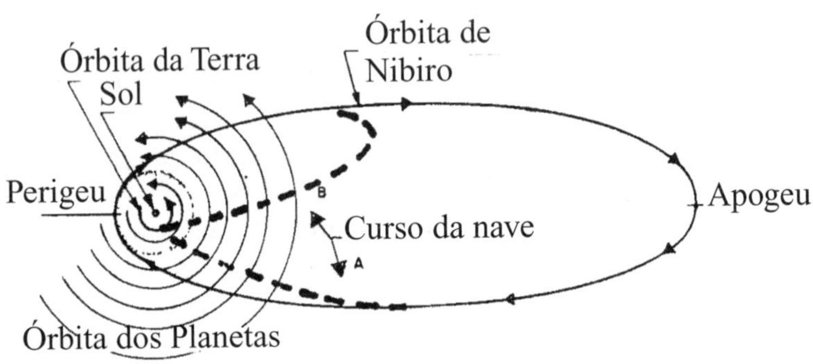

Figura 130

Nibiru, "caindo de volta" em direção ao Sol (e, portanto, à Terra e a Marte). Uma rápida visita à Terra, como aquela feita por Anu, poderia ser feita combinando-se o "A" da chegada com o "B" da partida; uma rápida visita a Nibiru (como a de Adapa) poderia ter ocorrido ao inverter o procedimento – ao sair da Terra e interceptar Nibiru no ponto "A" e partir de Nibiru no ponto "B" para retornar à Terra, e assim por diante.

O Retorno dos anunnakis em uma época que não seja a do retorno do planeta pode, portanto, ocorrer, e para isso temos o outro tempo cíclico – o tempo zodiacal.

Em *Quando o Tempo se Iniciou*, chamei o **Tempo Celestial** de forma distinta, apesar de ele servir como uma ligação entre o Tempo da Terra (ciclo orbital do nosso planeta) e o Tempo Divino (o relógio do planeta dos anunnakis). Se o esperado Retorno for dos anunnakis, em vez do planeta deles, então cabe a nós buscar uma solução para os enigmas dos deuses e dos homens mediante o relógio que os tem ligado – o zodíaco cíclico do Tempo Celestial. Foi inventado pelos anunnakis principalmente como uma forma de reconciliar os dois ciclos;

sua razão – 3.600 para Nibiru, 2.160 para a Era Zodiacal – era a Razão Dourada de 10:6. Resultou, como eu tenho sugerido, em um sistema sexagesimal em que a matemática e a astronomia sumérias se baseavam (6 x 10 x 6 x 10, e assim por diante).

Beroso, como já mencionamos, considerava as eras zodiacais como momentos decisivos nos assuntos dos deuses e dos homens, e concluiu que o mundo passava periodicamente por catástrofes apocalípticas, seja por água ou por fogo, cujo tempo era determinado pelos fenômenos celestiais. Como seu parceiro no Egito, Manetho, ele também dividiu a pré-história e a história em fases divinas, semidivinas e pós-divinas, com um abissal total de 2,16 milhões de anos de "duração deste mundo". Isto – maravilha das maravilhas! – representa **exatamente mil (um milênio!) eras zodiacais.**

Estudiosos que examinaram as tábuas de argila que tratavam de matemática e astronomia ficaram espantados ao descobrir que elas apresentavam o fantástico número 12960000 – sim, 12.960.000 – como o ponto inicial. Eles concluíram que isto só poderia estar relacionado às eras zodiacais de 2.160, cujos múltiplos resultam em 12.960 (se for 2.160 x 6) ou 129.600 (se for 2.160 x 60) ou 1.296.000 (se for multiplicado por 600); e – maravilha das maravilhas! – o número fantástico com o qual estas listas antigas começam, 12.960.000, **é um múltiplo de 2.160 por 6.000 – como nos seis dias divinos da criação.**

Esses eventos principais, quando os assuntos dos deuses afetaram os assuntos dos homens, estavam ligados às eras zodiacais. Isso tem sido mostrado em todo este volume de *As Crônicas da Terra*. À medida que cada Era começava, algo muito grave acontecia: a Era de Touro sinalizou a concessão da civilização à humanidade. A Era de Áries foi conduzida pela revolta nuclear e acabou com a Partida. A Era de Peixes chegou com a destruição do Templo e o começo do Cristianismo. ***Não deveríamos nos perguntar se o Fim profético dos Tempos não significaria realmente o Fim da Era (zodiacal)?***

Será que o "tempo, tempos e meio" de Daniel não passava simplesmente de uma terminologia que se referia às eras zodiacais? A possibilidade foi considerada, uns três séculos atrás, por nada menos que *sir* **Isaac Newton**. Mais conhecido por suas formulações sobre as leis naturais que governam os movimentos celestiais – tais como os planetas orbitando o Sol – seus interesses se voltaram também ao pensamento religioso, e ele escreveu longos tratados sobre a Bíblia e as profecias bíblicas. Considerava os movimentos celestiais que formulava como sendo "os mecanismos de Deus", e acreditava piamente que as descobertas científicas, que haviam começado com Galileu e

Copérnico e continuavam com ele, aconteceram no momento certo. Isso o levou a prestar mais atenção à "matemática de Daniel".

Em março de 2003, a British Broadcasting Corporation (BBC) espantou as instituições científicas e religiosas com um programa sobre Newton em que revelava a existência de um documento, escrito por ele à mão, frente e verso, que calculava o Fim dos Tempos segundo as profecias de Daniel.

Newton escreveu seus cálculos numéricos em um lado da folha e suas análises dos cálculos em sete "propostas" no verso do papel. Um exame minucioso do documento – uma fotocópia do qual eu tive o privilégio de obter – revela que os números que aplicou nos cálculos incluíam várias vezes 216 e 2.160 – uma pista que me ajuda a compreender qual era a sua linha de raciocínio: ***ele estava pensando no tempo zodiacal – para ele, aquele era o Relógio Messiânico!***

Resumiu suas conclusões escrevendo uma série de tabelas de horário de três "não antes" e um "não depois de" para as pistas proféticas de Daniel:

Entre 2132 e 2370, de acordo com uma pista dada para Daniel,
Entre 2090 e 2374, de acordo com uma segunda pista,
Entre 2060 e 2370 para o crucial "tempo, tempos e meio tempo".

"**Sir Isaac Newton previu que o mundo acabaria no ano de 2060**", anunciou a BBC. Talvez não exatamente – mas como mostra a tabela das eras zodiacais apresentada em um capítulo anterior, ele não estava tão errado em duas de suas datas do tipo "não antes de": **2060 e 2090**.

O apreciado documento original deste notável inglês é agora mantido no Departamento de Manuscritos e Arquivos da Jewish National and University Library – ***em Jerusalém!***

Uma coincidência?

Foi no meu livro Gênesis *Revisitado*, de 1990, que o "Incidente da Phobos" – um evento abafado – foi revelado pela primeira vez. Tinha a ver, em 1989, com o sumiço de uma nave espacial soviética enviada a Marte e seu satélite não tripulado, chamado Phobos.

Na verdade, não foram uma, mas duas naves espaciais que desapareceram. Chamadas de *Phobos 1* e *Phobos 2* para indicar seus objetivos – sondar o satélite Phobos de Marte –, elas foram lançadas em 1988 para chegar em Marte em 1989. Apesar de ser um projeto soviético, era apoiado pela NASA e pelas agências europeias. A *Phobos 1* simplesmente desapareceu – nenhum detalhe ou explicação jamais veio a público. A *Phobos 2* chegou até Marte e começou a enviar fotografias tiradas por duas câmeras – uma normal e outra em infravermelho.

De forma surpreendente ou alarmante, elas incluíam fotos da sombra de um objeto no formato de um charuto voando no céu do planeta entre a nave soviética e a superfície de Marte (Figura 131, pelas duas câmeras). Os chefes da missão soviética descreveram o objeto que gerou a sombra como sendo "algo que alguns chamariam de disco voador". Imediatamente, orientou-se que a nave espacial mudasse da órbita de Marte e se aproximasse do satélite e, de uma distância de 50 jardas, bombardeasse-o com raios laser.

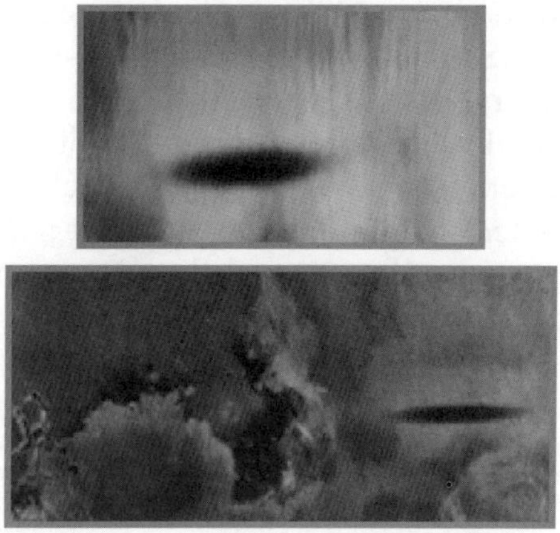

Figura 131

A última foto que Phobos 2 enviou mostrava um míssil vindo em sua direção do satélite (Figura 132). Imediatamente depois, a nave espacial entrou em pane e parou a transmissão – destruída pelo míssil misterioso.

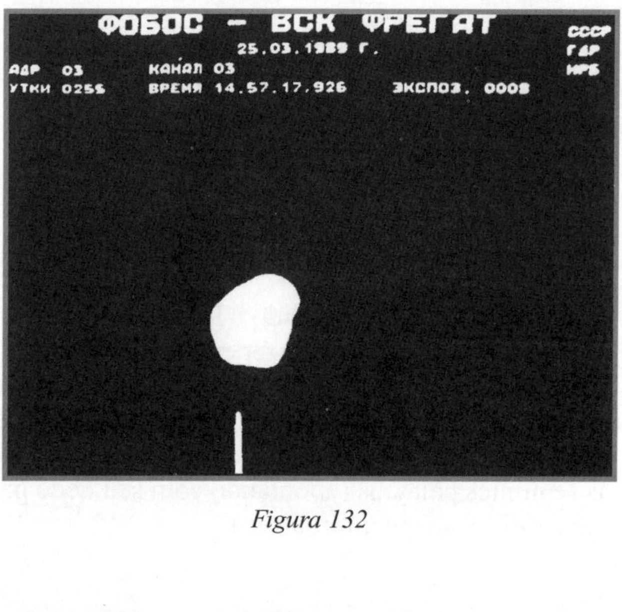

Figura 132

O "incidente da Phobos" permanece, oficialmente, como um "acidente inexplicável". De fato, logo em seguida, uma comissão secreta liderada pelas principais nações espaciais foi convocada para entrar em ação. A comissão e o documento formularam questões que mereciam ser analisadas minuciosamente da forma que receberam, pois elas continham a chave para que se compreendesse o que as nações de liderança mundial realmente sabiam sobre Nibiru e os anunnakis.

Os eventos geopolíticos na formação do grupo secreto começaram com a descoberta, em 1983, de um "planeta do tamanho de Netuno" pela IRAS – Satélite Astronômico Infravermelho da NASA – que analisou as margens do sistema solar, não visualmente, mas por meio da detecção de corpos celestiais que emitem calor. A busca pelo décimo planeta era um de seus objetivos declarados e, de fato, encontraram um. Determinaram que esse era um planeta que havia sido detectado uma vez e voltou a ser detectado novamente seis meses depois. Não deixou dúvida alguma de que estava se movendo na nossa direção. As notícias da descoberta viraram manchetes em vários jornais (Figura 133), mas foram corrigidas no dia seguinte como

Figura 133

sendo baseadas em um "mal-entendido". De fato, a descoberta foi tão chocante que levou a uma mudança repentina nas relações dos EUA com os soviéticos, uma reunião e um acordo de cooperação espacial entre o presidente Reagan e o presidente Gorbatchev, com declarações públicas feitas pelo presidente nas Nações Unidas e outros fóruns que incluíam as seguintes palavras (apontando com seu dedo para o céu à medida que se dirigia aos membros):

Simplesmente pensem no quão fácil esta tarefa minha seria nestas reuniões que conduzimos se de repente houvesse uma ameaça neste mundo de outras espécies de outro planeta fora no universo... Ocasionalmente eu penso no quão rápido nossas diferenças desapareceriam se tivéssemos que enfrentar uma ameaça alienígena vinda de fora deste mundo.

O Comitê de Tarefas formado como resultado dessas preocupações realizou várias reuniões e calculadas consultas – *até o incidente da Phobos, em março de 1989.* Trabalhando com afinco, formulou em abril de 1989 uma série de diretrizes conhecidas como *Declaração dos Princípios Relacionados às Atividades de Detecção de Inteligência Extraterrestre*, pelas quais os procedimentos a serem seguidos após ***receber "um sinal ou outra evidência de inteligência extraterrestre"*** entrariam em vigor. O "sinal", revelou o grupo, "não seria apenas um que indicasse sua origem inteligente, mas poderia ser uma ***mensagem real*** que precisasse ser codificada". Os procedimentos estabelecidos incluíam tarefas que retardassem a revelação do contato por pelo menos 24 horas ***antes de a resposta ser dada***. Isto era realmente ridículo se a mensagem chegasse de um planeta a anos-luz de distância... Então as preparações foram feitas para um encontro mais próximo!

Para mim, todos esses eventos, desde 1983, incluindo todas as evidências de Marte descritas resumidamente nos capítulos anteriores, e o disparo do míssil da lua satélite Phobos, indicam que os anunnakis ainda estão presentes – provavelmente uma presença robótica – em Marte, sua antiga Estação Espacial Intermediária. Isso poderia indicar uma premeditação, um plano para ter uma instalação pronta para uma nova visita no futuro. **Combinando tudo, isto sugere uma intenção de Retorno.**

Para mim, o selo cilíndrico Terra-Marte (veja figura 113) é tanto uma descrição do Passado como uma previsão do Futuro, considerando que apresenta uma data – **uma data indicada pelo sinal de dois peixes, *a Era de Peixes*.**

Estaria isso dizendo que o que aconteceu na Era de Peixes anterior se repetirá novamente na Era de Peixes? Se as profecias se tornarem verdadeiras, se as Primeiras Coisas forem as Últimas Coisas, se o Passado está no Futuro – a resposta tem de ser Sim.

Nós ainda estamos na Era de Peixes. O Retorno, dizem os sinais, acontecerá antes do final da nossa atual Era.

Posfácio

Em novembro de 2005, uma importante descoberta arqueológica foi feita em Israel. Enquanto limpavam o solo para a construção de uma nova estrutura, foram encontradas as ruínas de um enorme prédio antigo. Os arqueólogos se reuniram para supervisionar cuidadosamente a escavação. O prédio se tratava de uma igreja cristã – a mais antiga já encontrada na Terra Santa. As inscrições em grego sugeriam que havia sido construída (ou reconstruída) no século III d.C. Quando as ruínas ficaram limpas, surgiu um magnífico piso de mosaico. No seu centro, havia uma ilustração com DOIS PEIXES – o **signo zodiacal de Peixes (Figura 134).**

Figura 134

Qual é a importância disso?

O local da descoberta está em Megido, no pé do Monte Megido – *Har-Megiddo*, ARMAGEDOM.

Outra coincidência?